Aufruhr im Allgäu

Herrn Heinz Richard Schmidt in memoriam

Stefan Fischer

Aufruhr im Allgäu

Kleine Geschichte des Bauernkriegs 1525

VERLAG FRIEDRICH PUSTET
REGENSBURG

Verlag und Autor danken dem Historischen Verein für Schwaben für seine großzügige Unterstützung beim Entstehen dieses Buches.

Bibliografische Information der Deutschen Nationalbibliothek
Die Deutsche Nationalbibliothek verzeichnet diese Publikation in der Deutschen Nationalbibliografie; detaillierte bibliografische Daten sind im Internet über https://dnb.dnb.de abrufbar.

Gutenbergstraße 8 | 93051 Regensburg
Tel. 0941/920220 | verlag@pustet.de

ISBN 978-3-7917-3519-1
Umschlaggestaltung: www.martinveicht.de
Umschlagmotive: Vorderseite: Titelblatt der »12 Artikel« von 1525 (World History Archive/Alamy Stock Foto); Rückseite: Fassadenmalerei an der Kramerzunftstube Memmingen (Winfoto-Vision, Foto: Winfried Schwarz)
Satz: Vollnhals Fotosatz, Neustadt a. d. Donau
Druck und Bindung: Friedrich Pustet, Regensburg
Printed in Germany 2024

eISBN 978-3-7917-6261-6 (epub)

Inhalt

Vorwort

Der Deutsche Bauernkrieg vor 500 Jahren (1525–2025) ist ein tiefer Einschnitt im Verlauf der deutschen Geschichte, auch wenn er nicht in allen Teilen des damaligen Alten Reiches stattfand. Einen Schwerpunkt der damaligen Ereignisse bildet das Allgäu: Hier bündeln sich in exemplarischer Dichte die Umstände, die zu diesem Krieg geführt hatten, hier entstanden im Verlauf die weit über das Allgäu ausstrahlenden 12 Artikel der »Christlichen Vereinigung«, und hier konnten die Bauern trotz ihrer blutigen Niederlage an der Leubas mit dem Memminger Vertrag längerfristig eine Verbesserung ihrer Lage und eine wachsende Teilhabe am politischen Geschehen erreichen.

In den folgenden Ausführungen wird versucht, überschaubar und doch informativ die Ursachen, den Verlauf und die Auswirkungen des Bauernkriegs im Allgäu darzustellen. Immerhin war es im Allgäuer Konflikt, bei dem die aufständischen Bauern auf das Herzogtum Bayern übergriffen, das ja sonst im süddeutschen Raum als einziges größeres Herrschaftsgebiet von den Unruhen verschont geblieben ist. Mit den fränkischen Regionen gehört damit das Allgäu mit seinen nördlich angrenzenden bayerisch-schwäbischen Gebieten zu jenen Territorien im heutigen Bayern, in denen die damals versuchte Revolution des »gemeinen Mannes« stattgefunden hat. Auch wenn sie erfolglos blieb, so zeigte sie für eine ganz kurze Zeit – Frühjahr und Sommer 1525 – auch theoretisch die Möglichkeit eines nach eidgenössischem Vorbild aufgebauten Staatswesens, das den sich zum Absolutismus hin entwickelnden Territorialstaaten geistlicher wie weltlicher Prägung diametral entgegengesetzt war. Starke Wurzeln der später in Bayern praktizierten kommunalen Selbstverwaltung liegen hier im Allgäu.

An dieser Stelle möchte der Verfasser sich besonders beim Stadtarchiv und der Stadtbücherei Kaufbeuren für die unbürokratische und kollegiale Hilfe bedanken. Für die historische

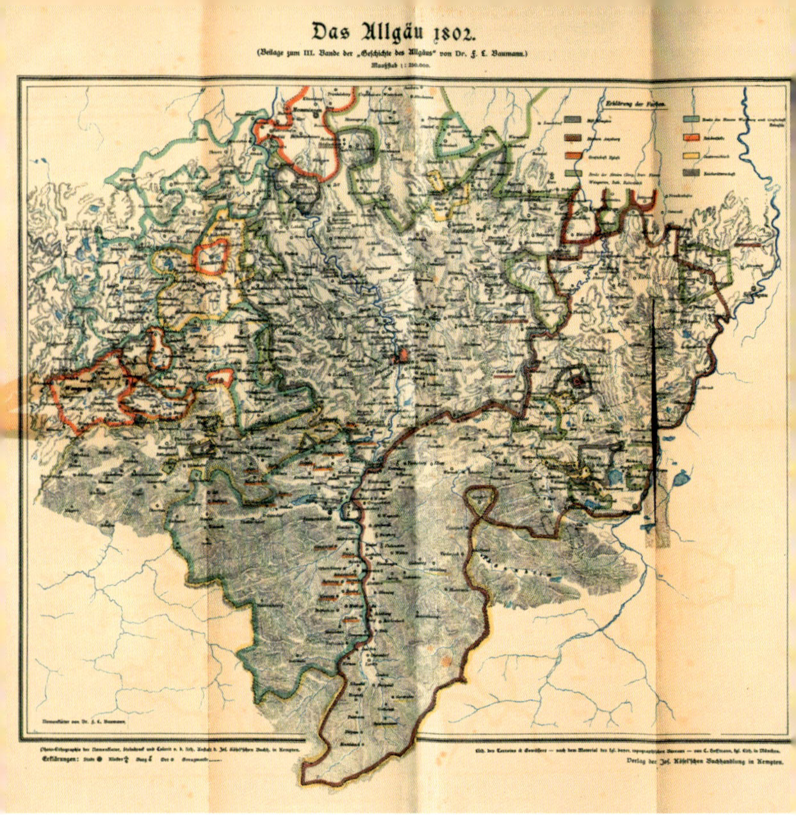

Das Allgäu in seiner politischen Gliederung 1802. – Karte nach Franz Ludwig von Baumann, Geschichte des Allgäus III.

Forschung sind beide Institutionen im Allgäu nicht mehr wegzudenken. Dank gilt auch Herrn Hans-Michael Schiffmann für seine wertvollen Hinweise im Bereich des Lehnrechts und der Grundleihe.

Meiner lieben Frau bin ich für ihre Geduld und ihre Unfehlbarkeit in Fragen von deutscher Grammatik, Syntax und Orthografie dankbar; sollten trotzdem noch Fehler in diesem Bereich vorhanden sein, so gehen sie zu Lasten des Autors, weil er nicht aufgepasst hat.

Kaufbeuren, im Juli 2024 — Stefan Fischer

Der geografische Umgriff: Das Allgäu um 1500

Das Allgäu erhielt erst durch die bayerische Gebietsreform 1972 mit der Benennung der drei neuen Landkreise Oberallgäu, Unterallgäu und Ostallgäu, in denen die kreisfreien Städte Kempten, Memmingen und Kaufbeuren inkludiert sind, administrativ-politische Grenzen. Bis dahin wurde mit dem Begriff »das Allgäu« rein geografisch eine Region bezeichnet, deren Grenzen zwar zu Bayern und Tirol hin fest definiert waren, die aber nach Westen und Norden hin von den heutigen Landkreisgrenzen abweichen.

Die älteste Karte des Allgäus von Christoph Hurter aus dem Jahre 1619 zeigt es als offenes Gebiet nach Norden bis zur Donau hin. Um die Iller als Zentrum zog Hurter die Grenze im Westen bei Isny und Leutkirch, im Osten bei Füssen und Kaufbeuren. In den Bergen zwischen Füssen und Oberstdorf verläuft die Südgrenze. Nach der historischen Karte von 1802 von Franz Ludwig Baumann gehörten damals die Gebiete um Buchloe, Bad Wörishofen und erhebliche Teile des heutigen Unterallgäus nicht zum Allgäu, jedoch zählte er die südliche Herrschaft des Klosters Ottobeuren und der Reichsstadt Memmingen dazu.

Legen wir die nachher noch beschriebenen Herrschaften im Allgäu in Verbindung mit den heutigen Landkreisgrenzen für die folgenden Ausführungen zugrunde, so ergibt sich ein Gebiet, das im Norden, Osten und Süden den Landkreisgrenzen bzw. den Staatsgrenzen zu Österreich hin folgt, im Westen jedoch, von Oberstaufen sich ungefähr nach Norden wendend, die Gebiete um Wangen, Isny und Leutkirch noch mit einbezieht.

Dies ist also der geografische Raum, der für die Vorgänge des Bauernkriegs 1525 näher betrachtet werden soll.

Die Allgäuer Herrschaften zur Zeit des Bauernkriegs

Gemäß der deutschen historischen Tradition des »Fleckenteppichs« untergliederte sich auch das Allgäu um 1500 in zahlreiche größere, kleinere und noch kleinere Herrschaften, wobei die geistlichen Herrschaften überwogen.

So waren das Stift Kempten und das Hochstift Augsburg die Herrschaften mit den größten Territorien, gefolgt von den Klöstern Ottobeuren und Irsee. Unter die weltlichen Reichsstände zählten die Reichsstädte Memmingen, Kaufbeuren und Kempten, deren Territorialmacht jedoch weit hinter den geistlichen Reichsständen zurückblieb. Im Südwesten schloss sich von Immenstadt an die Grafschaft Königsegg-Rothenfels westlich der Iller bis ins Vorarlbergische an.

Die geistlichen Staaten

Breit hingelagert westlich und östlich der Iller, von Martinszell im Süden bis nach Grönenbach und Ronsberg im Norden, von Frauenzell im Westen bis nach Kemnat bei Kaufbeuren im Osten verfügte das Stift Kempten über die wohl bevölkerungsreichsten Gebiete im damaligen Allgäu. Zur Zeit des Bauernkriegs waren allerdings die Pflegen Tingau, Grönenbach, Kemnat und das Gebiet Ronsberg noch nicht zum Stift gehörig, wohl aber Obergünzburg mit der Burg Liebentann. Die Grenze zum Hochstift Augsburg wurde eigentlich erst im 18. Jh. endgültig festgelegt. So gliederte sich um 1520 das Kemptner Stiftsgebiet in die Pflegen (=Verwaltungsbezirke) Landvogtei oder Pflegamt diesseits der Iller, in die Pflegen Hohentann, Sulzberg, in welcher der Ort Leubas liegt, Falken und seit 1447 in die Pflege Liebentann mit Sitz in Obergünzburg.

Das Hochstift Augsburg war mit seinen Pflegen (Landämter) Buchloe, Füssen, Marktoberdorf und Sonthofen-Rettenberg im Allgäu vertreten. Kurz vor dem Bauernkrieg waren noch die Besitzungen Jengen (1454) und die Vogtei Denklingen (1510) an das hochstiftische Vogtamt Buchloe gekommen. Das Gebiet umfasste damals etwas vereinfacht gesehen den Bereich der heutigen Landkreise Ostallgäu und den Südteil des Landkreises Oberallgäu.

Waren die beiden großen Territorialherren des Allgäus selbstverständlich reichsständisch, so war dies bei den beiden anderen größeren Klöstern zur Zeit des Bauernkriegs noch nicht der Fall. Wiewohl die Rolle des Klosters Ottobeuren schon zu dieser Zeit für das monastische, kulturelle und religiöse Leben in seiner Region nicht unterschätzt werden kann, hat sich seine Position als Reichsstand nicht adäquat zu seinen Nachbarklöstern entwickelt: Zwar wird es nach dem Untergang der Staufer 1268 den Reichsfürsten gleichgestellt, doch kommt nach einigen erbtechnischen Umwegen die Vogtei über das Kloster 1356 an den Bischof von Augsburg, der sie dann letzten Endes bis 1710 ausübte, wenngleich Ottobeuren seit 1626 wieder direkt dem Kaiser unterstellt war. Auch die Blutgerichtsbarkeit wurde ab dieser Zeit wieder unumschränkt vom Abt ausgeübt.

Bis zum Erlöschen der Ronsberger 1212 erfreute sich das Kloster Irsee weiterer Zuwendungen, auch die Nachfolger der Ronsberger verfolgten diese Politik, und das Kloster, das der Hl. Maria geweiht war, begann nach und nach um die Ortschaft Irsee herum seinen Besitz und seine Herrschaft zu arrondieren. Ab 1195 wurde die damals geweihte Kapelle zu einer bevorzugten Grablege des regionalen Adels. Noch war das Kloster nicht reichsunmittelbar, die Vogteirechte übten ursprünglich die Ronsberger aus und nach ihrem Erlöschen wurde die Vogtei sozusagen von den Ramschwagern, den Grafen von Montfort und dem Erzhaus Österreich an die Benzenauer weitergereicht, die sie dann 1551 an das Stift Kempten verkauften, sodass schließlich ein geistlicher Stand die weltliche Vogtei über einen anderen geistlichen Stand ausübte. Erst 1692 konnte das Kloster Irsee dann endgültig die Reichsunmittelbarkeit erlangen.

Das Kloster Füssen galt immer als bischöfliches Eigenkloster und Bischof Udalschalk nahm es 1194 unter seinen besonderen Schutz, wobei er dem Kloster die freie Abtwahl gewährte unter der Bedingung, der Erwählte bäte vor seiner Installierung um die bischöfliche Bestätigung. Die Vogteirechte über das Kloster übten ab dem 12. Jh. zunächst die Welfen, nach 1191 die Staufer aus, bis sie nach dem Interregnum letztendlich an den Augsburger Bischof gelangten. Die weltlichen Zuwendungen an das Kloster hielten auch im Spätmittelalter an, wie eine reiche entsprechende Urkundenüberlieferung bezeugt. Dadurch wurde sein Grundbesitz erheblich gemehrt.

Von den Reichsstädten waren Memmingen, Kaufbeuren, Isny und Wangen zur Zeit des Bauenkriegs in ihrer Reichsstandschaft unangefochten und respektiert; Kempten sicherte sich erst mitten im Bauernkrieg endgültig seine Reichsunmittelbarkeit.

Die Reichsstädte

Der Untergang der Staufer 1268 machte die Stadt Memmingen zu einer eigenen Rechtspersönlichkeit im Reich, eine Stellung, die ihr auch vom Habsburgerkönig Rudolf I. bei der Verleihung der Stadtrechte 1286 nach Überlinger Recht bestätigt wurde: Memmingen wurde seitdem als freie Reichsstadt angesehen. In den Jahrhunderten bis zur Reformation verwandte die immer wohlhabender werdende Stadt ihre Mittel auch dazu, das eigene reichsstädtische Territorium mit einem Umfang von zwölf Dörfern zu arrondieren; weiterhin bestand natürlich auch Einfluss auf das Umland durch die dortigen Besitzungen von Stadtbürgern. Um 1500 erstreckten sich die Memminger Handelsbeziehungen, die auch in Zusammenarbeit mit anderen oberschwäbischen Reichsstädten ausgeübt wurden, von den Niederlanden bis nach Ostmitteleuropa, von Italien bis nach Wien. Diese Wohlhabenheit zeigte sich auch im spätmittelalterlichen Kirchenbau der Stadt (Erweiterung von St. Martin, Umgestaltung der Frauenkirche) und im Wirken der Künstlerfamilie Strigel. Bereits um 1480 wird von einer Buchdruckerei in Memmingen berichtet.

Die Stadt Kaufbeuren, ähnlich Memmingen von König Rudolf I. Ende des 13. Jhs. in ihrer Reichsunmittelbarkeit bestätigt und bekräftigt, stellte nun am Ende des 15. Jhs. eine gewisse politische Macht dar, was sich nicht nur in den zahlreichen Besuchen Kaiser Max I. widerspiegelte. Es gelang ihr das reichsstädtische Territorium zu arrondieren, und 1488 war sie Gründungsmitglied des Schwäbischen Bundes. Zu Beginn der Reformation zählte Kaufbeuren ca. 2500 Einwohner, die Klöster Irsee (1446) und Steingaden (1425) hatten ihre Güter und Besitzungen unter Kaufbeurer Recht gestellt.

Ab 1521 ist wohl reformatorisches Gedankengut in der Stadt virulent, 1524 gab es die ersten Manifestationen der neuen Konfession, und das Kaufbeurer Religionsgespräch 1525 brachte zunächst den Durchbruch des neuen Glaubens, doch wurde diese Entwicklung durch den Bauernkrieg noch im gleichen Jahr unterbrochen.

Isny erhielt 1171 das Marktrecht unter Graf Wolfrad von Veringen, 1238 wurden die Einwohner *cives* (Bürger) genannt. Im städtefreundlichen Klima der Staufer geschah der Ausbau vom Markt zur Stadt, doch erst 1281 erhielt Isny von König Rudolf I. die Lindauer Stadtrechte. Die Stadt war damals schon von einem Mauerring mit Wall und Graben, den signifikanten Zeichen einer Stadt, umgeben. Wie ein klösterliches Zinsregister von 1250 ausweist, waren 70 Bürger der Stadt dem Kloster zinspflichtig, doch konnten sich die Bürger 1290 in einem umfangreichen Vertrag von der Bevormundung des Klosters befreien. Die Grafen von Veringen verkauften 1306 Stadt und Vogtrechte über das Kloster endgültig an Truchsess Hans von Waldburg. In den nächsten Jahrzehnten prosperierte Isny, abgesehen von der Pest von 1349/50 und 1365 nutzten sie die Geldnot der Truchsessen aus und kauften sich von der Herrschaft für 9000 Pfd. Heller frei und unterstellten sich direkt dem Reich, ein Vorgang, der in der Geschichte des westlichen Allgäus nicht seinesgleichen hat. Kaiser Karl IV. nahm die Stadt dementsprechend huldvoll in den Kreis der Reichsstädte auf. 1429 wurde Isny dann auch die Blutgerichtsbarkeit verliehen, 1507 erhielt es das Münzrecht. Der Bauernkrieg tangierte Isny nicht oder nur wenig in seiner Eigenschaft als Mitglied des

Schwäbischen Bundes. Aber der Reformation öffnete sich die Reichsstadt bereits 1525, auf dem Reichstag von Speyer 1529 stand Isny bereits in den Reihen der protestierenden evangelischen Stände; das Kloster jedoch blieb beim alten Glauben.

Unter König Rudolf I. stand Wangen unter dem königlichen Schutz, und der erste Habsburger auf dem Königsthron erhob die Stadt 1286 zur Reichsstadt und verlieh ihr das Überlinger Stadtrecht. In der folgenden wirtschaftlichen Blütezeit gelang es Wangen, außerhalb der Stadt beachtliches Landgebiet für das reichsstädtische Territorium zu erwerben. 1349 schloss es sich dem Schwäbischen Städtebund an, trat 1362 dem Bund der Seestädte (Seebund) am Bodensee bei und wurde 1488 von Kaiser Friedrich III. gezwungen, Teil des neugegründeten Schwäbischen Bundes zu werden. Die Reformation erfasste Wangen nicht, die Stadt blieb bei der katholischen Konfession. Wangen wurde 1802 bayerisch; der bayerische Staat übernahm auch die damalige städtische Schuldenlast von 700 000 fl. Erst 1810 wurde Wangen dann dem Königreich Württemberg zugegliedert.

1289 wurde die kaiserliche Herrschaft über die Bürgerstadt Kempten bestätigt, doch sahen sich die Kemptner Bürger immer wieder den Bestrebungen des Klosters ausgesetzt, über den Erwerb des kaiserlichen Vogteirechtes die Herrschaft über die Stadt zu gewinnen. Zwar erhielten sie 1340 das Stadtrecht von Ulm, erkannte ihnen Kaiser Karl IV. 1361 ihre Reichsunmittelbarkeit erneut an, beglaubigte ihnen das Stift Kempten 1379 die innerstädtische Rechtsentwicklung und gelangten die Bürger in den Besitz der Burghalde, doch mussten danach auch wieder Rückschläge im Verhältnis zum Stift hingenommen werden.

Trotz der reichspolitisch unruhigen und unsicheren Zeit um 1500 erfreute sich die Reichsstadt Kempten eines erheblichen wirtschaftlichen Aufschwungs, der auf dem Fernhandel und der weiter wachsenden Textilwirtschaft beruhte. Zwar war die Stadt eng von stiftkemptischem Gebiet umschlossen, aber im Zuge der Unruhen des Bauernkriegs gelang es Bürgermeister Gordian Seuter im Großen Kauf vom 6. Mai 1525, alle grundherrlichen und obrigkeitlichen Rechte in der Reichsstadt dem Stift Kempten abzukaufen und Kempten damit endgültig zu einer vollberechtigten reichsfreien Stadt zu machen.

Die weltlichen Reichsstände und Adelsherrschaften

Die Grafschaft Königsegg-Rothenfels war seit 1332 im Besitz der Herren von Montfort-Tettnang samt Burg Rothenfels. Unter ihnen wurde das in der Nähe der Burg gelegene Dorf Imendorf zur Nebenresidenzstadt Immenstadt, die ab 1439 Hauptsitz der Linie Tettnang-Rothenfels wurde. 1471 wurde das Gebiet noch unter den Montforts zur Grafschaft erhoben. 1565 verkaufte der letzte Montfort sie an die Grafen von Königsegg, die ab 1588 die Linie Königsegg-Rothenfels gründeten. 1785 kam zu ihrer Grafschaft noch die Herrschaft Werdenstein dazu, und 1805 wurde die Grafschaft bayerisch.

1046 wird Mindelheim zum ersten Mal urkundlich erwähnt. Herr der Siedlung war zunächst der Ortsadel, die Herren von Mindelberg als Vasallen der Welfen herrschten bis 1363. Es war wohl noch Herzog Heinrich d. Löwe, der die Mindelburg gründete. Auch wenn die Mindelheimer in einer Urkunde 1256 bereits als *cives* (Bürger) bezeichnet wurden, auch wenn die Stadt 1277 als *civitas* (Stadt) und dann in Deutsch 1286 als *stat ze Mindelheimb* genannt wurde, den entscheidenden Schritt zur Reichsstadt konnte sie doch nicht vollziehen. Mindelheim blieb unter der Herrschaft seiner adeligen Stadtherren. Über die Grafen von Rechberg kam Mindelheim letztendlich am 24. Juli 1467 in den Besitz des tirolischen Rittergeschlechts Frundsberg. Durch den kaiserlichen *Vater der deutschen Landsknechte,* Georg von Frundsberg, wurde Mindelheim weit bekannt. Unter seiner Regierung, die hauptsächlich von seinen beiden Frauen, Katharina von Schrofenstein (1) und Gräfin Anna von Lodron (2) ausgeübt wurde, blieb Mindelheim 1525 in den Bauernkriegen trotz Belagerung seinem Stadtherren gegenüber loyal. Auch die Reformation fand keinen richtigen Zutritt zu Mindelheim, die Stadt blieb wie ihre Stadtherren beim alten Glauben. Nach dem Aussterben der Frundsberger 1586 stritten sich die Fugger und die Maxlrainer um das Erbe, sie bemühten einen langwierigen Prozess am Reichskammergericht. Letzten Endes war 1616 der bayerische Herzog Maximilian I. der neue Stadtherr, der den eher künstlerisch orientierten Hans von Fugger aus der Herrschaft gedrängt hatte. Seit damals war und ist Mindelheim bayerisch.

Alle weiteren weltlichen Herrschaften im Allgäu fielen von ihrer Größe her nicht ins Gewicht, deshalb sollen von ihnen nur noch die Territorien der Herren von Kemnat, von Freyberg-Eisenberg, von Kronburg und von Werdenstein erwähnt werden, von denen Werdenstein und Kemnat direkt mit dem Bauerkrieg zu tun hatten.

Burg Kemnat bei Kaufbeuren war eine der wenigen Burgen im Allgäuer Bauernkrieg, die nicht eingenommen wurden. Zu dieser Zeit war sie und die Herrschaft Kemnat im Besitz der Benzenauer, die Burg und Herrschaft gute 100 Jahre vorher von den Ramschwagern übernommen hatten. Zur Zeit des Bauernkriegs war Georg von Benzenau Vogt (weltlicher Herr) über das Kloster Irsee und nahm diese Funktion auch besonders im Prozess des Klosters gegen seine Bauern im Frühjahr 1526 wahr. 1551 verkaufte Simprecht von Benzenau Burg und Herrschaft und Klostervogtei an das Stift Kempten.

Seit 1386 saß Friedrich von Freyberg auf der Burg Eisenberg und ist damit der Begründer der Linie Freyberg-Eisenberg. Sein Sohn Friedrich errichtete von 1418 bis 1432 die benachbarte Burg Hohenfreyberg. Unter Peter von Freyberg-Eisenberg wurde die Burg dann 1525 von den rebellischen Bauern geplündert und zum Teil niedergebrannt.

Herrschaft und Burg Kronburg waren seit 1478 im Besitz der Herren von Rechberg, die damit das Erbe des Hans von Werdenstein angetreten hatten. Dieser hatte die Burg als verfallen und unbewohnbar beschrieben, aber die Erben, Georg von Rechberg und sein Sohn Gaudenz von Rechberg, widmeten sich dem Wiederaufbau der Burg und dem Ausbau zum Schloss; die Arbeiten galten 1536 als beendet. Der zur Herrschaft gehörige Grundbesitz nahm in dieser Zeit ab, da er nach und nach verkauft und der Erlös zum Bau verwandt wurde.

Der Blick auf die historische Karte von 1802 (s. S. 8) zeigt deutlich, dass das Allgäu zur Zeit des Bauernkriegs überwie-

Grabmal des Peter von Freyberg-Eisenberg und seiner Gemahlin Praxedis von Hohenems. – Nachzeichnung von Karl Schlagmann im Stadtarchiv Füssen.

gend von geistlichen Herrschaften bestimmt wurde. Mochten die Reichsstädte unter Umständen sogar die größere Wirtschaftskraft um diese Zeit aufbringen können, die meisten Menschen lebten als Angehörige der Bauernschicht auf dem

Land – und das gehörte den Klöstern Kempten, Ottobeuren, Füssen und Irsee sowie dem Bistum Augsburg. Wenn das seit dem ausgehenden 18. Jh. in Deutschland aufgekommene Sprichwort »Unterm Krummstab ist gut leben« stimmen würde, wäre die Wut und die Empörung der Bauern im Allgäu schwer verständlich. Vielleicht trifft für diese Zeit doch eher das noch ältere Sprichwort »Krummstabs Regiment, der Faulheit Element« zu?

Die Lage der Bauern

Die Grundherrschaft und die Grundleihe

Aus dem mittelalterlichen Lehenswesen hatte sich wie überall im damaligen Reich auch im Allgäu die Grundherrschaft entwickelt. Der Begriff selbst stammt eigentlich aus der Geschichtsforschung des 19. Jhs.; er bezeichnet ein rechtliches Beziehungssystem, in dem ein Herr (König, Fürst, Adeliger, Bischof, Abt oder auch Pfarrer) ein Bauerngut einem Abhängigen zur Bewirtschaftung übergibt. Die Bezeichnung »Grundherr« taucht erst in den spätmittelalterlichen Quellen auf. Auch wenn es in der Forschung teilweise immer noch als problematisch empfunden wird, hat man sich dort darauf geeinigt, unter Grundherrschaft »die Herrschaft über Menschen, die auf einem bestimmten Grund und Boden ansässig sind und die darum von der Herrschaft erfasst werden« (F. Lütge) zu verstehen.

Grundsätzlich vergaben die Grundherren, geistliche wie weltliche, das Land an die Bauern zur Bewirtschaftung und erhielten dafür entsprechende Abgaben, die sie für ihren Lebensunterhalt, aber auch für die Pflichterfüllung gegenüber ihren lehensrechtlichen Oberherren (Herzog, Bischof, König) benötigten. Die Bauern wiederum hielten sich mit ihrer Arbeit nicht nur selbst am Leben, sondern über die Abgaben auch ihre Grundherren. Theoretisch erhielten sie von diesen Schutz vor äußeren Beeinträchtigungen (Überfälle, Raubzüge etc.), Hilfe bei Naturkatastrophen und Unterstützung bei Missernten oder ähnlichen Drangsalen. Allerdings geriet im Laufe des Spätmittelalters diese Anforderung an die Grundherren immer mehr in Vergessenheit, besonders die geistlichen Grundherren sahen in ihren Bauern vornehmlich eine wirtschaftsproduktive Vermögensmasse, die es möglichst zu vermehren galt, um die eigene Herrschaft auszubauen und behaglicher gestalten zu können. Rechte wurden den Bauern immer mehr abgesprochen und weggenommen, besonders wenn der Grundherr danach strebte, aus seinem Grundbesitz ein eigenständiges, wenn nicht gar reichsständisches Territorium zu gestalten.

Die großen Grundherren im Allgäu, also die schon genannten Klöster und zum Teil auch die Reichsstädte (die adeligen Grundbesitzer richteten sich nach dem allgemeinen »Landesbrauch«), vergaben oder verstifteten um 1500 ihre Höfe in der Regel in vier Formen: Beim Erbstift konnte der Grundholde seinen bewirtschafteten Hof an seine Nachkommen vererben, er hatte also eine hohe Rechtssicherheit gegenüber einem vom Grundherren vielleicht angestrebten Wechsel. Allerdings war diese Sicherheit im Allgäu grundsätzlich gegeben, wenn der Belehnte Haus und Hof in Ordnung hielt, seinen Zins regelmäßig und vollständig entrichtete und nicht in die Gant geriet; der Brauch verbot hier sozusagen eine willkürliche Abstiftung. Bei diesen Erblehensgütern, die in und um Oberstdorf herum auch »Erbzinsgüter« genannt wurden, ließen sich die Grundherren nicht ungern die Erblichkeit von den Lehensnehmern abkaufen. So wandelte z. B. der Abt von Ottobeuren 1463 mit bischöflicher Erlaubnis die noch bestehenden klösterlichen Eigengüter in Erblehen um, damit die Einnahmen des Klosters gesteigert und der Anreiz, auf dem Land zu bleiben und nicht in die Stadt Memmingen abzuwandern, erhöht wurde. Eine Belehnung nach Erbrecht bedurfte in der Regel der Schriftform (Beurkundung).

Eine andere von den Bauern angestrebte Leiheform war die Vergabe der Höfe und Güter nach Leibstift. Dabei wurde das Gut für die Lebenszeit des Belehnten ausgegeben, für den ansonsten die gleichen Sicherheiten wie beim Erbstift galten. Nicht wenige Bauern strebten dabei die Ausdehnung des Leibstifts auf ihre Familienmitglieder, also auf Frau und Kinder an. In diesem Fall sprach man von sogenannten »Schupflehen« oder »Fallehen«. Die Übergänge zum Erblehen sind dabei fließend, die Entwicklung vom Schupflehen zum Erbstift war durchaus möglich.

War von vorherein klar, dass der Bauer das Gut nur auf eine bestimmte Zeit bewirtschaften konnte und sollte, so handelte es sich um die Freistift. Hier musste das Leiheverhältnis normalerweise jährlich erneuert werden, wobei besondere

Abgaben fällig wurden. So war es dem Grundherren möglich, den Belehnten bei Misswirtschaft zum Jahrestag hin einfach abzustiften und einen neuen Bewirtschafter auf den Hof zu setzen. Allerdings war diese Leiheform im Allgäu nicht allzu verbreitet, wenngleich einem tüchtigen Bauern der Weg zum Leibstift oder gar zum Erbstift möglich war.

Bei den Kirchengütern gab es dann noch eine Sonderform der Freistift, die *Neustift*. Sie galt für die Lebenszeit des Grundherrn, das Lehen konnte sogar innerhalb dieser Lebenszeit vom Lehensnehmer vererbt werden. Besonders interessant war diese Leiheform für die Pfarrer im Allgäu, da sie bei Übernahme einer neuen Pfarrstelle die ihnen bekannten und bewährten Bauern mitbringen und ihnen die Bewirtschaftung der Pfarrpfründe als »Widenmann« übertragen konnten.

Die Waldlehen, die im westlichen Allgäu, im Kemptischen und am Auerberg recht bekannt waren, wurden zur Nutzung des Waldes gerne als Schupflehen vergeben, jedoch war die Waldnutzung gesondert festgelegt und konnte zeitlich von der allgemeinen Lehensnutzung differieren. Der Wert dieser Waldnutzung wurde als sehr hoch eingestuft: So wurde 1438

Bewaffnete Bauern. – Nach einer Radierung von Albrecht Dürer (1471–1528).

der ehemalige Sedelhof in Merazhofen (heute Ortsteil von Leutkirch) für 600 Pfd. Heller zu Waldlehen bewertet.

Allerdings werden wir auf Grund neuerer Forschungen davon ausgehen müssen, dass im Bereich des Stifts Kempten der bäuerliche Eigenbesitz um 1500 bereits verbreiteter war, als es noch im 19. Jh. angenommen wurde. Schätzungen belaufen sich auf ca. 50 % des Bodens als Eigengut in bäuerlicher Hand; und die Forschung geht davon aus, dass dieser Eigenbesitz zum Teil noch aus fränkischer Zeit stammt. Diese Gründe waren in der Regel der grundherrschaftlichen Abgabepflicht nicht unterworfen.

Die weltlichen Abgaben

Wie schon oben angeführt, war bei dieser Art der Grundherrschaft der grundnehmende Bauer nicht Privateigentümer des von ihm bebauten Bodens. Die damalige ältere deutsche Rechtsordnung kannte dafür den Begriff des »geteilten Eigens«, wobei dem Grundherrn das Obereigentum *(dominium directum)*, dem Hintersassen das Nutzeigentum *(dominium utile)* zugeteilt war. Für die Überlassung des Bodens musste nun der Bauer entsprechende Abgaben an den Grundherren entrichten. Diese Abgaben waren in ihrer Art und Weise von der regionalen Tradition (Herkommen, Brauch), von Einzelvereinbarungen, von älteren Sonderrechten und regionalen bis lokalen Rechtssatzungen und -setzungen abhängig. Daher kann auch für das Allgäu nur eine summarische Übersicht der bekanntesten Abgaben gegeben werden. Das waren zunächst die auch für die im bäuerlichen freien Eigen befindlichen Gründe geltende Vogtsteuer und das Schirmgeld, die an die zuständige Exekutivobrigkeit (Vogt oder Pfleger) für öffentliche Sicherheit und allgemeine Administration zu entrichten waren. Stammte der Grund oder das Gut vom Grundherren, so wurde bei einem Besitzerwechsel, wenn z. B. ein neuer Bauer den Hof übernommen hatte, der »Erschatz« an den Grundherrn fällig, der in seiner Höhe sich nach Größe des Hofes, seiner Erträgnisse und dem Herkommen richtete. War infolge der Leiheform eine Beurkundung notwendig, so hatte die der neue Besitzer ebenfalls zu übernehmen; so kostete im Kemptischen Ende des 15. Jhs. die Ausstellung eines Lehenbriefes 2 fl. Als jährliche Abgabe hatte der Bauer dann an den Grundherrn das Hubgeld (Herrenzins, Herrengilt) zu bezahlen, dessen Höhe wiederum individuell vom Herkommen, aber auch von den entsprechenden Verhandlungen zwischen Grundherr und Grundholden, bestimmt war. Dieser Herrenzins konnte auch in einer Mischung von Naturalabgaben und Geldzahlungen entrichtet werden. So musste der Kellhof Weiler (bei Weiler-Simmerberg) 1511 jährlich bezahlen: 34 Malter (Lindauer Maß) Hafer, acht Gänse, zwölf Hühner, zwei Schweine und ein Fuder Heu. Der Sedelhof in Apfeltrang zinste 1442 jährlich: fünf Säcke Vesen (Dinkel), fünf Säcke Hafer, 3 fl. Heugeld, 100 Eier und vier Hühner. Über das Verhältnis von Hofgröße, Bonität der Böden und längerfristige Ertragslage können für diese Zeit jedoch keine Aussagen gemacht werden, sodass die Bewertung der Belastung offen bleiben muss. Allerdings haben neueste Forschungen aus dem Irseer Klosterland für das 18. Jh. gezeigt, dass die Hubgeldbelastung auf den Höfen bis zu 70 % des Jahresertrages erreichen konnte, wovon das Saatgetreide natürlich noch abgezogen werden muss. Zu den im ganzen Allgäu gültigen Naturalabgaben von Getreide, Heu, Eiern und Hühnern traten je nach Gegend noch weitere Abgaben hinzu: Äpfel, Flachs, Rüben, Erbsen, Bohnen, aber auch Schmalz, Unschlitt, Stroh und Wachs. In den bergigen Gebieten, wo Ackerbau nicht mehr möglich war, musste in Käse gezinst werden. Alle jährlichen Abgaben wurden oft über das Jahr verteilt geleistet, Namen wie »Fastnachtshenne« oder »Grasfrischling« (Ferkel, die zum ersten Graswuchs im Frühling geworfen wurden) deuten daraufhin. Bei Elementarschäden (Hagel, Sturm, Misswuchs oder Krieg) mussten die Bauern auf die Nachsicht des Grundherrn hoffen, ein Recht auf Ermäßigung hatten sie nicht. Johann Rudolf von Raitenau, Fürstabt von Kempten (1507–1523) war berüchtigt für seine unnachsichtige Eintreibung der ihm zustehenden Abgaben, sein Amtsbruder Peter Fend vom Kloster Irsee soll ihm darin nicht nachgestanden sein.

Ab ungefähr 1400 begann man, den jährlichen Herrenzins vollständig in eine Geldabgabe umzuwandeln, da die vorwiegend geistlichen Grundherren sich damit einen rascheren und drohenderen Zugriff auf den Hof erwarteten. Wurde nämlich vom Bauern am bestimmten Zinstag nicht vollständig bezahlt (»Fallzins«), konnte der Hof bereits am nächsten Tag wieder an den Grundherren zurückgefallen sein.

Hand- und Spanndienst

Eine weitere Belastung der Bauern stellten die Frondienste (Hand- und Spanndienste) dar, die sie und ihr Gesinde mit dem entsprechenden Zugvieh und Arbeitsgeräten zur Arbeitsleistung für den Grundherrn verpflichteten. Im Allgäu gab es vorwiegend »gemessene« Fronen, d. h. Art, Umfang und Zeit waren schriftlich festgelegt. Überwiegend bestanden sie darin, bei der Ernte für den Grundherren drei Tagwerk zu mähen, heuen und schneiden (Getreideernte); allerdings waren auch vier bis sieben Tage Feld- und Erntearbeit als Fron möglich. Hinzu kamen dann noch Leistungen beim Burgenbau, Straßen- und Wegebau oder für Holzfuhren in der Waldbewirtschaftung. Sehr verhasst bei den leibeigenen Bauern war die Pflicht zur herrschaftlichen Jagdhundhaltung sowie die Teilnahme als Treiber und Hilfspersonal bei den herrschaftlichen Jagden.

Der Tod des Grundherren (Herrenfall) oder des Grundholden (Mannfall) zog ebenfalls Abgaben nach sich. Hier stand dem Grundherren beim Mannfall das Besthaupt (Mortuarium) zu, normalerweise war es das beste Stück Vieh im Stall. Beim Tod der Bäuerin erhielt der Grundherr als Besthaupt in der Regel das Inschläf, also ihr bestes Gewand. Zog der Grundholde noch als Lebender von seinem Hof, so musste er Abzugsgeld (Handlöse, Weglöse) leisten. Beim Herrenfall wurden auf jeden Fall Gebühren und Gelder für die Erneuerung des Lehensverhältnisses fällig, weitere Abgaben waren individuell verschieden.

Die kirchlichen Abgaben

Zu diesen weltlichen Abgaben traten noch die Zehntleistungen der Bauern an die geistlichen Institutionen hinzu. Man unterschied Großzehnt, Kleinzehnt, Blutzehnt und Gartenzehnt. Beim Großzehnt wurde pro Hof eine 10 %-ige Abgabe von Getreide und Großvieh jährlich an den örtlichen Pfarrer fällig, unter Kleinzehnt verstand man die Obst-, Gemüse-, Kraut- und Flachsabgaben an die Pfarrei. Beim Kloster Irsee wurde der Gartenzehnt unter dem Kleinzehnt subsumiert, zum Blutzehnt, der in Form von Kleinvieh (Gänse, Hühner, Schafe, Enten) geleistet werden musste, gehörten auch noch Heu- und Strohlieferungen an die Pfarrei.

Weiter traten zu diesen Belastungen noch die Steuerforderungen der Obrigkeiten hinzu, wenn wieder von den Allgäuer Reichsstanden Leistungen für Kriegsdienste (Reis- oder Kriegssteuern) oder für den Schwäbischen Bund (s. S. 40) fällig wurden. Ende des 15. Jhs. beschwerten sich besonders die stiftkemptischen Bauern und Untertanen immer heftiger über die wachsende Steuerlast.

Nutzung von Wald und Fischfang

Die Wald- und Holznutzung der damals noch sehr umfangreichen Allgäuer Wälder war den Bauern, aber auch den Bürgern, nur noch sehr eingeschränkt möglich – und nur mit dem Einverständnis des Grundherrn. Vor allem das Hochstift Augsburg und die Klöster Kempten, Ottobeuren, Irsee und Füssen waren Herren der Wälder, die Reichsstädte konnten dagegen keine umfangreichen Waldgebiete unter ihre Herrschaft bringen, und zwischen den Bürgern Kemptens und dem Stift Kempten herrschte das ganze 15. Jh. hindurch Streit über den Bezug von Bau-, Nutz- und Brennholz aus dem Kemptner Wald. Noch 1790 herrschte für die Bauern des Irseer Klosterlandes absolutes Betretungsverbot der Klosterwälder, lediglich für die Fronleistungen bei der Holzwirtschaft durften sie diese unter Aufsicht betreten. Das aus dem mittelterlichen Wildbann abgeleitete Jagdrecht in den Wäldern stand ausschließlich den Landesherren zu, die Bauern durften auf keinen Fall jagen, lediglich Raubtiere (Bär, Wolf, Luchs) durften sie sozusagen in Notwehr töten, ansonsten das Wild nur verscheuchen – auch wenn es die Saaten auffraß.

Ähnlich war es um das Fischrecht im Allgäu bestellt: Die Seen, Teiche und Flüsse der Grundherren waren für die Bauern verboten, allerdings konnten sie selbst Fischteiche anlegen oder in ihren Gemeinden geeignete Gewässer dazu ausbauen oder mit Fischen besetzen. Der Augsburger Bischof Friedrich von Zollern ließ z. B. 1490 den unteren Gaisalpsee mit Pfrillen und Forellen besetzen.

Ausbau der Landesherrschaft, »Allgäuer Brauch« und Leibeigenschaft

Besonders nach der Herrschaft König Rudolfs I. von Habsburg begann im Allgäu durch Verkauf und Verpfändung kaiserlicher Vogtei- und Grafschaftsrechte eine Zersplitterung, die zur Herausbildung kleiner und kleinster Herrschaften führte. Auch die grundherrschaftlichen Rechte begannen sich im Spätmittelalter zu überschneiden, sodass sich nach und nach der sogenannte »Allgäuer Brauch« herausbildete, der dem Bestreben, ein eigenes landesherrliches Territorium auszuformen, entgegenstand.

Der »Allgäuer Brauch« bedeutete, dass die Steuer-, Gerichts- und vielleicht sogar die leibherrschaftliche Hoheit über einen Untertan von seiner Person, nicht aber von seinem Aufenthalts- oder Wohnort abhängig war. Gemäß diesem Brauch »trug ein jeder Unterthan, mochte er hinziehen, wohin er wollte, seinen hohen oder niederen Gerichtszwang auf dem Buckel mit sich« (F.L. Baumann). Ein Beispiel mag es verdeutlichen: Nahm ein Bauer aus Niedersonthofen, das zum Stift Kempten gehörte, einen Hof in der Oberstdorfer Gegend, die zum Hochstift Augsburg gehörte, in Besitz und ließ sich dort nieder, so war er beileibe nicht Untertan des Bischofs von Augsburg, wie man annehmen möchte, sondern blieb für

DIE LEIBEIGENSCHAFT

Der Begriff »Leibeigenschaft«, der erst im Spätmittelalter im Mainfränkischen und am Oberrhein sprachlich entstand *(mit dem libe eigen, leibseygenschaft)*, bezeichnet im südwestdeutschen Raum – und damit auch im Allgäu – eine besondere Rechtsbeziehung zwischen dem grunduntertänigen Bauern und dem Grundherrn im Rahmen der Grundherrschaft. Da die Ausgestaltung dieser Rechtsverhältnisse gerade im Allgäu außerordentlich vielfältig war, ist die Beschreibung hier notgedrungen verallgemeinernd; Einzeluntersuchungen anhand der Quellen können ohne Weiteres Abweichungen oder Sonderformen zutage fördern.

Die Leibeigenschaft wies dem Leibeigenen gegenüber seinem Herrn in der Regel folgende Eigenschaften zu: Der Leibeigene war an sein bewirtschaftetes Gut gebunden, er konnte ohne herrschaftliche Erlaubnis nicht wegziehen und galt als Eigentum seines Herrn. Dieser konnte seine Leibeigenen verkaufen, tauschen, verschenken oder sie anderen Herren zu Lehen geben. Da sich sein Eigentums- und Verfügungsrecht über den Leibeigenen als Person an sich erstreckte, konnte dieser gezüchtigt und bestraft, nicht jedoch getötet, verstümmelt oder außer Landes verkauft werden; auch eine willkürliche Trennung des Leibeigenen von seiner Familie war nicht vorgesehen.

Normalerweise arbeiteten und lebten die Leibeigenen im Ablauf der Generationen auf ihren Höfen und Sölden, eine andere Berufsausübung, z. B. im Handwerk, war nur mit herrschaftlicher Erlaubnis möglich. Eheschließungen waren für sie nur im überschaubaren Kreis von ihresgleichen *(genoßsame Ehe)* möglich und bedurften natürlich auch der Bewilligung; von der Herrschaft erzwungene Ehen waren ebenfalls möglich. In beiden Fällen war eine Heiratsabgabe an den Leibherrn nötig. Die Kinder erbten die Leibeigenschaft in der Regel von ihren Müttern, bei Ehen zwischen Freien und Leibeigenen erhielten die Kinder das mindere Recht. Beim Tod der Leibeigenen wurden meist besondere Abgaben an den Leibherrn fällig: das Besthaupt (bestes Stück Vieh im Stall) beim Tod des Bauern und beim Tod der Frau ihr bestes Gewand; die Abgaben an den Leibherrn beim Tod des Leibeigenen konnten bis zu einem Drittel der möglichen Erbschaft betragen und stellten für die Nachkommen eine schwere Belastung dar. Zur Erinnerung an

ihre Leibeigenschaft waren die männlichen Leibeigenen ihren Herren jährlich einen Leibzins, die weiblichen ein (Leib-)Huhn (Fastnachtshenne) schuldig. Im Laufe der Zeit wandelten sich diese Naturalabgaben – was sollte z. B. ein Männerkloster wie Irsee mit abgelegten Frauenkleidern anfangen? – in Geldabgaben um.
Die Fron- und Scharwerksleistungen hatten die Leibeigenen wie die anderen Grunduntertanen zu erbringen, allerdings war ihr Umfang in einem eher allgemein beschriebenen »Herkommen« festgelegt. Bei Leibeigenen hatte es der Grundherr natürlich leichter, weitere Frondienste zu seinen Gunsten einzutreiben.
Für die Aufhebung der Leibeigenschaft gab es zur Zeit der Bauernkriege eigentlich nur zwei Möglichkeiten: Entweder der Leibeigene wurde gegen Zahlung eines Geldbetrages (Mannssteuer) von seinem Herrn ordnungsgemäß entlassen und darüber ein Frei- oder Losbrief ausgestellt, oder – der Leibeigene nahm Reißaus und floh in die nächste Stadt, mit der Hoffnung, dort nach Jahr und Tag seine Freiheit zu finden.
Von den reichsständischen Herrschaften im Allgäu, besonders vom Fürststift Kempten, wurde die Leibeigenschaft der Untertanen bevorzugt angestrebt, da sie der Vereinheitlichung und dem Ausbau der Territorialherrschaft diente. Da sie aber für die Bauern eine wesentliche Verschlechterung ihres sozialen Status und ihrer persönlichen Freiheit darstellte, bauten sich in der zweiten Hälfte des 15. Jhs. die Spannungen zwischen Obrigkeit und Untertanen immer weiter auf, um dann im Bauernkrieg zum Ausbruch zu kommen.
Im *Schwabenspiegel* und im *Sachsenspiegel* werden die Leibeigenen auch »Eigenleute« genannt. Zwar wird die Leibeigenschaft in diesen so verbindlichen und aussagekräftigen Rechtsbüchern als gesellschaftliche Realität akzeptiert, doch mahnen beide, dass die Bauern ursprünglich frei gewesen wären und es im Christentum eigentlich keine Leibeigenschaft geben könne, da Christus durch seinen Tod den Menschen frei gemacht habe. Diese Begründung wird dann auch in der Forderung der 12 Artikel nach Aufhebung der Leibeigenschaft angeführt.
Eine theologisch-moralische Antwort der geistlichen Reichsstände im Allgäu zum Problem der Leibeigenschaft ist bis heute nicht bekannt.

seinen alten Herren, den Fürstabt, nach wie vor gerichts-, kriegsdienst- und auch steueruntertänig. Besonders Letzteres verdross natürlich seinen neuen Grundherren, und nicht selten entstanden daraus Streitigkeiten zwischen den einzelnen Herrschaften.

Dieser Brauch stand natürlich dem Ausbau eines frühen landesherrlichen Staates entgegen, der eine einheitliche Untertanenschaft mit für sie gleichmäßig geltenden Rechten und Pflichten bei der obrigkeitlichen Gebots- und Gerichtsgewalt und eine eher geschlossene Grundherrschaft mit annähernd vergleichbaren Besitzrechten der Bauern anstrebte. Besonders das Stift Kempten machte in dieser Richtung ab dem 14. Jh. erhebliche Anstrengungen, wenngleich sich am Vorabend des Bauernkriegs besonders bei den Bauern noch erhebliche Unterschiede in ihrem Rechtsstatus feststellen ließen. Es gab Leibeigene, die an Herr und Grund gebunden waren, was allgemein als sozial minderer Status angesehen wurde. Über den Leibeigenen standen die sogenannten Freizinser (Altarzinser), die nicht wie die Leibeigenen (Eigenleute) gebunden waren und eine jährliche Abgabe (Zins) an eine Kirche oder einen Altar zu zahlen hatten. Über das Patronatsrecht versuchte nun das Stift Kempten in die Funktionen der Schutz- und Schirmherrschaft, der Gerichtshoheit und der Steuerpflichtigkeit der Freizinser zu kommen, um die Herrschaft zu festigen. Die Freien, auch Muntleute genannt, konnten im Gegensatz zu den Zinsern ihre Schutz- und Gerichtsherren frei wählen, und falls es das Kloster Kempten war, das zu diesem Zweck gewählt wurde, war für diese Muntleute eine Art Schutzsteuer fällig und im Kriegsfall die Hilfspflicht für das Kloster.

Die Leibeigenschaft (s. S. 27) wurde ab der zweiten Hälfte des 15. Jhs. von den Fürstäbten Kemptens als bevorzugte Form der Untertanenschaft besonders angestrebt. Damit hatten die Äbte das Ziel, zum einen die immer weiter zunehmende Landflucht in die Städte einzudammen und die Menschen in ihrem Territorium zu halten, zum anderen versuchten sie damit die sehr unübersichtlich gewordene Standes- und Hoheitszugehörigkeit wieder homogener zu gestalten. Die Mittel der katholischen Äbte dazu waren brutal: Wer sich nicht freiwillig in die stiftkemptische Leibeigenschaft begeben wollte, lief Gefahr, massiven Heiratseinschränkungen unterworfen oder gleich eingekerkert zu werden. Freikäufe waren zwar möglich, aber auch danach war der Weg in die Leibeigenschaft unausweichlich. Ein in der deutschen Geschichte bisher einmaliges Dokument, der Kemptner Leibeigenschaftsrodel (Der Begriff »Rodel« kommt vom lateinischen »rotulus« oder »rotula« und bezeichnet vornehmlich im Mittealter ein auf Pergament geschriebenes Verzeichnis, das in aufgerollter Form aufbewahrt wurde) vom Januar 1525 legt über diese unmenschliche Praxis ein unwiderlegliches Zeugnis ab. Es ist absolut nachvollziehbar, dass die Betroffenen ihrer alten Freiheit nachtrauerten und sie wieder erlangen wollten – auch stieg für die neuen stiftkemptischen Leibeigenen die Steuerlast.

Die Maßnahmen der Kemptner Äbte waren erfolgreich, besonders nach dem Bauernkrieg ging die Zahl der Freien und der Freizinser in den Urkundennennungen rapide zurück. Außerdem kam noch eine weitere Arrondierungsmaßnahme in Abstimmung mit den territorialen Nachbarn zum Tragen: Der Leibeigenentausch. Hierbei kamen z. B. das Kloster Kempten und das Kloster Ottobeuren überein, auf Rechte und Abgabenforderungen von Leibeigenen, die im jeweilig anderen Territorium saßen, im Austausch zu verzichten. Der Hörige blieb auf seinem Hof sitzen, lediglich sein Leibherr wechselte und konnte damit weiter seine Landesherrschaft arrondieren. Diese Maßnahmen setzten um 1400 ein und waren ca. 150 Jahre später abgeschlossen. Schätzungen gehen davon aus, dass Zehntausende von Bauern im Allgäu ihren Leibherren wechselten.

Zusammenfassend kann durchaus festgestellt werden, dass die Herabdrückung der Bauern in die Leibeigenschaft nicht nur in den stiftkemptischen Gebieten den Ausbau des Territorialstaats begünstigte und daher von den Äbten, dem Augsburger Bischof und von den Adeligen angestrebt wurde. Die Reichsstädte mit ihrer völlig anderen Herrschafts- und Wirtschaftsstruktur waren von dieser Entwicklung in der Regel nicht betroffen.

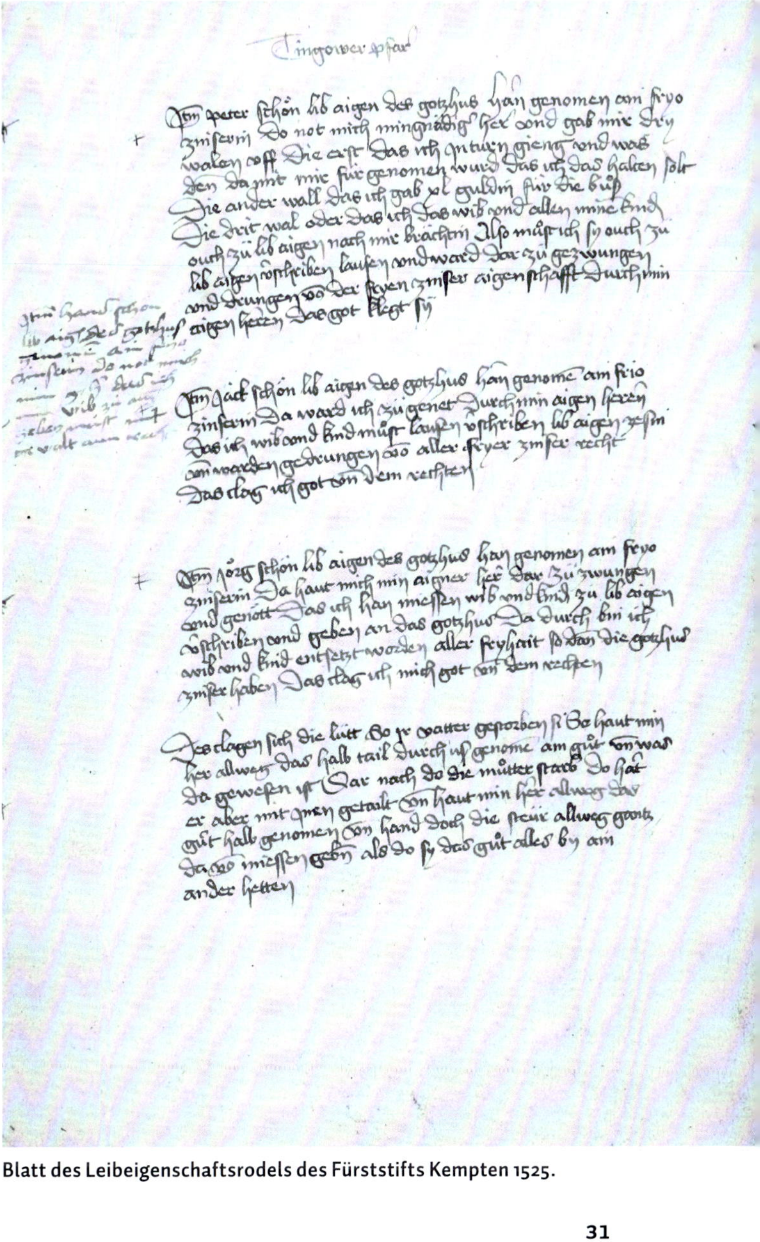

Item peter schön lib aigen des gotzhus han genomen ain fryo zinserin Do not mich min gnädiger her und gab mir dry walen uff Die erst das ich intrinn gieng und was den da mit mir fur genomen wurd das ich das halten solt Die ander wall das ich gab xl guldin fur die buß Die drit wal oder das ich das wib und allen mine kind ouch zu lib aigen nach mir brächtin Also must ich sy ouch zu lib aigen ufschriben lausen und ward dar zu gezwungen und drungen von der fryen zinser aigenschafft durch min aigen herren Das got klagt sy

Item Jack schön lib aigen des gotzhus han genome ain frio zinserin Da ward ich zu genet durch min aigen herren Das ich wib und kind must lausen ufschriben lib aigen zesin und warden gedrungen von aller fryer zinser recht Das clag ich got von dem rechten

Item Jörg schön lib aigen des gotzhus han genomen ain fryo zinserin Da haut mich min aigner her dar zu zwungen und genött das ich han messen wib und kind zu lib aigen ufschriben und geben an das gotzhus Da durch bin ich wib und kind entsetzt worden aller fryhait so dan die gotzhus zinser haben Das clag ich mich got von dem rechten

Des clagen sich die lütt So ir vatter gestorben ist So haut min her allweg das halb tail durch uß genome am gut und was da gewesen ist Dar nach do die mutter starb do haut er aber mit inen getailt und haut min her allweg das gut halb genomen und hand doch die steur allweg gantz dar mit messen geben als do sy das gut alles by ain ander hetten

Blatt des Leibeigenschaftsrodels des Fürststifts Kempten 1525.

Die Stellung der Bauern im staatlichen Herrschaftsaufbau

Man geht im Alten Reich um 1500 von einer Gesamtbewohnerzahl von ca. 12 Mill. Menschen aus; alles in allem dürften davon etwa 85 % – wenn nicht mehr – dem Bauernstand angehört haben, unter dem hier eigentlich alle in der Landwirtschaft arbeitenden und auf dem Land lebenden Personen, also auch die Taglöhner, Klein- und Kleinstbauern, fahrenden Handwerker usw. verstanden werden. Im ständisch-hierarchischen Aufbau der damaligen Gesellschaft waren sie ganz unten angesiedelt, die ihnen übergeordneten Stände der Bürger, des Klerus und des Adels waren alle rechtlich und politisch bessergestellt. Der Kartäusermönch Werner Rolevinck wies den Bauern um 1480 als Stand die hochwichtige Aufgabe der Ernährung der Menschheit zu, die sie mit Gottes Willen erfüllen würden. Gleichzeitig dürften sie aber ihren niedrigen Stand nicht verlassen, denn die Herrschaft anderer Menschen über sie wäre ebenso wie die Leibeigenschaft gottgewollt. Auflehnung dagegen und das Streben nach Freiheit seien aber als schwere Ordnungs- und Friedensstörungen zu bewerten. Sie würden die Stellung der Kirche gefährden. Diese Auffassung war in den besitzenden Ständen Süddeutschlands, besonders aber bei Leonhard von Eck, allgemein verbreitet.

Die Seelsorge und Besetzung der Pfarreien

Mit der wesentlichen Aufgabe der Kirche, der Seelsorge, war es im ausgehenden Mittelalter im Allgäu wie anderswo schlecht bestellt. Einträgliche Pfarreien waren immer öfter mit hohen Geistlichen oder auch weltlichen Adeligen besetzt, die weder ihrer Residenzpflicht noch ihren kirchlichen Pflichten nachkamen. Im besten Fall wurden in den Pfarreien Vikare eingesetzt, die man »Leutpriester« nannte, und meinte es das Schicksal gut mit dem betroffenen Ort, dann hatten diese »Viceplebani« sogar die Priesterweihe. Die Allgäuer Klöster aber versuchten die selbstständigen Ortspfarreien, die in ihrem Territorium lagen, in ihr Kloster zu inkorporieren, um mit

Bauernfest. – Radierung von Daniel Hopfer, nach 1520.

dem Pfarreinkommen, das ja dann nach wie vor von den Untertanen aufgebracht werden musste, ihre eigenen Einnahmen zu erhöhen. Als Ersatz für den Pfarrer wurde ein Mönch oder ein anderer »Leutpriester« mit billigem Unterhalt für die Seelsorge eingesetzt. Bescheiden waren die Anforderungen in der priesterlichen Ausbildung im Bistum Augsburg: Es wurde die ungefähre Kenntnis von drei allgemein anerkannten Theologiebüchern vorausgesetzt, Kenntnisse in Latein schienen nicht mehr wichtig zu sein.

Die heute fast fremdartig anmutende Volksfrömmigkeit und die Heilssehnsucht auch im Allgäu wollte man mit immer prächtigeren Kirchenausstattungen und mit immer aufwendigeren Messfeiern und Prozessionen befriedigen. Dass dies natürlich zu neuen Abgaben führte, sei nur am Rande bemerkt. Grundsätzlich aber kann festgestellt werden: Durch Pfründehäufung, Vernachlässigung der priesterlichen Ausbildung und die Unterordnung der Seelsorge unter die weltlichen Bestrebungen der geistlichen Grundherren im Allgäu wurde die katholische Kirche den seelischen Anforderungen besonders der bäuerlichen Bevölkerung überhaupt nicht gerecht – ein Armutszeugnis!

Unruhen vor dem eigentlichen Aufstand

Man schrieb das Jahr des Heils 1491, über das der Kaufbeurer Chronist Hörmann vermerkte: »Sonsten war bey 3 Jahren her, so hier als in dem Land eine grosse Theurung, und galt auf Donnerstag nach S. Veits Tag [16. Juni] ein Mezen Kern 1 Pfund Häller, 1 Mezen Roggen 17 bis 18 ß. Haller, 1 Mezen Gersten 13 Schilling und 1 Mezen Haber 6 Schilling Haller. Zu der Zeit ließ E. E. Rath alle Tage ein Muß bereiten nach aller Nothdurfft, und gab jedermann, wer deß nothdürfftig war, dessen eine gute Genügsame, und sind an Jung und alten Persohnen, die aufgeschrieben waren, welche alle Tage mit dem Muß gespeißt worden, 300 gewesen; es hat auch in diesem Jahr an Mariä Magdalenä Tag [22. Juli], der Hagel alles Sommer und Winterkorn, ganz in Grund verderbt.« Diese Musspeisung hatte Memmingen bereits 1490 eingeführt: Mit Haferbrei wurde die arme Stadtbevölkerung am Leben erhalten.

Streit zwischen Bauern und Abt im Stift Kempten

Diese Teuerung, die im ganzen Allgäu herrschte, war durch den sehr langen und sehr kalten Winter 1490/91 noch verstärkt worden, im Frühjahr zwang der Getreidemangel die Bauern zur Heubeimischung in ihrem Brot. Entgegen ihren Hoffnungen zeigte gerade im Stift Kempten in diesem Jahr der Landesherr, Fürstabt Johannes von Riedheim (1481 bis 1507), keinerlei Verständnis oder gar Entgegenkommen für die Bauern. Zum einen betrieb er energisch und ausdauernd die Politik der Leibeigenschaft für die stiftkemptischen Bauern weiter, zum anderen sah er sich erhöhten finanziellen Forderungen seitens des Schwäbischen Bundes (s. S. 40) wie auch des Reiches ausgesetzt, die er erfüllen musste. So ließ er trotz der Missernte im Sommer 1491 vermehrt Steuern und Abgaben eintreiben, was dann im Herbst 1491 zum Aufstand der Bauern führte.

Unter der Führung des Jörg Hug von Untrasried, der vom Fürstabt nur giftig »der Hus von Untrasried« tituliert wurde, fanden sich die Bauern am 15. November 1491 auf der alten Gerichtsstätte (Malstätte) bei Leubas zusammen und beschlossen, sich mit ihren Beschwerden schriftlich an den Schwäbischen Bund zu richten. Eine Woche später hatten sich jedoch die Radikaleren unter den Bauern durchgesetzt: Noch bevor der Schwäbische Bund Antwort geben konnte, hatten sich die Bauern in einem Lager bei Durach wieder zusammengefunden – diesmal sogar bewaffnet – und schworen einander, erst auseinanderzugehen, wenn ihren Beschwerden und Forderungen vom Fürstabt nachgekommen worden sei.

Der empfand das jedoch als bewaffneten Aufruhr und bat seinerseits jetzt den Schwäbischen Bund um Hilfe gegen die Empörer. Außerdem – sicher ist sicher! – floh er aus dem Stift in die Hauptfestung Liebenthann, von wo er die Verhandlungen weiterführte. Denn der Schwäbische Bund wollte eine friedliche Beilegung des Konflikts, auch aufgrund der Bedenken der Reichsstadt Nördlingen, die sich für die Belange der Bauern einsetzte. Im Dezember 1491 trafen nun in der Stadt Kempten die gewählten Vertreter der Bauern (die »Landschaft«), des Schwäbischen Bundes und des Fürstabtes aufeinander: Auf Verlangen des Bundes und des Abtes legten die Bauern die Waffen nieder und erhielten die Zusicherung, dass sie vor der Rache (!) des Abtes geschützt seien und sich der Bund ihrer Beschwerden annehmen würde. An der Feste Liebenthann, wohin die Verhandlungen verlegt worden waren, kam es dann zu einer »Aussöhnung« zwischen Abt und Bauern, doch die Bauern erkannten sehr bald, dass die Bundesgesandten zugunsten des Abtes vermittelt hatten. Wieder schlossen sie sich zusammen und begannen erneut zu rüsten, indem sie die Zäune (Etter) um ihre Dörfer verstärkten.

Eine wirkliche Konfrontation mit dem Abt suchten die Bauern nicht, vielmehr sandten sie wohl Ende Januar 1492 Heinrich Schmid von Leubas zum Kaiser mit der Bitte, sie anzuhören und ihnen zu ihrem Recht zu verhelfen. Allerdings wurde Schmid von Leubas von Männern des Fürstabts wahrscheinlich auf dem Weg erschlagen, er kam nie am kaiser-

DER BUNDSCHUH

Im Dorf Untergrombach, heute ein Ortsteil der Stadt Bruchsal, wurde um 1470 der Leibeigenensohn Joss (getauft: Jodocus) Fritz geboren. Nach seiner Lehrzeit bei den Landsknechten kehrte er wieder in sein Heimatdorf zurück, fest entschlossen, die Unterdrückung und Ausbeutung der Bauern nicht mehr länger hinzunehmen. Von seinem Heimatort aus schloss er sich der Bundschuh-Bewegung an, die damals besonders am Oberrhein, im Elsass und in den Regionen zum Bodensee hin virulent war. Unter dem Sinnbild des mit langen Lederriemen an den Fuß zu bindenden Bauernschuhs – im Gegensatz zum gespornten Ritterstiefel – fanden sich seit ungefähr 1450 immer wieder Bauern zusammen, um sich gegen die zunehmende Bedrückung durch den Feudalstaat zu wehren. So gewann der Bundschuh als Bewegung eine zunehmend bedenklich-abschreckende Wirkung auf die herrschende Schicht; die Losung »den Bundschuh aufwerfen« galt als Aufruf zum Aufruhr der Bauern und des »gemeinen Mannes«. So verhandelten die Kemptener Bauern 1492 mit dem Fürstabt unter dem Zeichen des Bundschuhs. Die kemptische Stadtobrigkeit reagierte äußerst nervös, als eine weinselige Hochzeitsgesellschaft noch im selben Jahr aus Spaß den Bundschuh aufsteckte. Das Symbol des Aufruhrs musste sofort wieder verschwinden.

Um wohl dieselbe Zeit begann Joss Fritz in seiner Heimatregion, die Bauern im Bundschuh zu organisieren. Bald zählte er über 7000 Anhänger im Gebiet zwischen Main und Necker, doch flog eine erste Verschwörung auf und veranlasste die Obrigkeit, von nun an die Bundschuhanhänger zu verfolgen. Fritz wandte sich ins Oberschwäbische, ließ sich dann aber in Lehen (heute Ortsteil von Freiburg i. Breisgau) nieder, von wo aus er die Bewegung weiter organisierte. Dort gab er ihr auch in 14 Artikeln einen Forderungskatalog, der nicht von ungefähr an die späteren 12 Artikel Memmingens erinnert. Seine Aufstandspläne wurden aber konterkariert, Fritz konnte noch 1513 in die Schweiz entfliehen. Trotzdem er steckbrieflich gesucht wurde, konnte er nicht gefangen genommen werden, auch wenn er in den folgenden Jahren immer wieder heimlich in den Breisgau zurückkehrte. Ab 1524 verlor sich dann seine Spur.

Mochte die Bewegung nach dem Freiburger Debakel auch als politische Kraft unbedeutend werden – ihr Symbol blieb durch die Jahrhunderte hindurch für die Obrigkeit und besonders für die Bauern virulent als Zeichen von Ungehorsam, Unzufriedenheit und Widerstand gegen die Herrschenden. So nannte sich noch 1979 eine Bürgerinitiative gegen den Bau einer Teststrecke des Daimler-Benz-Konzerns nach dem Bundschuh; die Initiative gewann 1987.

lichen Hoflager an. Erst der zweite Abgesandte der Bauern, Sebastian Becherer von Kempten gelangte zum Kaiser, brachte die Klage vor und kehrte Anfang März wieder zurück, im Gepäck die kaiserliche Anordnung, der Abt »…sei schuldig, […] seinen armen lewten im recht zu antworten«. Daraufhin steckte der Kemptner Stadtschreiber diesen Brief an das Haupttor der Feste Liebenthann. Der Abt lenkte hierauf ein und beauftragte einen Konventsherren und einen seiner Räte, ihn vor dem kaiserlichen Hofgericht zu vertreten. Allerdings kam es dort nicht zur Verhandlung, denn die Bauern hatten einen schwerwiegenden Fehler begangen: Gleichzeitig mit der Botschaft an den Kaiser hatten sie sich mit der gleichen Bitte nochmals an den Schwäbischen Bund gewandt, der von den bäuerlichen Gesandten nun unbedingt die Auflösung ihres Bündnisses und ihre Selbstentwaffnung forderte. Auf ihre Weigerung hin, beschloss der Bund am 8. Februar 1492 am Bundestag in Esslingen, mit Gewalt gegen die stiftkemptischen Bauern vorzugehen, und berief von seinen Mitgliedern Truppen nach Obergünzburg und nach Mindelheim. Aber diese Truppen standen zunächst nicht gegen die Bauern zur Verfügung, Kaiser Maximilian I. verwandte sie im Sommer 1492 zu seinem Feldzug gegen Herzog Albrecht IV. von Bayern. Erst danach setzte der Schwäbische Bund die Truppen auf Betreiben des Kemptner Fürstabts gegen seine Bauern ein: Am 28. September 1492 rückten von Memmingen aus Bundestruppen im Kemptner Stift ein und durchstreiften von dort aus das Land, um die »aufsässigen« Bauern zu strafen, ihre Höfe anzuzünden oder sie aus den Dörfern zu vertreiben. An die 200 Bauern flohen in die Schweiz, einige führende Köpfe des Bauernbündnisses fielen in die Hände der bündischen Truppen und wurden getötet. Da die Reichsstadt Kempten mit den Bauern sympathisiert hatte, fielen Bundestruppen in städtisches Gebiet ein und raubten bei Leubas den Kemptnern ihr Vieh. Als dann allerdings die Kemptner Stadttruppen ausrückten, flohen die Bündischen.

Da dem Schwäbischen Bund auf dringendes Anraten der Reichsstädte die Befriedung des stiftkemptischen Gebietes sehr wichtig wurde, verhandelten ab 14. Oktober 1492 in Memmingen abgeordnete Bundesräte und -hauptleute mit insgesamt 252 Bauern aus den wichtigsten und größten Dörfern der Fürstabtei. Der Landesherr (Abt) verglich sich mit seinen untertänigen Bauern, die weiterhin ihm Gehorsam und Abgabenleistung und kein neues Bündnis untereinander einzugehen schworen. Von einer Änderung der Abgaben- und Steuerlast war keine Rede, auf eine weitere Verfolgung der aufständischen Bauern wollte der Abt aber verzichten. Alle Klagen, die Abt und Bauernschaft gegeneinander hätten, sollten vor einem Schwurgericht des Schwäbischen Bundes verhandelt werden. Zwar kehrte damit Frieden im stiftkemptischen Gebiet ein, aber die Mehrzahl der Bauern hatte sich aus Erfahrung und Misstrauen diesem Memminger Vertrag nicht angeschlossen, sie schwiegen und ballten sozusagen die Faust in der Tasche; auch der Abt blieb misstrauisch und verstärkte über den Klerus das Spitzel- und Überwachungswesen in den Dörfern, um möglichst frühzeitig Unruhen erkennen zu können.

Der Aufruhr der Bauern hatte die geistlichen Obrigkeiten im Allgäu nervös gemacht, mussten sie doch schon Ende Februar erfahren, dass der Widerstand der stiftkemptischen Bauern unter denen der benachbarten Herrschaften viel Sympathie fand und auch die Bürger in den Reichsstädten das fürstäbtliche Verhalten mit Missbilligung betrachteten. Als dann auch noch Ende 1492 in Kempten selbst der »Bundschuh«, Zeichen und Sinnbild der Bauernaufstände im Breisgau und am Oberrhein unter Joß Fritz, auftauchte – und durch Eingreifen des Rates der Stadt auch gleich wieder verschwand –, stieg das Misstrauen der Obrigkeiten gegen die Bauern weiter.

Aufständische Bauern mit Bundschuhfahne umzingeln einen Ritter. – Holzschnitt des sog. Petrarca-Meisters aus dem *Trostspiegel*, 1539.

Der Aufstand der Bauern 1491/92 im Fürststift Kempten blieb der einzige im Allgäu zu dieser Zeit. Die Bauern machten die Erfahrung, dass sowohl Einigkeit als auch ein Zusammenschluss in einem festen Bündnis ihre Macht und ihr politisches Gewicht sofort wesentlich erhöhten. Die Obrigkeit behandelte sie dann nicht mehr als einzelne Kanaillen (auch wenn sie das gerne getan hätte!), sondern musste sie ernst nehmen, ihnen zuhören, mit ihnen verhandeln. Auch fanden ihre Forderungen durchaus Sympathien in den Reichsstädten sowie bei einigen wenigen weltlichen Herrschaften. Allerdings hatte es sich als notwendig erwiesen, sich zusammenzutun und das so entstandene Bündnis straff zu organisieren. Zudem sollte es sich – vielleicht ist das den Anschauungen der Zeit geschuldet – hinter einem Anführer sammeln, um die politische Schlagkraft zu erhöhen. Auch die bäuerliche Kommunikation zwischen den Dörfern und Einzelhöfen hatte sich bewährt. Die Bauern mussten aber auch erfahren, dass die Gegenseite, vor allem die geistliche Obrigkeit, nicht wirklich an einem Kompromiss interessiert war und die bäuerlichen Anliegen empörend verwerflich fand. Politisch besser geschult,

DER SCHWÄBISCHE BUND

Aufgrund der schwachen königlichen Gewalt im Spätmittelalter kam es vor allem im 15. und 16. Jh. zu Bündnissen und Zusammenschlüssen von lokalen und regionalen Herrschaftsträgern, um den Landfrieden sowie die allgemeine öffentliche Sicherheit zu schützen und aufrechtzuerhalten. Das bekannteste dieser Bündnisse war der Schwäbische Bund, den Kaiser Friedrich III. am 14.02.1488 am Reichstag von Esslingen gründete und dem sich zunächst die Territorialfürsten von Tirol, Württemberg, zahlreiche schwäbische Reichsstädte und auch der reichsunmittelbare Adel Schwabens, organisiert im Bündnis des St. Jörgen-Schildes, anschlossen. Die kaiserliche Absicht war es, ein politisches Gegengewicht zur Expansion der wittelsbachischen Herzogtümer Ober- und Niederbayern unter Albrecht IV. und Georg d. Reichen zu schaffen, die sich zu dieser Zeit auf Kosten habsburgischer Territorien vollzog. Dieses Ziel wurde letzten Endes von den Habsburgern mit Hilfe des Bundes im Bayerischen Erbfolgekrieg erreicht. Doch auch in den anderen Bereichen (Landfriedenswahrung, öffentliche Sicherheit) war der Schwäbische Bund erfolgreich, sodass er zu Beginn des 16. Jahrhunderts die entscheidende politisch-militärische Kraft in Südwestdeutschland – die Schweiz ausgenommen – darstellte und z. B. allein durch seine militärische Präsenz 1519 die Kaiserwahl Karls V. sicherstellte.

In der Geschichte des Schwäbischen Bundes, der 1534 endgültig aufgelöst wurde, unterscheidet man verschiedene Einigungsperioden, d. h. je nach Anzahl und politischer Potenz der Mitglieder wurde agiert. Zur Zeit des Bauernkriegs befand sich der Bund schon in seiner Spätzeit; zu seinen Mitgliedern, die für das Allgäu einschlägig waren, zählten u. a.: Kaiser Karl V. und sein Bruder Erzherzog Ferdinand, das wiedervereinigte Herzogtum Bayern, das Hochstift Augsburg, die Reichsstädte Augsburg, Memmingen, Ulm, Ravensburg, Kempten, Kaufbeuren und Isny. Das Eingreifen des Bundes im Bauernkrieg in nicht-bündische Territorien wurde in der Regel mit seinem generellen Auftrag der Landfriedenswahrung gerechtfertigt. Großen Einfluss zur Zeit des Bauernkriegs im Allgäu und in Oberschwaben hatte der bayerische Rat Leonhard von Eck, ein ausgesprochener Feind der Bauern und ihres Anliegens.

Das Verhalten des Schwäbischen Bundes gegenüber den aufständischen Bauern war von Anfang an zumindest reserviert, er bewertete in Übereinstimmung mit dem Reichsregiment die Gehorsamsverweigerung der Bauern und erst recht ihre Zusammenschlüsse und gewaltsamen Übergriffe als offensichtlichen Bruch des Landfriedens, den es entsprechend zu ahnden galt. Dabei setzten sich vor allem die betroffenen Fürsten und Reichsstände gegenüber den Bestimmungen der Landfriedensordnung durch, die im Konfliktfall ja zunächst den Versuch der gütlichen Einigung vorsah.

Die bewaffnete Macht, die ab Herbst 1524 vom Schwäbischen Bund zusammengestellt und angeworben wurde, unterstand Georg Truchsess von Waldburg. Nach seinem Feldzug gegen die aufständischen Bauern in Württemberg, im Neckargebiet und bei Würzburg kehrte der Truchsess mit seinen Landsknechten ins Allgäu zurück, wo dann Mitte Juli 1525 bei Leubas und bei Sulzberg die noch verbliebenen Bauernheere niedergemacht wurden.

Im Bund herrschte – bei seiner Zusammensetzung nicht verwunderlich! – allgemein die Meinung, dass das blutige und rücksichtslose Vorgehen gegen die Bauern notwendig und angezeigt war. Die dazu etwas gemäßigter eingestellten schwäbischen Reichsstädte hatten sich nicht durchsetzen können.

So dankte Kaiser Karl V. auf dem Reichstag von Speyer 1526 dem Schwäbischen Bund, dass durch sein Handeln »die gotlichen, cristlichen und loblichen satzungen, ordnungen, recht und billichait, die dazumal allenthalben verfolgt und vast gar umbgestoßen, zum teil widerbracht und erhalten worden« seien (zitiert nach Günter Franz).

im Ganzen besser ausgebildet, brachten die geistlichen Herren diese Vorteile in die Verhandlungen ein, um den status quo ante wiederherzustellen und vielleicht noch weiter zu ihrem Vorteil auszugestalten. Auf die gemachten Erfahrungen hin ließ Abt Johann von Riedheim die Feste Liebenthann weiter verstärken und zum Hauptwaffenplatz des Stifts machen.

Es zeigte sich aber auch, dass die entscheidende Macht der Herrschenden in diesen Jahrzehnten im Allgäu der Schwäbische Bund war, der nicht nur die bewaffnete Macht aufrufen und herstellen konnte, sondern dem auch die Friedenswahrung besonders wichtig war.

Es war – im Nachhinein betrachtet – fast so, als würde das Allgäu die Vorgänge im Stift Kempten 1491/92 aufmerksam beobachten. Die Fronten hatten sich verhärtet: hier die Bauern, die um ihre alte Freiheit, ein von als gerecht empfundenen Abgaben unbedrücktes Leben und letzten Endes auch um eine bessere Seelsorge kämpften; dort die größtenteils geistliche Obrigkeit, verständnislos den Bauern (ihren Bauern!) gegenüberstehend und daran interessiert, ihre eigene Macht zu vervollkommnen und ihre Einkünfte für ihre Bequemlichkeit zu steigern, ad maiorem Dei gloriam.

Die folgenden Jahrzehnte im Allgäu blieben zwar ruhig, aber niemand – weder die Bauern noch die Obrigkeit – hatte vergessen, was passiert war. Die Ruhe war also trügerisch, denn es hatte sich rein gar nichts geändert.

1524 – Aufruhr in Oberschwaben und am Bodensee: Die Fronten bilden sich

Die Lage bei den Allgäuer Reichsständen

Im Kloster Ottobeuren wurde am 15. Februar 1508 ein neuer Abt gewählt, Leonhard Widemann folgte auf Matthäus Ackermann, den man zum Rücktritt gezwungen hatte, nachdem er Klostergut an befreundete Adelige verschleudert hatte. Der neue Abt war als ehemaliger Cellerar des Klosters mit dessen Verwaltung vertraut, und der Klosterchronist Maurus Feyerabend rühmt bei Widemann, er wäre »…ein Mann von einer ansehnlichen Leibesbildung und Größe…« gewesen, der zudem als hochgelehrt und von untadeligem klerikal-christlichen Lebenswandel galt. Bei seiner Huldigung scheinen die Bürger und Bauern des Klosters den Untertaneneid freudig geleistet zu haben (einen vom Vorgänger noch herrührenden Streit mit den Untertanen über die Holznutzung ließ der neue Abt zu ihren Gunsten beenden). Aus den folgenden Jahren wird über Abt Widemann hauptsächlich über seine Verträglichkeit und seine Nachgiebigkeit berichtet. Das Kloster Ottobeuren wurde während des Bauernkriegs von aufständischen Bauern besetzt, geplündert und beschädigt, es entstanden Schäden von 20 000 fl., doch der Abt verzichtete auf eine Entschädigung durch die Klosteruntertanen.

Anders sah es im Stift Kempten aus: Auf den standesbewussten, herrischen und dabei uneinsichtigen Johann von Riedheim war 1507 Hans Rudolf von Raitenau gefolgt (auch er keine Zierde in der Abtreihe!), und nach seinem Tode erwählte sich das Stift 1523 Sebastian von Breitenstein (s. S. 45). Diesem (Kirchen)fürsten war nun im Kemptner Prediger Matthias Weibel ein Widerpart erstanden, der nicht nur unerschrocken die neue evangelische Lehre verkündete, wobei er von Bürgerschaft und Rat der Stadt geschützt wurde, sondern auch als Vikar und Prediger von St. Lorenz dem neuen Abt heftig die

Leviten las: »Ein Bischof soll untadelig sein … nicht eigensinnig, nicht zornig, nicht ein Weinsäufer, nicht pochen [Poch ist ein Kartenspiel, das als Vorläufer des heutigen Poker gilt, Anm. d. V.], nicht unehrliche Hantierung treiben, sonder er sei züchtig, gerecht und keusch!« Der Hass auf Weibel wurde bei Abt Breitenstein schließlich so groß, dass er ihn persönlich verfolgen ließ und Bundeshauptmann Jörg Truchsess im August 1526 zum Justizmord an Weibel anstiftete, der schließlich am 7. September 1525 bei Reichenberg an einer Buche erhängt worden ist. Politische Weitsicht oder ein tieferes Verständnis für die Zusammenhänge waren bei diesem Abt nicht zu erwarten.

Der dienstälteste Abt der drei Allgäuer reichsfreien Klöster war Peter Fend von Irsee, den der Konvent am 11. November 1501 zum Abt gewählt hatte. Aus einem Kemptener ratsfähigen Geschlecht stammend, war es ihm zunächst um die Mehrung der Mönche in seinem Kloster gegangen, und 1525 konnte er wieder 16 Konventualen zählen. Die Kirche selbst jedoch stellte in einer Visitation gegenüber dem Abt Peter Fend fest, dass er die frühmorgendlichen Klostergebete (Matutin) sehr oft versäumte, weil er offensichtlich gerne »mit leichtsinnigen Personen … besonders zur Nachtzeit« sehr vertraulichen Umgang hatte. Wie sich zeigen sollte, stand er den bäuerlichen Forderungen und Beschwerden ablehnend und verständnislos gegenüber und überdauerte den Bauernkrieg in der Reichsstadt Kaufbeuren. Beim Schadenersatzprozess 1527 gegen die Bauern um Wiedergutmachung der Schäden zeigte er sich rachsüchtig, und nur der besonnene Klostervogt Georg v. Benzenau konnte einen Ausgleich zwischen Bauern und Abt herstellen.

Für das östliche Allgäu von Buchloe bis Sonthofen war der Bischof von Augsburg der Landesherr; auch in seinen Territorien war die Leibeigenschaft sehr verbreitet – ganz im Gegensatz zu den nördlichen Herrschaftsgebieten um Dillingen. Sie war auch lange im Gebrauch, noch 1785 berichtete der Landschreiber Johann Michael Luger aus seinem Bezirk Rettenberg und Sonthofen: »… es sind auch all jene rechte, welche bezüglich auf die pflichten der einwohner der leibeigenschaft zum grunde habe, bis gegenwärtig in voller ausübung.«

**SEBASTIAN VON BREITENSTEIN,
FÜRSTABT VON KEMPTEN 1522–1535**

Aus einem oberpfälzischen Freiherrngeschlecht stammend, wurde Sebastian von Breitenstein um 1464 geboren und für die geistliche Laufbahn bestimmt. Er trat dem Benediktinerorden bei und legte 1494 die Ordensgelübde als Konventuale des Kemptner Klosters ab, im gleichen Jahr empfing er auch die Priesterweihe. Seit 1508 wirkte er als Stiftsdekan im Kloster. Als Fürstabt Johann Rudolf von Raitenau im Mai 1523 an der Pest starb, wurde Sebastian von Breitenstein zu dessen Nachfolger gewählt.

Bei seiner ersten Messfeier noch im Mai 1523 als neuerwählter Abt sah sich Breitenstein mit den schneidenden Vorwürfen und Vorhaltungen von Matthias Weibel, dem Vikar der Stiftskirche, der der reformatorischen Lehre zuneigte, konfrontiert. Breitensteins Lebenswandel gab dazu auch genug Anlass, seine Prunksucht tat ihr übriges. Nur das besonnene Eingreifen des Kemptener Bürgermeisters Gordian Seuter verhinderte ein Blutvergießen. In der Geschichtsschreibung gilt Breitenstein als »... beschränkter, herrischer und doch im Unglück verzagter Mann, dessen Wahl für das Stift ... ein Unheil war« (Franz Ludwig von Baumann).

Aufgrund seiner Borniertheit erkannte Breitenstein die Wut und die Verzweiflung unter den stiftkemptischen Bauern nur als Ausdruck ihres bösartigen Widerstandes gegen seine Herrschaft und verhielt sich mit der Verweigerung einer Gesamthuldigung durch die stiftkemptische Landschaft, der Zurückweisung von bäuerlichen Beschwerden und der Einführung einer neuen Steuer höchst konfrontativ. Im Februar 1525 floh der Fürstabt dann vor den aufständischen Bauern in seine Festung Liebenthann bei Obergünzburg, wo er von den Bauern aber weiter belagert wurde; im April rettete er sich schließlich gegen freien Abzug in die Reichsstadt Kempten. Die Reichsstadt nutzte die Situation aus und nötigte dem Fürstabt im »Großen Kauf« im Mai 1525 alle bestehenden Rechte und Güter, die das Stift in der Reichsstadt noch hatte, gegen die Zahlung von 30 000 fl. ab; Kempten erhielt damit den Status einer Reichsstadt und die Reichsunmittelbarkeit. Nach diesem Verkauf resignierte der Fürstabt von der Leitung des

Stifts vorübergehend, Dekan Eck von Reischach und Kapitelherr Wolfgang von Grünenstein führten die Geschäfte. Doch schien Abt Breitenstein nach der Niederschlagung des Aufstandes wieder die Herrschaft übernommen zu haben: Als auf erheblichen Druck des Schwäbischen Bundes Anfang des Jahres 1526 die stiftkemptische Bauernschaft mit ihrer klösterlichen Herrschaft verglichen werden sollte und so die Verträge von Martinszell und von Memmingen zustande kamen, leistete Fürstabt Breitenstein mit unsinnigen und blutrünstigen Forderungen keinen vernünftigen Beitrag zu diesem Vertragswerk. Wie schon erwähnt: Den mittlerweile evangelischen Prediger Matthias Weibel ließ Breitenstein noch im Sommer 1525 verfolgen und im September 1525 an einer Buche in der Nähe Leutkirchs erhängen. Dafür förderte Abt Breitenstein seinen leiblichen Sohn Pelagius in allen Belangen.
Fürstabt Breitenstein erwarb mit dem Geld des »Großen Kaufs« die Herrschaft Sulzberg im Oberallgäu und verwandte es auch zum Wiederaufbau der zerstörten Gebäude im Stift selbst.
1534 erhielt er dann in der Person des Wolfgang von Grünenstein einen Koadjutor, 1535 starb dieser fragwürdige Kirchenfürst an Altersschwäche.

1517 war der damalige Koadjutor des bisherigen Bischofs zum neuen Oberhirten der Diözese bestimmt worden: Christoph von Stadion. Er stand in seinen menschlichen Eigenschaften wahrscheinlich dem Abt von Ottobeuren näher als den Scharfmachern in Kempten und Irsee. Vorrang hatte für Bischof Stadion aber der Kampf gegen die neue Lehre Luthers, wiewohl er doch der Gedankenwelt des Erasmus von Rotterdam näherstand.

In den Reichsstädten hatten zur Zeit des Bauernkriegs in der Regel verständige und besonnene Männer das Sagen: Gordian Seuter in Kempten, Blasius Honold in Kaufbeuren (1525 Stadtammann von Kaufbeuren) und seit 1524 Hans Keller in Memmingen. Gerade in Letzterer sollten die aufständischen Bauern auf die größte Aufgeschlossenheit für ihre Anliegen stoßen.

Unter den adeligen Reichsständen standen die Herren von Rotenfels und auch Jörg Truchsess von Waldburg den bäuer-

Sebastian von Breitenstein kniet links unten vor dem Kreuz. – Kemptener Meister, um 1530.

lichen Anliegen nicht vollständig ablehnend gegenüber, soweit die Forschung dies bis heute eruiert hat. Aber wie bei dem Herren von Werdenstein, der den Bauernaufstand letzten Endes auf die lutheranischen Prediger zurückgeführt hatte, war auch von ihnen ein tieferes Verständnis nicht zu erwarten. Bei der historischen Beurteilung, die Leibeigenen hätten ihren Herrn Jörg Truchsess von Waldburg »geliebt«, kann man sich mit Recht Gedanken über die Unterschiede von »Liebe« und »Furcht« machen.

Mittlerweile schreiben wir das Jahr 1524. Die politische Stimmung im Allgäu war gereizt und angespannt. Der Schwäbische Bund hatte seit dem Tode Maximilians I. mit dem Unwillen der Allgäuer Reichsstädte zu kämpfen, die eine weitere Verlängerung des Bundes nicht mehr mittragen wollten, da sie ihre Interessen dort zu schlecht vertreten sahen; außerdem hatten sie Angst, durch den neuen Kaiser Karl V. über den Bund in entfernte Kriege verwickelt zu werden, und generell schätzten sie ihre Beiträge als überhöht ein. Doch gaben sie dem kaiserlichen Druck auf dem Reichstag von Worms 1521 nach und traten widerwillig nochmals dem Bund bis 1534 bei. Die geistlichen Reichsstände Kempten, Irsee und Augsburg blieben fest beim Bund, Ottobeuren jedoch hielt sich fern und begründete dies mit uralten Sonderrechten. Auch etliche Adelige waren nicht dabei, so der Truchsess von Waldburg, die Grafen von Montfort-Rothenfels und Montfort-Bregenz, die sich mit anderen schwäbischen Adeligen zu einem Sonderbündnis bis 1524 zusammengeschlossen hatten. Erst nach dessen Ablauf wurden auch sie Mitglieder des Schwäbischen Bundes. Aufgrund seiner Mitgliederstruktur und des kaiserlichen Willens stand der Bund den Anliegen der Bauern grundsätzlich reserviert bis ablehnend gegenüber; die Reichsstädte in seinen Reihen waren gegenüber den Territorialfürsten und den geistlichen Reichsständen zu schwach und außerdem im Allgäu mit der Handhabung der immer stärker vordringenden Reformation beschäftigt. So drohte der Augsburger Bischof im Januar und Februar 1524 als Bundesmitglied durchaus der Reichsstadt Memmingen – ebenfalls Mitglied – mit dem Einsatz von Bundestruppen, wenn diese nicht energischer gegen ihren reformatorischen Prediger Christoph Schappeler vorgingen.

GEORG III. TRUCHSESS VON WALDBURG, GENANNT »DER BAUERNJÖRG«

Geboren am 25. Januar 1488 zu Waldsee als Sohn Johanns d. J. von Waldburg und seiner Ehefrau Helene von Zollern, erlebte er ab seinem zehnten Lebensjahr eine Erziehung bei seinem Onkel, dem Augsburger Bischof Friedrich von Zollern. 1504 nahm er bereits am bayerischen Erbfolgekrieg teil und verfolgte danach als 20-Jähriger 1508 im Dienste Herzog Ulrichs von Württembergs seine militärische Laufbahn weiter. Nach dem Tod seiner ersten Frau 1512 heiratete Georg Truchsess von Waldburg ein Jahr später Maria von Oettingen. 1514 kam er bei der Niederschlagung der Aufruhrbewegung des »Armen Konrad« zum ersten Mal mit aufständischen Untertanen in Berührung. 1515 schloss sich Georg Truchsess von Waldburg dem bayerischen Herzog Wilhelm IV. an und versah als herzoglicher Rat und Landeshauptmann seinen Dienst am Münchner Hof. Im Auftrag des Herzogs reiste er 1516 zu Kaiser Maximilian I. nach Italien, wo er im kaiserlichen Heer in Oberitalien gegen Frankreich und die lombardischen Städte kämpfte. 1517 begleitete er Herzog Wilhelm IV. in die Niederlande zu Kaiser Maximilian I. und unternahm von dort per Schiff eine Wallfahrt nach Santiago di Compostela.

Als 1519 Herzog Ulrich von Württemberg im Auftrag des Kaisers und des Schwäbischen Bundes aus seinem Herzogtum aufgrund der über ihn verhängten Reichsacht vertrieben wurde, leitete Georg Truchsess von Waldburg die militärischen Operationen, entzweite sich dabei aber mit Herzog Wilhelm IV. von Bayern und zog sich danach auf seinen Familiensitz Waldburg zurück. Jedoch galt er sowohl beim Schwäbischen Bund als auch bei Erzherzog Ferdinand von Österreich als erfahrener und siegreicher Offizier und Feldhauptmann, der 1523 und 1524 für den Schwäbischen Bund mit großem Erfolg gegen fränkische Raubritter focht.

Als sich im Sommer 1524 durch den bäuerlichen Aufruhr im Hegau der Bauernkrieg im Südwesten des Reiches abzeichnete, ernannte der Erzherzog den in seinen Augen geschickten und bewährten Militär zum Feldhauptmann und betraute ihn mit dessen Niederschlagung. Zwar hatte er Schwierigkeiten, seine Truppen zu sammeln, neue anzuwerben und die Desertionen zu unterbinden, doch die Lage des Aufruhrs in Oberschwaben und im Allgäu wurde für die Obrigkeit immer bedrohlicher, sodass auf habsburgischen Druck hin auch der Schwäbische Bund am 2. Februar 1525 Georg von Waldburg zu seinem obersten Feldhauptmann ernannte und mit der Beendigung des Aufstands beauftragte. Georg von Waldburg überwand seine militärisch-logistischen Schwierigkeiten und schlug den Aufstand der Bauern in Schwaben und im Allgäu (Schlacht bei Leubas) mit Effizienz und an Grausamkeit grenzender Härte nieder. Das trug ihm den Beinamen »der Bauernjörg« ein und empfahl ihn seinen Herren. Da er 1525 auch die Wiedereroberung Württembergs durch den vertriebenen Herzog Ulrich vereitelt hatte, wurde Georg von Waldburg vom Haus Habsburg belohnt: 1525 wurde er mit der kaiserlichen Statthalterschaft für das Herzogtum Württemberg betraut, 1526 ernannte ihn Kaiser Karl V. zum Reichserbtruchsess, eine Würde, die auch Georgs Bruder Wilhelm erhielt. In den folgenden Jahren diente Georg III. Reichserbtruchsess von Waldburg als Rat und Diplomat Erzherzog Ferdinand, den er in die Türkenkriege und zu den Reichstagen in Speyer (1526 sowie 1529) und Augsburg (1530) begleitete.

Die Brutalität Georgs von Waldburg gegenüber den Bauern wurde früher als typisch für die Umstände seiner Lebenszeit entschuldigt, doch stellt die neuere Forschung (Peter Blickle) sein unmenschliches Verhalten mit Recht in Frage.

Georg III. von Waldburg starb am 29. Mai 1531 zu Waldsee.

Weihnachten 1524: die ersten Bauernversammlungen

Im Fürststift Kempten kam es mit dem Amtsantritt des neuen Abtes Sebastian von Breitenstein (s. S. 45) im Mai 1523 zu einer weiteren Verschärfung des Konflikts zwischen dem Kloster und seinen Bauern. Der neue Abt übernahm die Leibeigenschaftspolitik seines Vorgängers, zeigte sich den Beschwerden der Bauern über überhöhte Frondienste und eine weiter zunehmende Steuerlast gegenüber völlig unbeeindruckt und war lediglich hin und wieder bereit, mit einem Ausschuss der Landschaft ungefähr ab Lichtmess (2. Februar) 1524 über die bäuerlichen Forderungen zu verhandeln. Insgesamt 13 solcher

Georg III. Truchsess von Waldburg, der »Bauernjörg«. – Portrait unbekannter Herkunft auf der Burg Waldburg.

Tagsatzungen (Zusammenkünfte, um Rechtsprobleme zu klären) hatte es dann im Laufe des Jahres gegeben, doch verliefen alle aufgrund der fürstäbtlichen Weigerung, den Bauern auch nur einen Zoll entgegenzukommen, ergebnislos. Wut und auch Resignation bei den Bauern waren erheblich gewachsen, vorherrschend war jetzt die Stimmung, sich selbst helfen zu müssen, da Hilfe von Kaiser, Reich und Schwäbischem Bund nicht mehr zu erwarten wäre.

Es kann nicht verwundern, dass in dieser Atmosphäre die reformatorische Lehre Luthers bei den Bauern großes Interesse fand: Ihre Einstellung zu Herrschaft, zu Freiheit sowie die neue Rolle der Geistlichkeit und der Kirche waren ungemein attraktiv. Als sich die Fürsten Oberdeutschlands (Erzherzog Ferdinand, die bayerischen Herzöge, die Bischöfe von Salzburg, Trient und Wien) Ende Juni 1524 für eine strikte Ruhehaltung unter der Bevölkerung und für die Eindämmung der neuen Lehre zusammenfanden, war es, als umschlösse die Bauern im Allgäu im Osten und im Süden bereits eine feindselige Mauer.

Die Unruhen nahmen zu: Im April 1524 rebellierten die beim Kronburger Schlossbau eingesetzten Woringer Bauern gegen die Frondienste, verbündeten sich mit den Kronburger Untertanen und besetzten das Schloss. Im Juni 1524 verweigerten Memminger Bürger und Bauern die Abgabe des Zehents, in Sommer und Herbst 1524 wandten sich Bauern von Ottobeuren mit ihren Beschwerden direkt an Kaiser Karl V. – ohne Erfolg.

Es kann als sicher angenommen werden, dass ab Frühjahr 1524 die Nachrichten von den Bauernaufständen in Forchheim, im Thurgau (Kartause Ittingen), im benachbarten Hegau und vor allem im südlichen Schwarzwald (Kloster St. Blasien) und von der Erhebung in Stühlingen (heute Lkr. Waldshut) im Allgäu umliefen und sich verbreiteten. Beim Stühlinger Aufstand zeichnete sich ein gewisses Muster ab, nach dem der Aufstand Umfang und Tiefe gewann: Die konfrontierte Obrigkeit – in diesem Fall die Grafen Sigmund und Georg von Stühlingen – versuchte die bäuerlichen Forderungen nach der Wiederherstellung des alten Rechts und der Minderung bzw. Abschaffung der Fronen und der Leibeigenschaft mit Verhandlungen und Schiedssprüchen zu ihren Gunsten abzuschwächen und zu verzögern, um Zeit für Rüstungen zu gewinnen. Doch dieses Mal reagierten die Bauern anders als gewohnt: Sie schlossen sich zu einem Fähnlein (eine bewaffnete Truppe) zusammen, wählten Unterführer und einen Anführer, Hans Müller von Bulgenbach, ein ehemaliger Landsknecht. Der nächste Schritt der Bauern auf dessen Betreiben hin war die

Besetzung der kleinen Stadt Waldshut und ein Bündnis mit dessen Bürgern gegen die österreichische Herrschaft, da man sich von Erzherzog Ferdinand verraten glaubte. Da in diesem Sommer die Obrigkeit durch die habsburgischen Kriege in Oberitalien äußerst geschwächt war, konnte keine Truppenmacht gegen die Bauern aufgestellt werden. Am 10. September 1524 kam es dann zu einem vorläufigen Ende mit einem Vertrag, der das Verhältnis zwischen Graf Sigmund und seinen Bauern festlegte. Zwar wurde dieser Vertrag letzten Endes doch nicht in Kraft gesetzt, aber er schuf für die nächsten Monate Ruhe.

Es waren sicherlich die Stühlinger Vorgänge, die die Bischöfe von Augsburg und Konstanz, Fürstabt Breitenstein, Wilhelm und Georg von Waldburg, Vertreter des Georg von Frundsberg und Abgesandte der Städte Isny und Wangen dazu bewogen, sich im Juli 1524 in Leutkirch zu einem Bündnis gegen Bauernempörungen und -aufstände zusammenzuschließen. Vereint wollte man derartige Unruhen sogleich bekämpfen.

Um diese Zeit, Sommer und Herbst 1524, verhandelte die stiftkemptische Landschaft immer noch vergeblich mit dem Abt; Breitenstein war zu keinerlei Zugeständnissen bereit. Aber um seinen Verpflichtungen gegenüber dem Schwäbischen Bund nachkommen zu können, forderte er den Bauern eine neue »Reissteuer« (Kriegssteuer; s. auch S. 25) ab, was die Empörung unter ihnen weiter anstachelte.

Im November und Dezember 1524 blieb es im Allgäu noch ruhig, doch dürften die Nachrichten aus den benachbarten westlichen Landschaften ermutigend für die Bauern gewesen sein. Am Heiligen Abend 1524 trafen sich in Baltringen (heute ein Ortsteil der Gemeinde Mietingen im Lkr. Biberach) viele Bauern. »In der heutigen Christnacht sind etliche Bauern zu Baltringen im Wirtshaus gesessen und … haben geratschlagt, wie sie ihre Sachen wollen anfangen.« So berichtet die Nonne von Heggbach in ihrer Chronik. Aus dieser Zusammenkunft entstand dann im Januar und Februar 1525 der mächtige Baltringer Haufen; ihr Hauptmann war Ulrich Schmid von Sulmingen. Zweifellos hat das Entstehen dieses Bauernbündnisses auch die Allgäuer beeindruckt. Außerdem verbreiteten sich wohl in der Weihnachtszeit 1524/25 im Allgäu auch die

Neuigkeiten vom Beschluss des Schwäbischen Bundes am 28. Dezember 1524 in Kempten, dass gegen Bauernempörungen den Bundesmitgliedern unbedingt zu Hilfe zu kommen wäre: Gegen die Bauern im Breisgau, Hegau und Sundgau wollte man 3000 Fußknechte und 300 Reiter aufbieten, für die bedrohten Allgäuer Herren wurden zunächst 200 Reiter bereitgestellt.

Die enttäuschenden und immer mehr Groll erzeugenden Verhandlungen zwischen den stiftkemptischen Bauern und dem Fürstabt fanden mit der letzten Tagsatzung vom 9. bis 14. Januar 1525 in Obergünzburg in der Nähe der Feste Liebenthann ihr Ende. Die Abgesandten der jetzt durch die Landschaft vertretenen Bauernschaft und zuletzt auch seine eigenen Abgeordneten vermochten die außerordentlich harte und uneinsichtige Haltung des Abtes nicht zu ändern: Er kam den Bauern in keinem einzigen Punkt entgegen, drohte ihnen eine gewaltsame Auseinandersetzung an und verließ die Verhandlungen. Der Landschaftsausschuss der Bauern wollte nun den Streit vor den Schwäbischen Bund bringen und warnte den Abt vor Maßnahmen gegen sie.

Typen aus dem Bauernheer. – Nach einem Kupferstich von Hans Sebald Beham (1500–1550).

Zu diesem Zeitpunkt trat der Schmied von Leubas, Jörg Knopf, Ausschussmitglied bei den Bauern, in den Vordergrund; er versammelte Vertrauensleute der Landschaft im Haus des Kemptner Stadtammanns und setzte eigenmächtig eine Versammlung der ganzen Landschaft am 23. Januar 1525 in Leubas an der altehrwürdigen Mal- und Versammlungsstätte fest. Diese Versammlung fand tatsächlich statt. Jörg Knopf informierte über den Stand der Dinge, und das Plenum zog zwei Konsequenzen: Zum einen schloss es sich dem Landschaftsausschuss an und wollte den Streit mit dem Abt vom Schwäbischen Bund entscheiden lassen, zum anderen fanden sich alle vertretenen Gemeinden zur gemeinsamen Verteidigung gegen fürstäbtliche Übergriffe und Gewalttaten zusammen, und zum Dritten kamen besonders gewählte Verordnete zwei Tage später in Kempten in der Bürgertrinkstube zusammen, um einem dreikopfigen Gremium (Jörg Knopf, Jörg Täuber und Konrad Mair von Götzen bei Betzigau) die vollständige Handlungsvollmacht zu übertragen.

Mit entsprechenden Klageschriften und Protestschreiben wurde in Ulm das Anliegen der Bauern dem Bundeshauptmann Walther von Hürnheim Anfang Februar 1525 übergeben. Da auch Abt Breitenstein in der Zwischenzeit massive Beschwerden gegen seine aufsässigen Bauern vor den Bund gebracht hatte, nahm der Schwäbische Bund den Streit zur Schlichtung an und begann eigene Erhebungen zu betreiben. Von Ulm war Jörg Knopf mit einigen Begleitern nach Tübingen zum Juristen Dr. Johann Henninger gereist, um sich dort für den kommenden Prozess juristischen Beistand sichern. Henninger riet dringend zu einem ordnungsgemäßen Verfahren und machte sich mit der Sachlage vertraut. In der Zwischenzeit waren für den Bund dessen Gesandte Gordian Seuter und Adam vom Stein nach Kempten zur Landschaft gereist und bewogen diese – wohl aus Misstrauen gegenüber Dr. Henninger – ihre Delegation aus Tübingen abzuberufen, was am 20. Februar auch geschah. Doch am gleichen Tag erklärte die Landschaft der stiftkemptischen Bauern den beiden Bundesgesandten, sie wollten nicht mehr den üblichen Rechtsweg, sie wollten wie die anderen Bauern nur »das Evangelium und

JÖRG SCHMID, GENANNT »KNOPF« VON LEUBAS

Jörg Schmid aus Leubas war der Sohn des legendären Heinrich Schmid von Leubas, der bei der Bauernempörung von 1491 mit den bäuerlichen Beschwerden zum Kaiser gesandt worden war, um diesen dem Fürstabt gegenüber zu ihrem Recht zu verhelfen. Heinrich Schmid wurde auf dem Weg umgebracht, in den Augen der Bauern war die fürstäbtliche Obrigkeit dafür verantwortlich. Von Jörg Schmid wird lediglich überliefert, dass er in Kempten als Bleicherknecht gearbeitet hatte und dort mit dem Gesetz in Konflikt gekommen war. Offensichtlich kehrte er nach Leubas zurück und war wegen seiner Beredsamkeit und des Schicksals seines Vaters unter den Bauern sehr angesehen.

Bei den Verhandlungen vom 9. bis 13. Januar 1525 zwischen Kemptener Landschaft und Fürstabt Breitenstein – Thema: die bäuerlichen Beschwerden und die neu eingeführte Militärsteuer zugunsten des Schwäbischen Bundes – trat Schmid, aus bisher unbekannten Gründen genannt Knopf von Leubas, als Vertreter der Bauern auf und brachte die Vertreter der Landschaft dazu, die Verhandlungen abzubrechen, sich am 23. Januar in Leubas neu zu versammeln und zu beraten und letztendlich den Streit vor den Schwäbischen Bund zur Entscheidung zu bringen. Er wurde zum führenden Verordneten bestimmt und beauftragt, an der Universität Tübingen ein Rechtsgutachten einzuholen.

In der Zwischenzeit hatten sich am 14. Februar 1525 in Sonthofen die Bauern des Fürststifts Kempten, des Hochstifts Augsburg und vieler weltlicher Herrschaften zusammengefunden und ihr Bündnis durch Eid bekräftigt. Sie begründeten nun ihre Forderungen mit dem Hinweis auf das »Göttliche Recht«. Schmid war bei der Formulierung der bäuerlichen Ansprüche und Absichten sicherlich beteiligt, als sich am 24. Februar 1525 an die 8000 Bauern in Marktoberdorf zu einem noch festeren Bündnis zusammenschlossen, um bei Verhandlungen mit der Obrigkeit erfolgreicher bestehen zu können. Am 27. Februar betrieb dann Schmid bei einer weiteren Zusammenkunft des Allgäuer Haufens, der sich bei Leubas zusammengefunden hatte, nicht nur die Ausweitung des Haufens auf andere Bauernbündnisse, sondern auch die Weiterbildung des Allgäuer Bundes, unter dem man wohl den politischen Zusammenschluss der einzelnen Allgäuer Bauernhaufen verstehen kann, zur »Christlichen Vereinigung der Landart Allgäu«. Nach entsprechenden organisatorischen Umgestaltungen innerhalb des Bundes stand letztendlich Schmid an dessen politischer Spitze und nahm an den Beratungen Anfang März in Memmingen teil, bei denen die berühmten 12 Artikel formuliert und beschlossen wurden.

Die folgenden Monate wurden für den »Knopf« turbulent und herausfordernd: Unter seiner Führung wurde im April 1525 Fürstabt Breitenstein aus seiner Feste Liebenthann nach Kempten vertrieben sowie etliche Schlösser und Klöster vom Allgäuer Haufen gestürmt und geplündert. Schmid widersetzte sich vehement dem Anschluss des Allgäuer Haufens an den Weingartener Vertrag und konnte auch noch nach den für die Bauern äußerst ungünstigen Verhandlungen von Füssen Ende Mai 1525 zumindest den Allgäuer Haufen zu weiterem Widerstand gegen das Heer des Schwäbischen Bundes bewegen. Die Entscheidungsschlacht zwischen den Bundestruppen unter dem Kommando des Georg Truchsess von Waldburg und dem Allgäuer Haufen unter Schmid fand in Leubas am 14. und 15. Juli statt und endete mit der Kapitulation »auf gnad und ungnad« des restlichen Bauernheeres auf dem Kohlenberg bei Sulzbach südlich von Kempten am 18. Juli 1525. Schmid floh nach Tirol, wurde aber als Rädelsführer Ende Juli bei Rankweil gefasst und in Bludenz eingekerkert und gefoltert. Ende 1525 wurde der mittlerweile zum Tode bestimmte Schmid nach Bregenz überstellt. Erzherzog Ferdinand wollte zwar das Todesurteil nicht vollziehen lassen, doch der Scharfrichter des Schwäbischen Bundes, Berthold Aichelin, erhängte ihn Ende Januar 1526 an der sogenannten »Henkeiche« zwischen Bregenz und Lochau.

Jörg Schmid, der »Knopf« von Leubas, war wohl der fähigste und intelligenteste Anführer der Allgäuer Bauern; schon sehr früh hatte er den Vernichtungswillen des bayerischen Rates Leonhard von Eck erkannt und die hinhaltende Verhandlungstaktik des Schwäbischen Bundes durchschaut. Mit der auch von ihm initiierten Berufung auf das »Göttliche Recht« verlieh er den bäuerlichen Forderungen im Allgäu einen Impetus, der die altfeudalen Strukturen ins Wanken brachte und sich dann auch im Memminger Vertrag niederschlug.

Gottes Wort«. Nach dem Vorbild des Baltringer Haufens schlossen sich die kemptischen Bauern der allgemeinen Forderung nach dem »Göttlichen Recht« an, das in letzter Konsequenz eine neue Gesellschafts- und Wirtschaftsordnung anstrebt, also wirklich als revolutionär gelten kann. Die Folgen des Rechtsstreits zwischen Bauern und Abt hatten in Kempten also gewissermaßen das Zeichen für einen Aufstand gegeben, der die bestehenden Verhältnisse von Grund auf ändern wollte.

Die Bewegung greift aus: Versammlungen im ganzen Allgäu

Während sich in Kempten der Streit zwischen Bauern und Abt zu einem ernsthaften Aufstand entwickelte, flammten die Unruhen wie ein Flächenbrand im übrigen Allgäu auf. Die Ottobeurer Bauern schlossen sich am 20. Februar dem Baltringer Haufen an und verwarfen die Ermahnungen ihres Abtes. Die Memminger Bauern verblieben zwar noch durch die kluge Politik des Rates bei der Stadt, begannen aber ab dem 24. Februar ihre Beschwerden und Forderungen zu formulieren und schriftlich niederzulegen. Ein ähnliches war schon nach Lichtmess in Kaufbeuren geschehen: Die reichsstädtischen Bauern reichten dem Rat elf Forderungen (Artikel) ein, in denen heute die Vorläufer der berühmten Memminger »12 Artikel« gesehen werden. Im südlichen Allgäu fanden sich unter dem Ruf nach dem »Göttlichen Recht« die Bauern der Grafschaft Rotenfels, des Amtes Rettenberg, der Herrschaften Heimenhofen, Laubenberg und Werdenstein zusammen; und alle Bauern von Eckarts bis Gerstruben, von Wertach bis Staufen, aber auch aus Gebieten des Marx Sittich von Ems versammelten sich am 14. Februar in Sonthofen. Vermutlich gingen sie bei diesem Treffen ein Bündnis ein, um sich gegenseitig zu schützen und das Göttliche Recht und das Evangelium »… beym recht zu handhaben«. Jörg Knopf, Ulrich Gsell aus Immenstadt, Hans Rist und Konrad Miller, letztere Ammänner oder Landschreiber, betrieben den Zusammenschluss aller Bauerngruppen in diesen Tagen. Gleichzeitig ergriff jetzt der Aufruhr die ganze Wertach abwärts bis Buchloe auch die hochstiftischen Dörfer

Hie wöllen wir nit weiter dem Rheinstrom nach abhin in die Pfaltz farenn/sunder wider zů ruck keren vnd das Algöw zůhanden nemmen/vnd so wir das durch gangen vnnd wol besichtiget/durch Schwaben/Schwartzwald/vnd Wirtenberger land zů der Pfaltz vnns wenden.

Von dem Algöw vnd seinen stetten.

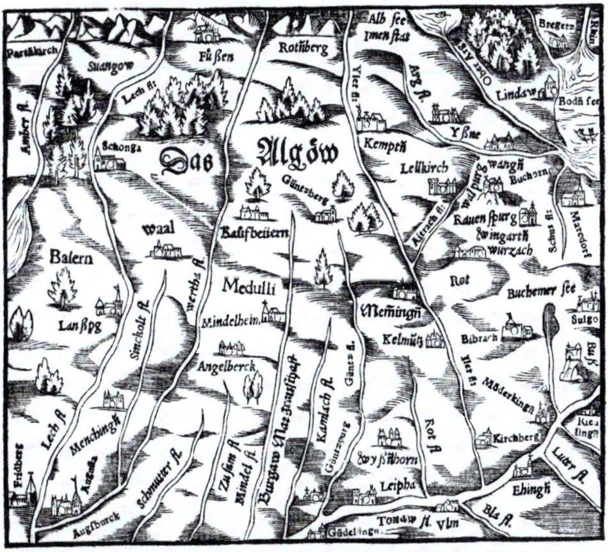

DAs Algöuw ist einn gegne inn Schwabẽ wirt yngeschlossenn von Orient mit dem Lech/gegẽ mitnacht mit der Tonaw/gegen Occident reicht es an Boden see/vnnd gegen mittag streckt es sich gegen dem schnee birg. Es ist ein rwch winterig lannd/hat aber schöne vnd starcke leüt/weib vñ man/die können all trefflich wol spinnen/vnd es ist den mañen nit spöttlich/besunder in den dörffern. Es hat auch vil viech/küw vñ roß/es zeücht sundlich gar schön jůg fölẽ/es hat winterkorn/gerstẽ vñ vil thanwäld/bech/vögel vnd fisch vm vñ vm mit grossen vñ vilẽ seen/vñ fischreichẽ weiern erfült/ deren ettlich

»Von dem Allgöw und seinen Stetten«. – Historische Karte des Allgäus, 16. Jahrhundert.

DAS GÖTTLICHE RECHT

Ursprünglich geht dieser Begriff auf die Kirchenväter, auf Augustinus und auf Isidor von Sevilla, zurück. Sie bezeichneten mit dem *ius divinum* jenes grundsätzliche und über allem stehende Recht, das letzten Endes auf göttliche Ursprünge zurückgeht und damit sich von allen menschlich gemachten Gesetzen unterscheidet. Im hochmittelalterlichen Kirchenrecht (Decretum Gratiani 1140) wurde es mit dem Naturrecht als Einheit definiert und dem menschlichen Recht gegenübergestellt. Thomas von Aquin unterschied dann in seiner »Summa theologica« zwischen der *lex naturalis* (Naturrecht), in der sich das von Gott stammende *lex aeterna* (ewiges, göttliches Recht) im ganzen All und auch im menschlichen Leben manifestiert, und der *lex humana* (menschliches Recht), das auf dieser Grundlage die Bedingungen für den menschlichen Alltag regelt.

Im Bauerkrieg spielten diese Überlegungen keine besondere Rolle, die Auffassungen vom Göttlichen Recht und vom menschlichen Recht waren handfester. Wenn sich die Bauern auf das Göttliche Recht beriefen und es forderten, so stand ihre Überzeugung dahinter, dass das alte Recht seinem Wesen nach natürlich, göttlich und für jedermann angemessen war – immerhin hatte es ja Gott selbst geschaffen. Es sollte sozusagen dazu dienen, mit seiner göttlichen Autorität das verletzte alte Recht wieder herzustellen. Es gab aber auch eine andere Gruppe bei den Bauern, die das Göttliche Recht umfassender, vielleicht sogar revolutionärer auffassten: Durch seinen göttlichen Ursprung stand dieses Recht über allen Menschen und war auch für alle gleich verpflichtend. Erkennbar wurde es durch die Bibel, die entsprechend erforscht und ausgelegt werden musste. John Wyclif hatte dafür 1381 den Weg gewiesen. In seinen Lehren anlässlich des englischen Bauernaufstandes stellte er fest, dass die Grundlage des Göttlichen Rechtes die Bibel sei, dass jedes menschliche Gesetz darauf basieren müsse und dass jeder Herrschaftsanspruch von Menschen über andere Menschen nur dann gerechtfertigt sei, wenn er im Einklang mit dem Göttlichen Recht stünde. Die Art und Weise der Ausübung dieses Herrscherrechts wurde zur Nagelprobe für den Herrschenden, denn nach Wyclif lag die Entscheidung darüber beim Volk.

Diese Ansicht lag letzten Endes wohl auch den Verhandlungen zugrunde, die Ulrich Schmied für den Baltringer Haufen Ende Februar 1525 mit dem Schwäbischen Bund führte. Die bäuerlichen Forderungen basierten auf dem Göttlichen Recht, das von christlichen und gelehrten Männern aus der Bibel erforscht und dargelegt werden sollte, um so für eine neue Rechtsordnung zu dienen. In der Fassung von Sebastian Lotzer wurde es zur Grundlage der Forderungen in den »12 Artikeln«, und das Ziel ihrer Durchsetzung bedeutete Revolution, die die Herrschenden im Schwäbischen Bund nicht zulassen konnten.
Heutzutage hat der christliche Bezug auf das Göttliche Recht in der Rechtsschöpfung seine Bedeutung verloren; in den weltlichen Rechtordnungen wird normalerweise auf eine religiöse Normbegründung verzichtet.

und Pflegen. Aus Augsburg eilte Bischof Christoph von Stadion nach Marktoberdorf, wohin er die Bauern und ihre Abgesandten geladen hatte, um mit ihnen ins Gespräch über ihre Forderungen zu kommen. Am 24. Februar fand die Verhandlung statt, doch der Bischof konnte oder wollte nicht auf die Forderungen eingehen, von denen die wichtigsten waren: Abschaffung der Leibeigenschaft, Modifizierung der Grundleihbedingungen, Freiheit für Jagd und Fischfang sowie Aufhebung des Zehenten. Nach oder während dieser Verhandlungen wurde nun in Marktoberdorf das Bündnis aller Allgäuer Bauern zustande gebracht – der Allgäuer Bund war geboren, der sich sogleich ein Programm gab, die sogenannten Allgäuer Artikel, die hauptsächlich den gemeinsamen Schutz aller betonten. Unter anderem legten diese Artikel fest, dass den Priestern die Kirchenschlüssel abgenommen werden sollten, um im Angriffsfall sofort die Glocken läuten zu können. Als der Pfarrvikar von Marktoberdorf, Andreas Stromair, die Schlüssel nicht hergeben wollte, wurde er verprügelt und die Kirche von den Bauern gestürmt; ebenso das Marktoberdorfer Schloss, wo sie die Getreidevorrate plünderten. Soweit ersichtlich, war es der erste Gewaltausbruch im Allgäuer Bauernkrieg. An die 8000 Mann sollen im und um das Dorf herum – das der Bischof noch am selben Tag Richtung Füssen verließ – versammelt gewesen sein. In Füssen waren die Bauern der Pflegen Füssen, Rettenberg und Nesselwang schon dem Allgäuer Bund beigetreten, der Bischof konnte lediglich verbal die Pfrontener von diesem Schritt zurückhalten und die Stadt Füssen selbst mild mahnen, wie die Bernbeurer und Bruggener unter seiner Herrschaft zu bleiben. Dann reiste er schnell nach Augsburg zurück. In der Zwischenzeit hatten die Bauern Weißensee und Hopfensee leergefischt, die Fische ins Tirolische verkauft oder aber »ains tails auch selbs gefressen« (A. Weitnauer).

Da sich jetzt auch die Gebiete zum Herzogtum Bayern hin (Epfach, Leeder, Denklingen, Asch und Schwabsoien) den Bauernforderungen angeschlossen hatten, begannen auch die Bayern auf dem Lechrain zu rüsten und verlegten Truppen an den Lech.

In Obergünzburg hatte sich in diesen Tagen Ende Februar 1525 ebenfalls ein Bauernhaufen unter dem Hauptmann Ulrich Rapp gebildet, dem sich am 8. März die Bauern des Irseer Klosterlandes (Eggenthaler Haufen) und der Herrschaften Stein und Ronsberg anschlossen.

Ende Februar 1525 war das ganze Allgäu bis auf wenige Ausnahmen (Füssen, Pfrontener Tal, Ingenried, Aitrang) im Aufruhr und hatte sich im Allgäuer Bund vereint, zusammengesetzt aus folgenden Bauernbündnissen (Haufen): Marktoberdorf, Seeg, Wertach, Staufen, Altusried, Isny-Trauchburg, Unterthingau, Kempten (Stift) und Obergünzburg. Es gab noch weitere Unterabteilungen, deren Namen aber nicht überliefert worden sind. Militärischer Hauptmann war Walter Bach von Oy, ein ehemaliger Landsknecht aus den Frundsberg'schen Truppen. Am 27. Februar 1525 hatte sich der Allgäuer Bund zu einer Landsgemeinde in Leubas versammelt, als sich folgende Ereignisse fast zeitgleich abspielten: Am 26. Februar wurde in einem Fehlalarm von der Burg Trauchburg her das Erscheinen eines Heeres des Schwäbischen Bundes gemeldet, der Allgäuer Haufen zog nach Dietmannsried und vor die Trauchburg, nur um festzustellen, dass Truchsess Wilhelm von Waldburg diese Feste mit einer kleinen Besatzung versehen hatte. Am 27. Februar scheiterten die allerletzten Verhandlungen mit Abt Breitenstein, der sich inzwischen (26. Februar) auf seine Feste Lie-

Der Hopfensee nördlich von Füssen (Lkr. Ostallgäu).

benthann geflüchtet hatte. Der Abt drohte den Bauern mit einem Blutbad, das der Schwäbische Bund auf seinen Befehl hin (der Mann war katholischer Geistlicher!) unter seinen Bauern anrichten würde. Der in der Zwischenzeit am Bodensee entstandene, gut bewaffnete Seehaufen der dortigen Bauern verbündete sich ebenfalls in diesen Tagen mit dem Allgäuer Bund zu gegenseitiger Hilfe und Schutz.

Die Landsgemeinde in Leubas, wohl unter der Leitung des Jörg Knopf, reagierte auf diese Ereignisse: Der Bund wollte jetzt alle Bauern bei sich aufgenommen haben, wer sich fernhielt, der wurde mit einem vor seiner Tür eingeschlagenen Pfahl gekennzeichnet und geächtet. Der Allgäuer Bund gab sich einen neuen Namen: »Die Christliche Vereinigung der Landart Allgäu«, und die Landsgemeinde übertrug die Leitung einem Ausschuss, von dem folgende Mitglieder bekannt sind: Konrad Miller (Hohenegg), Peter Müller (Sonthofen), Walter Bach (Oy), Hans Herkomer (Au bei Schöllang), Thoma Bertlin und Michel Kempf (Nesselwang), Jörg Knopf (Leubas) und Hans Wertz (Wertach).

Da in der Zwischenzeit auch der Schwäbische Bund nicht untätig geblieben war – vor allem der bayerische Rat Leonhard von Eck forderte unentwegt ein hartes Vorgehen –, stellten sich für den Ausschuss der Christlichen Vereinigung zwei Notwendigkeiten: Zum einen musste weitere Hilfe und Beistand

Landsknechte mit Marketenderinnen. – Albrecht Altdorfers Gemälde »Triumphzug Kaiser Maximilians«, Detail aus der Szene »Der Tross«, um 1513.

von anderen Bauernhaufen gesucht werden, denn nach der für Kaiser Karl V. siegreichen Schlacht bei Pavia (24. Februar 1525) war mit zurückkehrenden Landsknechtstruppen zu rechnen, die den Schwäbischen Bund verstärken würden. Zum anderen musste mit diesen Bauernbündnissen, um die gemeinsame Schlagkraft zu stärken und um weitere Bauern zu gewinnen, ein gemeinsames Programm gefunden werden, das für alle die angestrebten Ziele verständlich und attraktiv machte.

Dazu führte der Weg zunächst nach Kempten und dann nach Memmingen.

Memmingen: Die »12 Artikel« der Bauernschaft – Entstehung und Wirkung

Memmingen als Zentrum der bäuerlichen Beratungen Angang März 1525

Nicht im fürstäbtlich bedrückten Kempten und auch nicht im immer verzagten und politisch überforderten Kaufbeuren wurden die politischen Weichen für die kommenden Monate gestellt, sondern in der damals bedeutendsten Stadt des Allgäus (ob sie sich damals dem Allgäu zugehörig fühlte, sei dahingestellt): in Memmingen. Hier formten – wie unter dem Brennglas der Geschichte – die traditionellen bäuerlichen Forderungen zusammen mit den zwinglianisch-reformatorischen Ideen das politische Manifest des gesamten Bauernaufstandes: die »12 Artikel«, »Dye Grundtlichen Vnd rechten haupt=Artickel, aller Baurschafft vnnd Hyndersessen der Gaistlichen vn(nd) Weltlichen oberkayten, von wölchen sy sich beschwert vermainen«. Nicht minder wichtig und ebenso bedeutsam waren »Handlung, artickel vnnd instruction, so fürgenomen worden sein vonn allen rottenn vnnd hauffen der pauren, so sich zesamen verpflicht haben: M: D: XXV:«, die die innere Struktur der Bauernhaufen und ihr Zusammenwirken festlegten.

Bevor wir uns jedoch den Vorgängen in Memmingen ab dem 6. März 1525 zuwenden, müssen noch kurz die Ereignisse nach dem Tag der Landsgemeinde in Leubas am 27. Februar betrachtet werden.

Am 4. März 1525 versammelte sich der neu gebildete Ausschuss der »Christlichen Vereinigung« in der Reichsstadt Kempten, die seit Beginn der Unruhen, wahrscheinlich um den verhassten Fürstabt zu ärgern, den Bauern sich immer offen und entgegenkommend gezeigt hatte. Ziel war, die neu gebildete Vereinigung sowie deren Ausschuss den anderen Bauernhaufen wie auch dem Schwäbischen Bund anzuzeigen und sich als alleiniger Ansprechpartner zu präsentieren und

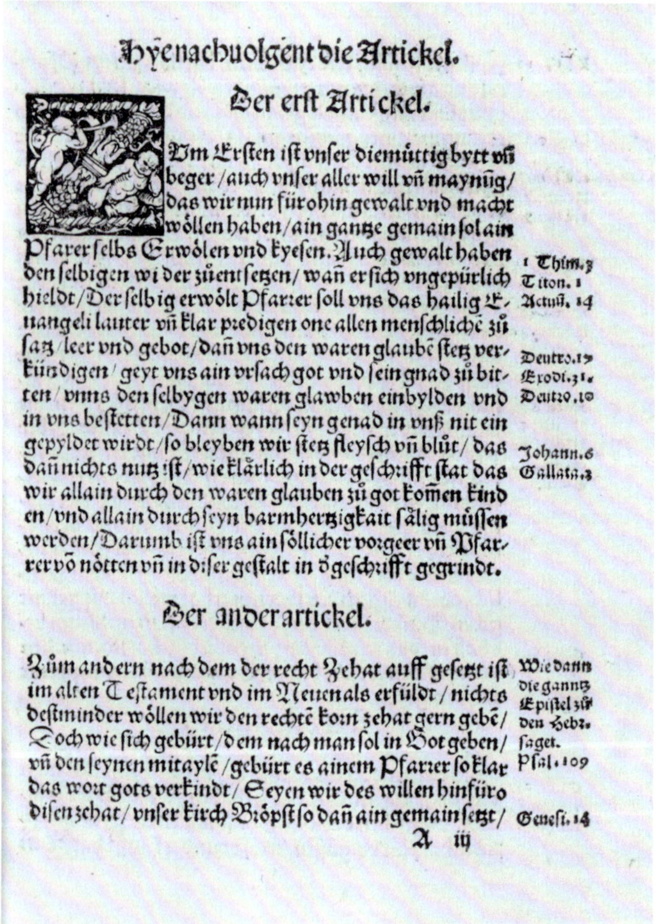

Hyenachuolgent die Artickel.

Der erst Artickel.

ZUm Ersten ist vnser diemüttig bytt vñ
beger / auch vnser aller will vñ maynūg/
das wir nun fürohin gewalt vnd macht
wöllen haben / ain gantze gemain sol ain
Pfarer selbs Erwölen vnd kyesen. Auch gewalt haben 1 Thim. 3
den selbigen wi der zůentsetzen / wañ er sich vngepürlich Titon. 1
hieldt / Der selbig erwölt Pfarrer soll vns das hailig E- Actuū. 14
uangeli lauter vñ klar predigen one allen menschlichē zů
satz / leer vnd gebot / dañ vns den waren glaubē stetz ver- Deutro. 17
kündigen / geyt vns ain vrsach got vnd sein gnad zů bit- Exodi. 31
ten / vnns den selbygen waren glawben einbylden vnd Deutro. 10
in vns bestetten / Dann wann seyn genad in vnß nit ein
gepyldet wirdt / so bleyben wir stetz fleysch vñ blůt / das Johann. 6
dañ nichts nutz ist / wie klärlich in der geschrifft stat das Gallata. 3
wir allain durch den waren glauben zů got komen kind
en / vnd allain durch seyn barmhertzigkait sälig müssen
werden / Darumb ist vns ain söllicher vorgeer vñ Pfar-
rer vō nötten vñ in diser gestalt in ðgeschrifft gegrindt.

Der ander artickel.

Zům andern nach dem der recht Zehat auff gesetzt ist Wie dann
im alten Testament vnd im Neuen als erfüldt / nichts die gantz
destminder wöllen wir den rechtē korn zehat gern gebē/ Epistel zů den Hebr.
Doch wie sich gebürt / dem nach man sol in Got geben / saget.
vñ den seynen mitaylē / gebürt es ainem Pfarrer so klar Psal. 109
das wort gots verkindt / Seyen wir des willen hinfüro
disen zehat / vnser kirch Bröpst so dañ ain gemain setzt / Genesi. 14

A iij

Seite aus den »12 Artikeln« mit dem ersten und dem Beginn des zweiten Artikels. – Druck von 1525 in Augsburg.

anerkennen zu lassen. In einem entsprechenden Schreiben an Erzherzog Ferdinand, den Reichsstatthalter in Innsbruck, an die Bundesräte des Schwäbischen Bundes in Ulm, an Herzog Wilhelm IV. von Bayern, an die Allgäuer Reichsstädte und adeligen Herrschaften betonte der Ausschuss zunächst sein frommes Streben nach Frieden sowie seine Verwurzelung im Evangelium und im Wort Gottes, um damit den allgemeinen Landfrieden zu schützen und zu mehren. Er wies darauf hin, dass sie, die Bauern, sich dem Göttlichen Recht verpflichtet fühlten und der Obrigkeit alles leisten würden, was eben dieses Recht von ihnen verlange. Keinesfalls wollten sie gewalttätig werden, vielmehr erhofften sie sich den Schutz des Erzherzogs, denn es wäre offenbar, dass sie bereits seit langer Zeit von ihren geistlichen und weltlichen Herren vielfach und unerträglich beschwert würden. Ihre Beschwerden wollten sie so bald wie möglich schriftlich vorlegen. In einem weiteren Schreiben an den bayerischen Hauptmann in Schongau vom 5. März wurde dieser in deutlicher Sprache aufgefordert, die Bedrohung von Marktoberdorf und Schwabsoien einzustellen, da sich die Orte zum Göttlichen Recht bekannt hätten und unter dem Schutz der Allgäuer Bauern stünden.

Am 5. März traf in Kempten beim tagenden Ausschuss die Einladung des Baltringer Haufens nach Memmingen ein, wo sich Gesandte des Seehaufens, der Baltringer und auch der Allgäuer über die Gründung eines gemeinsamen Bündnisses einig werden sollten. So brachen die Ausschussmitglieder nach Memmingen auf.

Diese Stadt wurde nun nicht grundlos zum Zentrum des Allgäuer und oberschwäbischen Bauernaufstandes. Mit dem Baltringer Haufen unter Ulrich Schmied verhandelte hier seit dem 9. Februar eine Gesandtschaft des Schwäbischen Bundes aus Ulm. Dort war man über den enorm anschwellenden Zulauf der Bauern zum Baltringer Haufen erschrocken und entsetzt zugleich, lediglich Leonhard von Eck verfocht unbeirrt sein Ceterum censeo: Die Bauern müssten alle niedergeschlagen werden! Aber es fehlten Mittel und Landsknechte.

Während der Verhandlungen, in denen die Bauern reichlich Schriftsätze und Beschwerden gegen ihre Obrigkeiten präsentierten, vollzog sich unter ihnen ein Wandel: Sie beriefen sich Ende Februar ausschließlich auf das Göttliche Wort und das Göttliche Recht, denen sie sich unterwerfen wollten. Weltliche Gerichtsentscheidungen, z. B. vom Reichskammergericht, lehnten sie ab. Wie sich aber das biblische Göttliche Wort und

SEBASTIAN LOTZER

Sebastian Lotzer wurde um 1490 in Horb am Neckar geboren und nach einem sehr kurzen Aufenthalt an der Universität Tübingen – er war zu diesem Zeitpunkt erst an die 15 Jahre alt – erlernte er in Horb das Kürschnerhandwerk, das damals großes soziales Ansehen genoss. Durch seinen Vater und seine jüngeren Brüder Johannes und Jakob hielt Sebastian Lotzer durchaus Kontakt mit den akademischen Kreisen der Universität. Doch erforderte es damals der Handwerksbrauch, als Geselle auf Wanderschaft zu gehen; Sebastian Lotzer lernte auf diese Weise wohl Augsburg kennen und ließ sich dann um 1521 in Memmingen nieder, wo er die Tochter des angesehenen zünftischen Kramers Weigelin heiratete. Diese Heirat legt nahe, dass Lotzer seinen Meistertitel wie auch das Memminger Bürgerrecht erworben hatte, anders wäre eine solche Verbindung nicht denkbar zu jener Zeit. In der Memminger Stadtbevölkerung erfreute er sich eines gewissen Ansehens und wurde allgemein der »Weigelin-Kramer« genannt. Lotzer schloss sich eng dem Kreis um den wortgewaltigen Theologen und Prädikanten in der Memminger St. Martins-Kirche, Christoph Schappeler, an (der auch der Pate von Lotzers Kindern wurde).

Lotzer rezipierte die Schriften Schappelers und anderer reformatorischer Theologen, über Schappeler stand er wohl Zwingli nahe. Er verkörperte damit den Typus des Laientheologen, der in der Reformation wurzelte und der den Katholiken, besonders dem Augsburger Bischof, ein Gräuel war.

Lotzer stand zu dieser Zeit in engem Kontakt mit seiner Geburtsstadt Horb, an deren Bürger er sich im Frühjahr 1523 mit einem Traktat über das Festhalten der Laien am reinen Wort Gottes wandte und sie zum Studium der Heiligen Schrift aufforderte. In diesem Sinne war auch das »Beschirmbüchlein« abgefasst, mit dem er sich im gleichen Jahr in Memmingen an die Öffentlichkeit wandte und der theologisch interessierten Bevölkerung eine Argumentationshilfe gegen die katholische Lehre an die Hand gab.

Die äußeren Ereignisse der bäuerlichen Unruhen brachten es mit sich, dass sich Anfang März 1525 in Memmingen die Vertreter des Allgäuer Haufens, des Baltringer Haufens und des Seehaufens versammelten, insgesamt an die 50 Bauernführer, um über das weitere Vorgehen zu beraten. Nach Überzeugung Ulrich Schmieds, Anführer der Baltringer, waren weitere Verhandlungen mit dem Schwäbischen Bund nutzlos, da dieser nur Zeit für Rüstungen gegen die Bauern gewinnen wollte. Schmied war vom Göttlichen Recht als Grundlage der Bauernforderungen überzeugt, aber es musste dafür noch die passende sprachliche Form gefunden werden. Dafür wurde ihm Sebastian Lotzer empfohlen, »als an schriftglerter und sollicher dingen halb als ain erfarner gesell« (zitiert nach Peter Blickle), der für Schmid und dem Baltringer Haufen sozusagen als Verwaltungschef die Kanzlei führte. In dieser Funktion war er an der Ausschreibung einer Tagsatzung der oberschwäbischen Bauern beteiligt, deren Deputierte sich am 4. März 1525 in Memmingen trafen. Lotzer nahm an diesen Beratungen und am Zusammenschluss der Bauern zur »Christlichen Vereinigung« ebenso teil wie Ulrich Schmid und Christoph Schappeler. Es war aber wohl seine Redaktionsarbeit, die um den 15. März herum die Forderungen der Bauern als »Die gründlichen und rechten Hauptartikel aller Bauernschaft und

Das Lotzer-Denkmal von Markus Wolf in Horb am Neckar, aufgestellt 2006.

Hintersassen der geistlichen und weltlichen Oberkeiten, von sie sich beschwert vermeinen« formuliert und zusammengefasst hatte. Als Flugschrift wurden sie sehr bald als die »12 Artickel« bekannt und fast zeitgleich entstanden – wieder unter Lotzers Beteiligung – die »Memminger Bundesordnung« der »Christlichen Vereinigung«, deren Wirkung den 12 Artikeln in nichts nachstand. Beide Schriften wurden bei allen aufständischen Bauern im Reich bekannt und waren ungemein populär. Besonders in der »Bundesordnung« sah man ein Programm für eine zukünftige Gesellschaftsordnung, in der die Freiheit des Einzelnen respektiert wurde.
Allerdings hatte sich Sebastian Lotzer gegenüber dem Schwäbischen Bund mit diesen Schriften wie auch mit seiner Tätigkeit für den Baltringer Haufen äußerst unbeliebt gemacht. Nach dem Untergang des Baltringer Haufens Anfang April 1525 musste er Memmingen verlassen und floh mit Ulrich Schmied in Schappelers Heimatstadt St. Gallen. Der Haftbefehl des Schwäbischen Bundes an die Stadt Memmingen über die Festsetzung Lotzers am 21. April 1525 kam spät. Ab da verlor sich jede Spur von Sebastian Lotzer in der Geschichte, Sterbeort und -datum sind bis heute unbekannt.

das Göttliche Recht in der Realität gestalten sollten, dies sollten Gelehrte entscheiden – und die erbot sich Ulrich Schmied, der Anführer des Baltringer Haufens, aufzubieten, um damit die spöttischen Fragen der Gesandten des Schwäbischen Bundes zu beantworten. Er hoffte, diese Männer in Memmingen zu finden, wo der Prediger Christoph Schappeler und der Laientheologe und Kürschner Sebastian Lotzer für die Reformation und die Bauern wirkten. Immerhin verhandelte Lotzer ebenfalls seit Februar im Namen der Memminger Bauernschaft mit dem Rat der Stadt, der den Bauern und ihren Anliegen aber grundsätzlich wohlwollend gegenüberstand. Die Memminger Bauern hatten, ähnlich den Baltringern, ihre Beschwerden in Artikel gefasst, bei denen Lotzer bereits mitgearbeitet hatte und über die nun mit dem Memminger Rat seit dem 24. Februar verhandelt wurden.

Die »12 Artikel« und die Bundesordnung

Als Schmied und Lotzer zusammenkamen, übernahm Lotzer nicht nur das Amt Feldschreibers für den Baltringer Haufen, sondern beide stimmten überein, unter der Forderung nach dem Göttlichen Recht und dem Göttlichen Wort alle sich erhobenen Bauern im Allgäu und in Oberschwaben zu sammeln und ihnen ein gemeinsames Programm zu geben. So wurden Abgesandte des Allgäuer Haufens und des Seehaufens nach Memmingen geladen, die dort am Montag, den 6. März, eintrafen. Für ihre Zusammenkünfte hatte die Stadt Memmingen die »schöne Kramerzunftstube« (Baumann) zur Verfügung gestellt.

Noch am gleichen Tag begannen die ersten Verhandlungen über das Bündnis. Sie müssen hier nicht im Detail nachverfolgt werden, aber es gibt in der deutschen Geschichte wenig Momente, die eine solche shakespearhafte Dramatik aufweisen: Die höchst unterschiedlichen Ausgangspunkte und Zielvorstellungen, die harten und fast unversöhnlichen Gespräche, das Beharren der Allgäuer auf einer konfrontativen Linie gegenüber der Obrigkeit (»… sunder vermeintend kain bessers, dann nun dapfer mit dem schwert hindurch tringen«), die beginnende Resignation darüber – und gegen

Gotische Kramerzunftstube. – Zeichnung aus Franz Ludwig Baumanns Geschichte des Allgäus, 1894.

Kramerzunftstube in Memmingen. – Aufnahme aus dem Jahr 1938.

5 Uhr nachmittags das scheinbar unversöhnliche Ende mit dem letzten, persönlich ergreifenden Appell von Schmied und Lotzer an die Parteien, sich nicht der Gewalt, sondern dem Wort Gottes anzuschließen. Beim folgenden Abendessen, streng nach landsmannschaftlicher Herkunft getrennt, dann der Sinneswandel der Allgäuer und der Seebauern: Sie suchten Lotzer und Schmied auf und erklärten ihre Mitwirkung. Am folgenden Tag vereinigten sich die drei Bauernhaufen zur »Christlichen Vereinigung«, beschworen ihren Bund, den sie als eine Art Eidgenossenschaft sahen und benachrichtigten über ihr Vorgehen den Schwäbischen Bund, bei dem darüber das blanke Entsetzen ausbrach. Denn dort befürchtete man durch diesen Zusammenschluss nicht nur ein erhebliches Anwachsen der militärischen Kraft, auch das »eidgenössische« Vorbild erfüllte die standesbewussten Herren mit Furcht um ihre Herrschaft.

Die bäuerlichen Gesandtschaften wollten wieder zu ihren Haufen, für Mitte März wurde ein neues Treffen vereinbart. Bei der Zusammenkunft am 15. März beschlossen die Abgeordneten – in der Forschung werden sie auch als »verfassungsgebende Versammlung« (Peter Blickle) bezeichnet –, für die Expertenkommission zur Erforschung und Festlegung des

Göttlichen Rechts und Göttlichen Worts, wie sie von Ulrich Schmied vorgeschlagen worden war, vorwiegend weltliche Richter, Bürgermeister der oberschwäbischen Städte sowie Landammänner aus dem Vorarlbergischen einzuladen. Grund für diese Bevorzugung weltlicher Persönlichkeiten vor den ebenfalls befragten Theologen und Reformatoren war die Vermutung, dass der Schwäbische Bund als großer Verhandlungspartner Letztere nicht akzeptieren würde. Es wurde eine Delegation zu Unterredungen mit dem Schwäbischen Bund gebildet und nach Ulm gesandt. In der dritten Tagsatzung am 20. März 1525 wurden dann die endgültigen Fassungen der »12 Artikel« und der »Bundesordnung« verabschiedet und in Kraft gesetzt.

Diese beiden Texte sollten nun die politische, religiöse und theoretische Grundlage der Politik der aufständischen Bauern werden. Vor allem die »12 Artikel« gelangten dabei zu reichsweiter Bekanntheit, sie entfalteten politische Wirkung und fanden über das moderne Massenmedium des Buchdrucks als Flugblatt mit 25 Auflagen in vermutlich 25 000 Exemplaren ihre Verbreitung; sogar der englische Hof nahm von ihnen Notiz. Noch auf dem Reichstag von Speyer 1526 waren sie Gegenstand der Beratungen und sind bis heute Gegenstand der Forschung. Wir können uns daher auf die wichtigsten Aussagen und Forderungen in der Darstellung beschränken. In der Präambel wird die Unterdrückung des Evangeliums als Grund für die Revolte angegeben, denn die Schrift wolle nichts anderes als Liebe, Friede, Geduld und Einigkeit – genau das wollten die Bauern auch hören und demgemäß leben. Mit ihrer Erhebung müssten sie daher gegen die Feinde des Evangeliums vorgehen, die in dieser Feindschaft auch nicht über die am Evangelium orientierte und erstrebte Gesellschaftsordnung urteilen könnten. Damit wären die Bauern aber auch nicht mehr verpflichtet, sich an die alten Mittel des Ausgleichs und der Rechtsfindung (Schiedsgerichte, Kammergerichtsurteile) zu halten. An diese politische Rechtfertigung schlossen sich die einzelnen Beschwerden und die Forderungen nach ihrer Abschaffung an: Ganz oben standen die Abschaffung der Leibeigenschaft, Rückgabe der Jagd- und Fischereirechte, die freie

Flugschrift mit den »12 Artikeln« und der Bundesordnung von 1525.

Wald- und Holznutzung sowie die wesentliche Einschränkung und Neufestsetzung der Scharwerk-Leistungen. Außerdem sollten die Gemeinden ihre Pfarrer frei wählen können, die dann auch das Evangelium nach der neuen Lehre verkünden, und deren Unterhalt auch festlegen dürfen – alle anderen Zehntarten würden wegfallen. Für die zukünftig angestrebte Gesellschaftsform propagierten die Bauern die Bewirtschaftung der Wälder, des Pfarrunterhalts und die Kontrolle über die Kirche als Aufgabe der Gemeinde. Zum Schluss legten sie ganz prinzipiell fest, dass jedes menschliche Gesetz und jede Herrschaft vom Evangelium her begründbar sein müssten, andernfalls wären sie nichtig. Mit den »12 Artikeln« gaben die Autoren und die Memminger Versammlung allen empörten und zum Aufstand bereiten Bauern eine Rechtfertigung für ihr Handeln; zugleich wurden damit aber auch die bisher üblichen Rechtswege zum Ausgleich – meist auf Kosten der Bauern! – abgelehnt und ein eindeutig evangelischer Grundton verbreitet.

Die bereits am 7. März verabschiedete Bundesordnung, wohl ebenfalls aus der Feder Sebastian Lotzers, war eher für die innere Organisation des neuen Bündnisses gedacht, doch bezog auch sie sich auf das Evangelium und seine reine Verkündung, auf die »Gerechtigkeit und das göttliche Recht« und deren Verwirklichung. Diese sollten mit der Predigt des reinen Evangeliums in den Kirchen der Christlichen Vereinigung, mit der Sperrung aller Abgaben und Steuern, sofern sie nicht durch das »Göttliche Recht« angeordnet wären – damit fielen auch die Zehnten und Gülten weg –, und der Verkündung eines allgemeinen Landfriedens im Bereich der Christlichen Vereinigung verwirklicht werden. Hinzu kamen noch Bestimmungen, dass Klöster und Burgen nur noch mit Besatzungen der Bauern beschickt sein sollten; wer sich vom Adel und den adeligen Dienstleuten nicht der Christlichen Vereinigung anschließen wollte, musste das Land verlassen. Verträge mit den »früheren« Herren durften nur noch mit Billigung der Vereinigung geschlossen werden. In einer eigenen Landesordnung wurde dann noch die Organisation der Bauernhaufen umrissen: Der Baltringer, der Allgäuer und der Seehaufen bestanden demnach aus einer Reihe kleinerer Haufen, jeder von ihnen unter einem Oberst und vier Räten (hier ist die Ähnlichkeit mit den bestehenden Dorfverfassungen im Allgäu mit Ammann und Vierern auffallend). Den Haufen konnten sich neue

Gruppen und Truppen anschließen, die Obersten der drei Haupthaufen sollten ständig in Verbindung stehen, es bestand ein gegenseitiges Beistandsgebot. Eine einheitliche Oberleitung gab es nicht. Die gemeinsame Fahne zeigte auf einem rot-weißen Feld ein Andreaskreuz.

Konsequent zu Ende gedacht, hätte bei dieser Bundesordnung am Ende ein Staatswesen bestanden, das nach dem Eidgenössischen Vorbild organisiert gewesen wäre, in dem die bisherigen Herren zwar vielleicht noch mit ihrem Vermögen und ihrem Grundbesitz, nicht aber mit ihrer daraus abgeleiteten politischen Macht integriert gewesen wären. Das wäre »...eine revolutionäre Alternative zu den bestehenden Herrschaftsstrukturen...« (Claudia Ulbrich) gewesen. Damit wurde auch ein größerer Staatsverband als die bisherigen obrigkeitlichen Kleinstaaten angestrebt, organisiert in einer korporativ-bündischen Verfassung und basierend auf dem Evangelium und dem Göttlichen Recht als ethische Grundlagen.

Erste Wirkungen

Die Reaktionen auf die »12 Artikel« waren bei den Herrschenden natürlich ablehnend, Martin Luther ermahnte die Bauern wohl noch vor dem 6. Mai 1525 ganz verständnisvoll zum Frieden, doch zeigte sich in der folgenden Schrift, dass die Bauern mit der Begründung ihrer Artikel durch das Evangelium offensichtlich bei ihm einen theologischen Nerv getroffen hatten: »Den Christlichen namen, den Christlichen namen, sage ich, den lasst stehen und macht den nicht zum schanddeckel ewrs ungeduldigen, unfridlichen, unchristlichen fürnehmens, den will ich euch nicht lassen noch gönnen...«, stellte er in einer erneuten Flugschrift gegen die Bauern fest.

Ebenso ablehnend, aber pragmatisch auf Zeitgewinn für die Rüstungen bedacht, reagierte der Schwäbische Bund. Die Bemühungen der Christlichen Vereinigung, ihre Forderungen möglichst friedlich zu erreichen, wurden auf Einzelunterhandlungen aufgespalten mit dem Ziel, den Zusammenhalt zwischen den Bauernhaufen zu zerstören. Allerdings erwies sich der Eid,

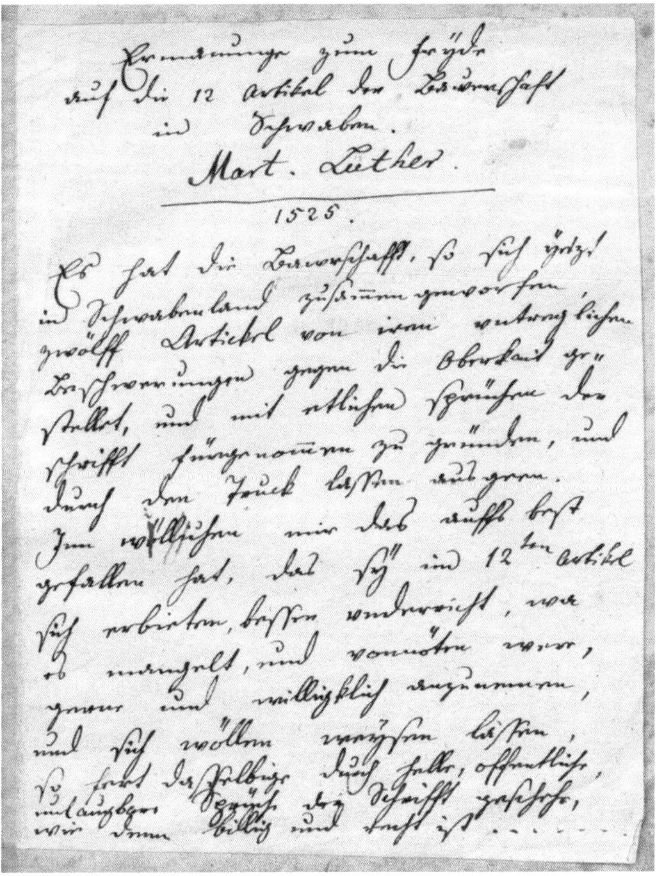

Ermahnung zum Fryde
auf die 12 Artikel der Bawrschaft
in Schwaben.
Mart. Luther.

1525.

Es hat die Bawrschafft, so sich ytzt
im Schwabenland zusammen geworfen,
zwölff Artickel von iren untreglichen
Beschwerungen gegen die Oberkeit zu
stellet, und mit etlichen Sprüchen der
Schrifft fürgenommen zu gründen, und
durch den Druck lassen ausgehen.
In welchen mir das auffs best
gefallen hat, das sy im 12ten Artikel
sich erbieten, bessern Underricht, wo
es mangelt, und vonnöten were,
gern und williglich anzunemen,
und sich wöllen weysen lassen,
so fern dasselbige durch helle, offentliche,
unlaugbare Sprüch der Schrifft geschehe,
wie denn billig und recht ist . . . . . .

Erste Seite der Luthermahnung an die Bauern vor dem 6. Mai 1525 (handschriftliche Kopie).

den die Bauern untereinander geleistet hatten, als stärker. Auch hatte das Beispiel der Stadt Memmingen, die sich gleichzeitig zu den Tagsatzungen der Christlichen Vereinigung ab dem 15. März mit ihren eigenen Bauern verglich und dabei für die der Stadt untertänigen Bauern die Leibeigenschaft aufhob sowie freie Jagd und Fischerei bewilligte, keinen Einfluss auf die Haltung des Bundes in Ulm. Denn dort hatten nicht die Bundesräte der oberschwäbischen und Allgäuer Reichsstädte das Sagen, sondern Leonhard von Eck, der bayerische Bauernfresser.

Die Verhandlungen der Christlichen Vereinigung mit dem Schwäbischen Bund (16. bis 25. März) führten zu keinem guten Ende. Trotz aller Zugeständnisse ihrer Anführer in Ulm forderte der Bund nichts weniger als die bedingungslose Unterwerfung. Das lehnten die Bauernhaufen ab, deren gemäßigte Anführer um Ulrich Schmid verloren völlig den Rückhalt. Den allermeisten Bauern ging es ja um eine möglichst zeitnahe tiefgreifende Erleichterung ihrer Lebensbedingungen, Vertröstungen auf die Wirksamkeit der göttlichen Gerechtigkeit zeigten keine Wirkung. Mit der aggressiven Weigerung des Schwäbischen Bundes bezüglich weiterer Verhandlungen erwachte im Allgäuer und im Seehaufen ebenfalls die Bereitschaft zum Kampf, um die Ziele zu erreichen. Jörg Knopf setzte sich in der Führung gegen Ulrich Schmied durch.

Wege der Gewalt: Die Kämpfe beginnen

Während der Memminger Tagsatzungen waren dem Allgäuer Haufen noch weitere Kräfte zugewachsen: Die Bauern des Klosters Irsee, die bereits am 1. März nur noch mühsam vom beherzten Klostervogt Georg von Benzenau sowie ängstlichen Kaufbeurer Ratsmitgliedern vom Anschluss an den Unterthingauer Haufen zurückgehalten worden waren, gliederten sich jetzt dem Obergünzburger Haufen – im Verlauf einer Versammlung in Baisweil am 15. März – an. Ebenso verfuhren die Bauern der Gerichte Stein und Ronsberg. Im Südwesten des Allgäus stieß der Lindenberger Haufen zu den Allgäuern, Bauern aus einigen Gerichten im Bregenzer Wald folgten. Auf bäuerlicher Seite erreichte man trotz aller Einigungsbeschwörungen aber nie die Einheitlichkeit, aus der militärische Schlagkraft gewonnen hätte werden können. Die Gegenseite war nicht untätig geblieben, der Schwäbische Bund, dessen Bundesräte das Anschwellen des Baltringer Haufens so erschreckt hatte, hatte Mitte März 1525 seinen Vertreibungsfeldzug gegen den geächteten Herzog Ulrich unter der Führung

Fünf Landsknechte mit Waffen und Instrumenten. – Radierung von Daniel Hopfer, um 1510.

des Feldhauptmanns Georg Truchsess von Waldburg (s. S. 49) abgeschlossen und konnte sich nun mit seiner Macht gegen die aufständischen Bauern wenden. Beim Bund hatte sich – Leonhard von Eck sei Dank! – aufgrund der Memminger Tagsatzungen der Bauern die Erkenntnis durchgesetzt, dass man es hier mit einer Revolution, nicht mit einer Unzufriedenenrevolte zu tun hatte. Am 15. Februar 1525 hatte der Truchsess den aufständischen Bauern in Mühlhausen im Hegau den Krieg erklärt und dies mit der Feststellung des Landfriedensbruchs und der Empörung begründet. Das wurde zur Rechtsgrundlage für sein Vorgehen gegen die Bauern, zu der natürlich noch der politische Wille zur Niederschlagung des Aufruhrs und zur Herstellung der alten Verhältnisse kam.

Ein Blick auf die Kräfteverhältnisse und die waffentechnische Ausrüstung macht dies deutlich. Am 2. Februar 1525 war Georg Truchsess von Waldburg zum obersten Feldhauptmann des Bundes ernannt worden, am 11. Februar hatte der Bund die erste Welle seiner Bundeshilfe ausgeschrieben: 600 Berittene und 4000 Fußknechte sollten angeworben und bereitgestellt werden.

Die Landsknechte, die als Fußtruppen vom Schwäbischen Bund angeworben wurden, waren in der Regel kriegs- und kampferprobte Söldner, die – unter dem Kommando ihres Anführers und Anwerbers, z. B. Georg von Frundsberg, Marx Sittich von Hohenems oder Sebastian Schertlin von Burtenbach stehend – schon für die Habsburger und andere Auftrags- und Geldgeber gekämpft hatten. Allerdings galt der Söldnermarkt zum Jahresbeginn 1525 in Oberdeutschland wie leergefegt, denn die Kämpfe gegen Frankreich in Oberitalien hatten das Kriegsvolk dorthin gerufen. Immerhin erhoffte sich der Bund noch eine zusätzliche Mobilisierung von ca. 7000 Fußknechten, die ab Ende Februar nach der gewonnenen Schlacht von Pavia von den zurückkehrenden Knechten verstärkt werden und die die »eilende Hilfe« als präsente Eingreiftruppe des Bundes vergrößern konnten.

In der Regel waren die Landsknechte mit dem ca. 4,50 m langen, aus Eschenholz gefertigten Langspieß bewaffnet, zusätzlich trugen sie noch ein breitklingiges Kurzschwert, den »Katzbalger« für den Nahkampf, und einen Dolch mit schmaler, aber starker Klinge. Auch Hellebarden als Stangenwaffen waren verbreitet. Es gab bereits schon Einheiten mit Hakenbüchsen (Arkebusen) und Musketen. Die Berittenen waren mit Schwert, Lanze und Handfeuerwaffen (Handbüchsen) bewaffnet. Wenn Artillerie vorhanden war, so unterschied man meist die leichte (Falkonette, Falcone) und die schwere (Feldschlangen). Die effiziente Anwendung all dieser Waffen erforderte neben viel Übung und Drill auch großen militärischen Gehorsam und Disziplin, zudem einen fast bündischen Zusammenhalt unter den Landsknechten im Ernstfall. Die taktische Einheit der Söldner war das Fähnlein (150–500 Mann), das sich aus 15 bis 50 Rotten zu je zehn Mann zusammensetzte. Ab zwei Fähnlein konnte für die Schlacht ein Haufen formiert werden, normalerweise ein waffenstarrendes Geviert mit fast gleicher Seitenlänge.

Die Bauern versuchten freilich ebenfalls, an eine solche Bewaffnung zu kommen oder sie herzustellen. Am ehesten gelang das noch mit den Langwaffen, auch mit den Hieb- und Stichwaffen. Feuerwaffen hingegen waren bei den Bauern eher seltener, und von berittenen Bauerneinheiten in Formation hat man bisher gar nichts gehört. Die wenigen Kanonen

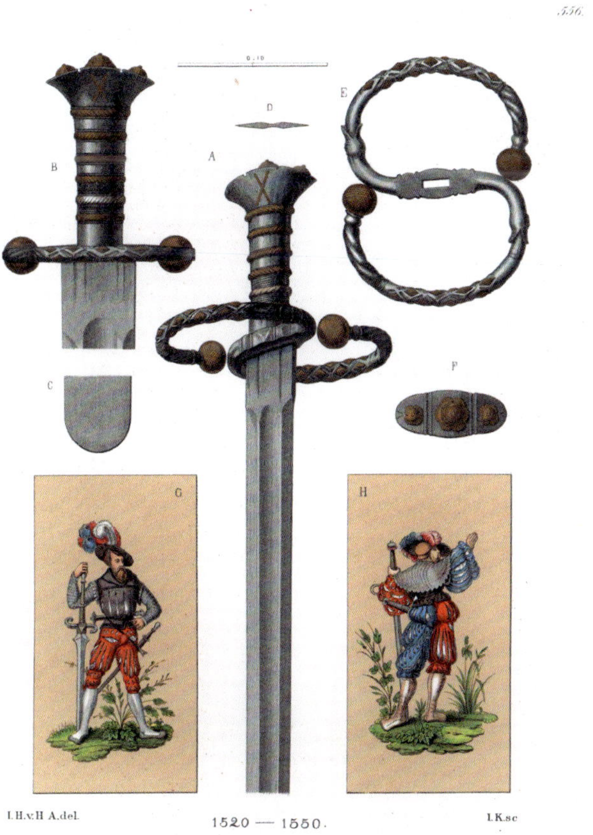

Der »Katzbalger«, das von den Bauern und Landsknechten bevorzugte Kurzschwert.

waren Beutestücke und erforderten von den ungeübten Bauern einen erheblichen logistischen Aufwand (Pulver, Munition, Bespannung, Bedienung). Für die Belagerung der Burgen setzten sie selbstgefertigte Sturmböcke, Tartschen, Schirmdächer und Sturmleitern ein. Jedoch konnten sie während des ganzen

Kriegs nie mit der Waffengeübtheit der Landsknechte gleichziehen, sie blieben immer unterlegen. Hinzu kam noch die mangelnde Disziplin in den Bauernhaufen. Zwar hatten in den Hussitenkriegen die Aufständischen unter ihrem genialen Anführer Jan Žižka bewiesen, zu welchen militärischen Leistungen ungeübte Bauernhaufen mit strenger Eigendisziplin fähig waren, aber das war den Allgäuern offenbar fremd. Bis zum Ende des Kriegs konnten (oder wollten?) die Anführer die wilden Plünderungen und Brandschatzungen nicht unterbinden. Viel, fast zu viel, hing bei den Bauernhaufen von den oft unerfahrenen Unterführern ab – außerdem hatten die Bauern noch mit dem Bewusstsein zu kämpfen, dass bei sehr vielen von ihnen die Familien zu Hause warteten und der Tod des Bauern im Kampf unausweichlich furchtbare Not und Elend für jene bedeutete. Ein alleine lebender Landsknecht machte sich diese Gedanken nicht!

Über eine eigene Reiterei verfügten die Bauerntruppen nicht, obwohl sie dafür wahrscheinlich genügend Pferde hätten bereitstellen können. Die 300 Bauernreiter in der Schlacht von Böblingen können als Ausnahme gelten und stammten vermutlich aus städtischen Kontingenten. Auch der Schwäbische Bund verdankte der eigenen Reiterei seine Siege über die Bauernhaufen; die Bauern hatten diesen Truppen mit den militärischen Erfahrungen des teilnehmenden Adels und einer fast perfektionierten Ausrüstung an Passiv- und Aktivwaffen nichts entgegenzusetzen. Überdies verfügte die beim Bundesheer stehende Reiterei über eine erhebliche gefechtstaktische Schulung, die von den Bauern einfach nicht zu leisten war. Vielleicht waren die Bauern auch zu sehr den eidgenössischen Erfahrungen und Erfolgen verhaftet, die ihre legendären Siege nur mit ihrem berühmten Schweizer Fußvolk errungen hatten, bis Marignano die Wende gebracht hatte.

Die Schlacht bei Leipheim

Nach dem Ende der Verhandlungen zwischen dem Schwäbischen Bund und der Christlichen Vereinigung am 25. März, als der Bund im Bewusstsein der zunehmenden militärischen Stärke der Bauern nichts weniger als die bedingungslose Kapitulation gefordert und zu diesem Zweck einen Waffenstillstand bis zum 2. April dekretiert hatte, entlud sich die Wut der Baltringer in Plünderung und Niederbrennen von Schloss Schemmerberg bei Laupheim am 26. März. Am gleichen Tag rückten Truppen des Schwäbischen Bundes unter Georg Truchsess in Ulm ein und sicherten die Stadt. Der Truchsess begann mit den Vorbereitungen zum Angriff auf den Baltringer Haufen, den er bei Leipheim stellen wollte. Am 4. April kam es dort zur Schlacht, ein Teil des Baltringer Haufens wurde vernichtet, der andere, größere Teil löste sich auf, die Bauern versuchten ungeschoren nach Hause zu kommen; die Dörfer der Baltringer ergaben sich nach und nach bis Mitte April dem Schwäbischen Bund. Nur in den Grenzgebieten zum Allgäuer Haufen hin blieben die Bauern noch unter Waffen. Die Erfahrungen durch den Schlachtverlauf zeigten jedoch, dass die Bauern nicht oder nur sehr schwer in der Lage waren, sich dem Angriff von geschulten Truppen zu widersetzen, teilweise waren sie von den Reitern wie die Hasen über das Schlachtfeld gehetzt worden.

Ein Teil des fliehenden Bauernheeres wurde an die Donau gedrängt und dort von den Landsknechten erstochen. An die 1000 Bauern fanden den Tod, 4000 Bauern wurden gefangen, bei den Bundestruppen waren nur einige Pferde leicht verletzt worden. Am 5. April wurden in Leipheim die Rädelsführer und ihr Anführer, der Pfarrer von Leipheim, öffentlich hingerichtet; alle dem Baltringer Haufen verbundenen Bauern mussten diesem abschwören und den alten Herren neu huldigen – was sie auch taten. Die Städte Leipheim und Günzburg überließ der siegreiche Truchsess seinen Truppen zur Plünderung, im nahen Kloster Elchingen erschlugen seine hessischen Truppen an die 600 Bauern, die dort noch ihren Rausch von der Plünderung ausschliefen.

Der Allgäuer Haufen, unter dem politischen Kommando des Jörg Knopf stehend, war entgegen der Bundesordnung der Christlichen Vereinigung den Baltringern nicht zu Hilfe gekommen, vielleicht hatten die Allgäuer das Gerücht über den

Bündnisbruch der Baltringer auch gerne geglaubt. Jedenfalls konnte ihre strategische Lage noch als gut beurteilt werden: Die Allgäuer Reichsstädte wollten zwar keine Bauernbesatzungen in ihren Mauern, bewahrten aber ansonsten eine abwartende, wohlwollende Neutralität. Die Klöster konnten sich in der Regel der bäuerlichen Plünderungen nicht erwehren; hauptsächlich wollten die Bauern mit den Klostervorräten ihre eigene prekäre Versorgungs- und Verpflegungslage zu Beginn des Frühjahrs verbessern. Trotzdem kam es zu gewaltsamen Übergriffen und Brandstiftungen, die Wut auf die geistlichen Grundherren war groß. Die Bauern betrachteten die Burgen und Schlösser als Machstützpunkte der alten Herrschaften, die es zu schleifen galt; zudem waren sie bei den Bauern geschätzt, da sie sich aus den Rüstkammern und den Geschützparks der Burgen versorgen konnten. Hatten die Allgäuer noch Ende März kein Geschütz in ihren Reihen, so konnten sie bereits in der zweiten Aprilwoche auf etliche Kanonen samt Pulver und Munition zählen. Die Reichsstädte allerdings verweigerten ihnen konsequent ihre städtische Artillerie. Noch hatten die Bauern an Mannschaften gegenüber dem Bundesheer unter dem Truchsessen die Überzahl, auch wenn einige Haufen sich am

Schweres Geschütz bei Flussüberquerung. – Hans Krell zugeschriebenes Gemälde, entstanden zwischen 1524 und 1530.

Bauern plündern ein Kloster. – Illustration in der Weißenauer Chronik, 1. Hälfte des 16. Jahrhunderts.

Lech zu Bayern hin aufhielten, um bayerische Aggressionen abzuwehren. Immerhin hatte sich jetzt auch der Buchloer Haufen den Allgäuern angeschlossen.

Im Süden war die bischöfliche Stadt Füssen mit ihrem Kloster noch frei, und Bischof Christoph von Stadion schrieb einen Brief an Herzog Wilhelm IV. von Bayern und bat darin um bayerischen Schutz für die Stadt. Aber München war noch zu schwach, die verfügbaren Truppen waren bei Landsberg/Lech und bei Schongau zusammengezogen, denn man hatte Angst vor den Allgäuern. So waren es letzten Endes die Österreicher, die am 9. April Füssen besetzten und die Stadt aufforderten, sich Erzherzog Ferdinand zu unterwerfen. Die schon zum Teil in der Stadt stehenden Bauern wurden wieder hinausgedrängt, und ihr Hauptmann Walter Bach wandte sich langsam nach Westen. Zum einen wollten die Bauern es sich mit dem Erzherzog nicht verderben, den sie immer noch als großen Schirmherrn und Richter ansahen, zum anderen erforderte der Zug des Truchsesses von Leipheim nach Ravensburg den Beistand der Allgäuer.

Zuvor hatten jedoch unter der Führung der stiftkemptischen Bauern die Allgäuer das Stift Kempten am 3. April besetzt und geplündert, die adeligen Mönche konnten sich gerade noch von ihrem Gesinde retten lassen. Die Verwüstungen und Räubereien waren gründlich, das Getreide wurde, soweit möglich, weggebracht, alles andere wurde vernichtet. Nach der Plünderung hatte sich der Allgäuer Haufen geteilt, eine Abteilung unter Walter Bach zog nach Füssen, die größere Zahl wandte sich mit Jörg Knopf der stiftkemptischen Burg Wolkenberg bei Wildpoldsried zu, die ohne Weiteres eingenommen und angezündet wurde. Auch das unbewohnte Wasserschloss bei Unterthingau sowie das Wasserschloss Schwabelsberg zerstörten die Bauern.

Ihr Zug führte sie vor die Feste Liebenthann bei Obergünzburg, die bereits vom Obergünzburger Haufen umzingelt

Gedenktafel von 1926 an der Burgruine Wolkenberg.

Rekonstruktion der Burg Wolkenberg. – Zeichnung von Roger Mayrock, 1998.

und vom Trinkwasser abgeschnitten worden war. Ganz offiziell überreichten sie dort am 9. April dem immer ängstlicher werdenden Fürstabt die Kriegserklärung, die dieser mit seiner Kapitulation am 11. April gegen die Zusicherung freien Geleits beantwortete. Der Fürstabt begab sich unter den Schutz der Stadt Kempten, wohin er sich für den Rest des Kriegs zurückzog. Dort kam es dann als direkte Folge seiner Aufgabe zum »Großen Kauf« (s. S. 88), der für die weitere Entwicklung der Stadt Kempten bedeutsam war.

Die Feste wurde völlig ausgeraubt, die Beute wurde damals auf ca. 60 000 fl. geschätzt, und die Anlage schließlich niedergebrannt; auch fiel die Artillerie den Bauern in die Hände.

Wieder spaltete Jörg Knopf seine Truppen auf: Ein Teil zog zurück nach Kempten, wo am Karfreitag (14. April 1525) das Stift nochmals geplündert und ein richtiger Bildersturm entfacht wurde. Die anderen Truppen aber marschierten die Günz entlang nach Norden, trafen dort bei Sontheim auf Reste des Baltringer Haufens, zu denen sich am 13. April noch der Ottobeurer Haufen gesellte. Dieser hatte bereits am 2. April das Kloster Ottobeuren heimgesucht, dort das ganze Getreide, die Pferde und das übrige Großvieh weggebracht und nach ausgiebigen Zerstörungen und Völlereien auch noch die Klosterdruckerei zerstört. Der Abt war nach Ulm, der Konvent nach

DER »GROSSE KAUF«

Mitten im immer weiter eskalierenden Bauernkrieg gelang es der Stadt Kempten, sich von der ungeliebten, um nicht zu sagen verhassten Oberherrschaft des Stifts zu befreien. Als nämlich 1310 das Stift Kempten in den pfandschaftlichen Besitz von Kloster- und Stadtvogtei gekommen war, hätte dies – sollten diese Rechte dauerhaft beim Stift verbleiben – unweigerlich zum Absinken von Kempten zu einer landsässigen, völlig dem Kloster unterstellten Stadt geführt. Das ganze ausgehende Mittelalter hindurch wehrte sich die Stadt Kempten gegen diese Entwicklung, bis sie im Frühjahr 1525 die Chance erhielt, sich endgültig von der klösterlichen Bevormundung zu befreien.

Fürstabt Sebastian von Breitenstein hatte sich vor den wütenden und aufständischen Bauern Anfang März auf seine Burg Liebenthann geflüchtet. Seit dem 2. April 1525 belagerten sie ihn dort und erzwangen seinen kapitulierenden Abzug in die Reichsstadt Kempten, die bereit war, dem nun heimatlosen und dummen Prälaten Schutz zu bieten. Die noch im 15. Jh. mit kaiserlicher Erlaubnis und Wohlwollen durchgeführten Verstärkungen und Ausbauten der Stadtbefestigungen boten eine gute Gewähr dafür.

Der Abt hatte Burg Liebenthann spätestens am 11. April 1525 verlassen müssen und war nach Kempten gezogen, nicht ohne seine Federbetten mitzunehmen. Da den Bauern bei seiner Kapitulation Geld und andere Beute im Wert von ca. 60 000 fl. in die Hände gefallen waren, war der Abt so gut wie mittellos. In dieser Situation begann nun der Rat der Stadt Kempten unter der Führung von Gordian Seuter die Unterschrift des Abtes unter einen Vertrag zu fordern, in dem das Stift Kempten fürderhin auf alle grundherrlichen und obrigkeitlichen Rechte über die Stadt Kempten und auf alle Einkünfte daraus verzichtet. Unter dieses Dokument, das dann als »Großer Kauf« bekannt geworden ist, setzte am 6. Mai 1525 Abt Breitenstein, nachdem ein Fluchtversuch von ihm aus der Stadt vereitelt worden war, in seines und seines Konvents Namen seine Unterschrift. Von nun an war die Stadt Kempten eine wirklich »freie« Reichsstadt.

Man hatte sich auf eine Kaufsumme von 30 000 fl. geeinigt, eine Summe, die aufzubringen für die Stadt nicht einfach war. Es

wurden benachbarte Reichsstädte um Darlehen gebeten, es wurden Anleihen bei den Bürgern der Stadt gemacht, es wurden Letzteren Sonderabgaben auferlegt, und es wurde von der Reformation säkularisiertes Kirchengut, darunter Monstranzen, Kelche und Reliquiare, zu Münzen geprägt. Die kaiserliche Bestätigung vom 15. April 1526 sanktionierte den neuen Status der Stadt, die päpstliche Bestätigung ließ allerdings noch auf sich warten. Erst am 23. März 1529 erfolgte sie und stellte die Bedingung, dass die Stadt auf die beiden, ihr bisher zugehörigen Gemeinden Durach und Betzigau zur Pfarrei St. Mang verzichtete. Damit sollte ein Ausgreifen der Reformation verhindert werden, die in Kempten selbst nun strikt durchgeführt wurde.
Das von Gordian Seuter erhoffte friedliche und gedeihliche Nebeneinander von Stift und Stadt stellte sich aber nicht ein. Erst nach der Säkularisation und unter bayerischer Herrschaft wurde begonnen, an einem Zusammenwachsen der beiden zu arbeiten.

Memmingen geflüchtet. Im Ostallgäu war bereits am 30. März das Kloster Irsee besetzt worden, Abt Peter Fend schickte am 31. März mehrere Mönche in benachbarte bayerische Klöster; allerdings wurde noch nicht geplündert oder das Kloster angezündet. Das sollte aber noch kommen.

Der Teil des Allgäuer Haufens unter Jörg Knopf, die dazugestoßenen restlichen Baltringer Truppen und der Haufen von Ottobeuren begannen nun im Mittelschwäbischen die Burgen zu belagern und einzunehmen, sodass der Schwäbische Bund Herzog Ludwig X. von Bayern, den jüngeren Bruder Herzog Wilhelms IV., am 17. April zu Hilfe rief, damit dieser gegen die Bauernhaufen an der Mindel vorgehen möge. Tatsächlich griff der Herzog mit seinen Truppen am 20. April von Landsberg/Lech aus an und verbrannte die entvölkerten Dörfer Buchloe und Wiedergeltingen, auf dem Rückzug wurde noch das ebenfalls menschenleere Denklingen geplündert. Weitere Angriffe auf die Bauern im Westen wagte der Herzog wegen seiner schwachen Truppenzahl nicht. Bewirkt hatte er damit keine Entlastung der Belagerten, die Wut der Bauern stieg ebenso wie ihr Zusammenhalt. Die »Roten Buchloer Ostern« des brennenden Ortes blieben der Bevölkerung im Gedächtnis.

Fußsoldaten mit Lanzen. – Holzschnitt von Hans Burgkmair (1473–1531).

Außerdem näherte sich Jörg Knopf mit seinen Bauern, sie nahmen die Burgen Angelberg (bei Tussenhausen) und Irmazhofen (heute Gde. Markt Wald), bis sie vor Mindelheim und der gut verteidigten Mindelburg stehen blieben.

Der Vertrag von Weingarten

Eine Vorentscheidung über den weiteren Krieg im Allgäu fiel bei Weingarten in Oberschwaben, im angrenzenden Westen des Allgäus. Nach der Schlacht bei Leipheim wandte sich der Truchsess mit seinem Heer nach Süden, den Auftrag des Schwäbischen Bundes, den Allgäuer Haufen östlich der Iller anzugreifen, vernachlässigend. Denn zum einen wollte Georg Truchsess von Waldburg wirklichen Feldherrenruhm bei einer richtigen Feldschlacht erwerben und nicht nur einen sich bereits auflösenden Bauernhaufen blutig verfolgen. Zum anderen wollte er gegen seine eigenen, jetzt aufständisch gewordenen Untertanen vorgehen, die sich ihm im »Wurzacher Haufen« mit ca. 4000 Mann unter ihrem Hauptmann, dem Pfarrer Florian von Aichstetten, entgegenstellten. In der Schlacht von

Wurzach am 14. April fegte der Truchsess die Bauern mit seinem überlegenen Heer vom Schlachtfeld; wieder zeigten die Bauern wenig Resilienz im Kampf und suchten alsbald das Weite. Die Stadt Wurzach, von den Bauern besetzt, musste sich ergeben. Allerdings ließ der Truchsess eine außergewöhnliche Milde walten, und viele Bauern flohen zum nahenden Seehaufen, der in der Zwischenzeit dem Truchsess bis nach Gaisbeuren entgegengezogen war. Dieser Seehaufen war nun ein etwas anderers Kaliber als die bisher auch zahlenmäßig dem Bundesheer unterlegenen Bauernhaufen. Viele gediente und kampferfahrene Landsknechte befanden sich bei den Bauern, auch über Artillerie verfügten sie. Beim Zusammentreffen der beiden Heere am 15. April 1525 kam es zunächst zu einem Artillerieduell: Die Bauern wichen nicht, und der Truchsess wagte nicht anzugreifen. In der Nacht setzten sich die Bauern nach Weingarten ab, um sich dort mit ihren Reserven zu vereinigen; damit zählten sie an die 12 000 Mann. Am nächsten Tag hatte der Truchsess wieder Tuchfühlung mit dem Bauernheer, doch nun schaltete sich eine Vermittlungsdelegation – bestehend aus Ravensburger Ratsmitgliedern, dem Grafen Hug von Montfort-Rothenfels und dem Ritter Wolf Gremlich von Jungingen – ein und brachte einen Vertragsabschluss zwischen dem Truchsess und den Bauern zustande. Nach diesem Weingartener Vertrag vom 17. April 1525, der eine vorentscheidende Wendung im Bauernkrieg im Allgäu brachte, versprachen die Bauern, ihre Rüstungen einzustellen, ihre Haufen aufzulösen, ihren alten Herren neu zu huldigen und auch wieder ihre Abgaben zu leisten. Alle ihre Beschwerden sollten von einem Schiedsgericht unter der Obmannschaft Erzherzog Ferdinands entschieden werden. Rechtliche Grundlage für diese Entscheidungen sollte das »ordentliche Recht« sein, vom »Göttlichen Recht« war keine Rede mehr. Zu den bäuerlichen Konzessionen trugen sicherlich die Erfahrungen von Leipheim und Wurzach bei, ausschlaggebend dürfte jedoch das Ausbleiben des Allgäuer Haufens unter Hauptmann Bach gewesen sein, der beim Vertragsabschluss erst so nach und nach bei Großholzleute eintraf, wo er ein Lager aufschlug. Dort erfuhren die Bauern am 22. April vom Abschluss des Weingartener Vertrags, dem sich nun die Westallgäuer und die Oberallgäuer Bauern nach Fürsprache von Walter Bach anschlossen. Denn der ehemalige Landsknecht unter den Frundsberg'schen Truppen hatte längst erkannt, dass der Allgäuer Haufen gegen das Bundesheer chancenlos sein würde.

Nach dem Beitritt der Oberallgäuer am 24. April zum Weingartener Vertrag, die sogar Geiseln zur Vertragseinhaltung stellten, waren die Ostallgäuer Bauern nach den Erfahrungen vom Schicksal Buchloes vorsichtiger. Sie befürchteten einen Angriff des bayerischen Herzogs auf Marktoberdorf und Nesselwang. Sie wussten nicht, dass der Herzog seinerseits noch mehr Angst vor den Allgäuern hatte und besonders um Schongau fürchtete. Erst das Eingreifen des Truchsessen bewog die Bauern zwischen Wertach und Lech bei ihren Zusammentreffen in Bernbeuren und Leeder am 27. April, dem Weingartener Vertrag zuzustimmen; beurkundet haben sie ihn aber nicht.

Nördlich des Allgäus ging der Kampf jedoch weiter: Die Reste des Baltringer Haufens hatten sich mit den örtlichen Bauerntruppen von Dirlewang und Pfaffenhausen verbündet, am 29. April plünderten sie Kloster Ursberg und brannten es nieder. Diese Bauern traten – ebenso wie die Haufen von Babenhausen-Winzer – dem Allgäuer Haufen bei. Da nun weitere Kämpfe und Verwüstungen drohten und der Schwäbische Bund Herzog Ludwig X. nicht zum Eingreifen bewegen konnte, bot er den aufständischen Bauern zwischen Iller und Lech sowie nördlich des Allgäus ausdrücklich die Weingartener Bedingungen an, die sie vom 28. April bis 1. Mai 1525 auch annahmen. Trotzdem stellte sich kein Frieden ein.

Im April 1525 hatten sich im Allgäu sozusagen die Fronten geklärt. Die Memminger »12 Artikel« und die »Bundesordnung der Christlichen Vereinigung« hatten das innere Gerüst, die geistig-politische Grundlage gegeben. Der Schwäbische Bund im Norden und Westen sowie die Herzöge von Bayern im Osten standen gegen die Bauern, aus deren einzelnen Haufen sich der Allgäuer Haufen geformt hatte, wenngleich dieser von einer einheitlichen Führung gegenüber seinen Unterabteilungen weit entfernt war. Die Kloster- und Burgenplünderungen hatten die Bauern mit Waffen, Verpflegung und Geld versorgt. Hier konnten sie ihre tiefsitzende lange Wut gegen die pflichtvergessene geistliche Obrigkeit austoben. Gleichzeitig hatten sie versucht, nach eidgenössischem Vorbild die Dörfer zum Anschluss an die »Christliche Vereinigung« zu bringen. Aber die Obrigkeit hatte den März für ihre Rüstungen genutzt, und ihr Feldherr, Georg Truchsess von Waldburg, hatte mit seiner militärischen Routine und seinen professionellen Truppen große Erfolge bereits Anfang April erzielt.

Letzten Endes war es die besonnene Vermittlung der Reichsstädte im Schwäbischen Bund, die mit dem Vertrag von Weingarten dem Blutvergießen zunächst ein Ende setzte. Außerdem musste der Truchsess von Weingarten aus in Richtung Weinsberg ziehen, die dortigen Aufstände machten sein Heer an diesem Ort notwendig. Am 26. April brachen seine Truppen auf. Damit war der aktuelle Druck von Westen auf das Allgäu genommen, aber die laufenden Rüstungen des Schwäbischen Bundes, des Herzogtums Bayern und in Tirol verhießen nichts Gutes für das Anliegen der Bauern. Ein gründliches Durchdenken der Lage und ein Strategiewechsel wären wohl angezeigt gewesen, aber der politische Kopf der Allgäuer Bauern, Jörg Knopf von Leubas, war nicht der Mann dafür.

Vom Weingartener Vertrag bis zum Füssener Abkommen (Mai–Juni 1525)

Allgäuer Ablehnung des Weingartener Vertrags

Ab dem 27. April 1525 versammelten sich die Bauern des Stifts Kempten auf der Schwaigwiese vor der Stadt – heute ist es der Königsplatz –, um über Annahme oder Ablehung des Weingartener Vertrags zu beraten. Jörg Knopf war in der Zwischenzeit alarmiert aus dem Unterallgäu wieder nach Kempten geritten, um vor dem Vertrag zu warnen. Auch vom Seehaufen und von den Baltringer Resten, die sich noch in Oberschwaben in der Nähe des Truchsesses befanden, kamen schlechte Nachrichten über die Handhabung des Vertrags. Die Stimmung war am Kippen, als sich Jörg Knopf am 2. Mai bei Durach ungefähr 2000 dort zusammengekommenen Bauern stellte und ihnen seine Gründe für die Ablehnung erläuterte: Durch die im Vertrag angeordnete Auflösung ihrer Haufen würden sie für die Obrigkeit, die sie jetzt durchaus ernst nähme, wieder wehrlos werden. An eine Beseitigung ihrer Beschwerden wäre dann nicht mehr zu denken, vielmehr müssten sie wie früher alle ihre Abgaben, Renten, Gilten und Frondienste wieder leisten und zwar bis zum Ende der Verhandlungen. Das aber käme nie, schließlich müssten sie ja vorher noch den Obrigkeiten huldigen; was hätten diese denn noch für eine Veranlassung, sich über die bäuerlichen Beschwerden aufzuhalten? Damit würden sie, die Bauern, weiterhin in der Leibeigenschaft verbleiben. Sie hätten wohl vergessen, wie die Truchsess-Truppen gegen die zum Teil schon wehrlosen flüchtigen Bauern bei Leipheim mit Mord und Blut vorgegangen waren? Dabei hätten sie mit ihrer Einigkeit durchaus schon einiges geschafft, z. B. den Fürstabt aus seiner Fluchtburg zu vertreiben und dabei große Beute zu machen; das wäre dem Kampf um ihr Recht doch zugutegekommen und das Erbeutete würde zudem für gut ein Jahr reichen.

Außerdem warteten die bayerischen Herzöge am Lech nur darauf, dort mit ihren Truppen die bäuerlichen Genossen anzugreifen. Überdies, so führte der Knopf aus, was der Truchsess mit den Seebauern auf dem Feld vor Weingarten beredet hätte, wäre ja gar nicht in die Vertragsausfertigungen für die Allgäuer Bauern gelangt, für diese wären viel ungünstigere Fassungen erstellt worden!

So gelang es Jörg Knopf, die Allgäuer zur Verweigerung des Weingartener Vertrags zu bewegen. Hinzu kam für ihn jetzt der glückliche Umstand, dass Jörg Truchsess mit dem Bundesheer zunächst in den Hegau ziehen musste und von dort aus weiter nach Norden beordert wurde, um gegen die allgemein aufrührerischen württembergischen Bauern unter dem Schlagwort »Weinsberg rächen!« vorzugehen und diese niederzuwerfen. So standen im Mai 1525 fast keine Bundestruppen im Allgäu. Am 3. Mai forderten die Seebauern die Allgäuer auf, sich an den Weingartener Vertrag zu halten – die Forderung wurde abgelehnt. Der Westallgäuer Haufen bei Eglofs fiel am 4. Mai ebenfalls vom Vertrag ab, wie zur Bestätigung dessen plünderten die Bauern gleich noch Schloss und Pfarrhof von Eglofs, um dann die Burgen Neidegg und Siggen auszurauben. Danach zogen sie am 8. Mai nach Kißlegg, wo sie die Schellenberger Bauern zum Anschluss an den Allgäuer Haufen zu bewegen versuchten. Graf Wolf von Montfort hatte vor den Toren der Burg Rothenfels am 16. Mai 1525 mit den Bauern des Westallgäuer Haufens einen Waffenstillstand geschlossen, da er nicht mehr auf Ersatz von Jörg Truchsess hoffte. Beide Seiten vereinbarten, dass den gräflichen Bauern alle jene Zugeständnisse gemacht würden, die der Schwäbische Bund den Allgäuer Bauern einräumte.

Es kam am 9. Mai 1525 in Ravensburg sogar ein Bündnis zwischen dem Bischof von Konstanz, etlichen Äbten aus Oberschwaben (u. a. Salem, Weingarten, Schussenried, Ochsenhausen) und vor allem den Allgäuer Reichsstädten zustande, das die Anwerbung von 2000 Fußknechten zum Schutz gegen die Allgäuer Bauern vorsah. Da die Reichsstädte, allen voran Kaufbeuren, aber nichts dazu bezahlen wollten, kam das Bündnis nicht zum Tragen.

Der Großteil des Westallgäuer Haufens blieb seit dem 8. Mai ruhig zwischen Kißlegg und Gebrazhofen auf dem Feld, verpflegte sich dort selbst und wartete auf Nachrichten aus Füssen.

Neue Schwerpunkte im Ostallgäu und in Füssen

Nach der Versammlung von Durach war Jörg Knopf mit dem Allgäuer Haufen Richtung Füssen aufgebrochen, zuvor war eben auf ihr – wohl auf Einwirken des vorsichtigen Allgäuer Feldhauptmanns Walter Bach – noch beschlossen worden, mit Erzherzog Ferdinand in Füssen Verhandlungen aufzunehmen. Denn die Bauern hofften, mit dem Habsburger, der zu dieser Zeit auch noch den Kaiser vertrat, als Schirmherrn erfolgreicher als noch im März mit dem Schwäbischen Bund verhandeln zu können, und damit vielleicht sogar eine Auseinandersetzung mit den irgendwann zurückkehrenden Truppen des Georg Truchsess zu vermeiden.

Zusammen mit den Ostallgäuer Bauern, sofern diese nicht mit dem Grenzschutz gegen die Bayern gebunden waren, sammelten sich die Allgäuer Bauern ab dem 5. Mai 1525 in verschiedene Heerhaufen getrennt in Marktoberdorf, Roß-

Sicht auf den Weißensee westlich von Füssen (Lkr. Ostallgäu).

haupten, Seeg, Pfronten und Nesselwang. Im Lager von Hopferau setzten sie schließlich am 10. Mai den bisherigen Feldhauptmann Walter Bach ab und hoben den aus Ettwiesen bei Marktoberdorf stammenden Paulin Probst auf den Schild, der dann in der katholischen Geschichtsschreibung trotz seiner respektablen Herkunft als »händelsüchtig und verschlagen« beschrieben wurde. In dieser Sammlungsphase im mittleren und südlichen Ostallgäu, in der die Gefahr von bayrischer Seite als noch immer sehr hoch eingeschätzt wurde, plünderte der Obergünzburger Haufen unter seinem Hauptmann Urban Rapp am 5. und 6. Mai 1525 das noch von den Mönchen bewohnte Kloster Irsee aus, die daraufhin nach Kaufbeuren flohen. Die Bauern gingen gründlich vor, sogar die Nägel wurden aus den Wänden gezogen und die Glocken der Klosterkirche entfernt. Die beiden größeren Glocken schafften die Bewohner Irsees in ihre eigene alte Pfarrkirche, vier andere Glocken versuchten die Baisweiler in Augsburg zu verkaufen, was ihnen aber nicht gelang. Sie mussten sie wieder zurückbringen.

Von diesem Erfolg offensichtlich ermutigt, kündigten die Ostallgäuer Bauern dem Abt vom Kloster Steingaden, das erheblichen Grundbesitz im Ostallgäu hatte, am 6. Mai an, sie wollten bei ihm am 8. Mai »...zu Morgen essen!«

Zunächst aber plünderten die Bauern, namentlich die vom »Haufen an der Straß« (gemeint ist damit die große Handelsstraße von Augsburg nach Füssen auf der westlichen Lechseite), in der folgenden Nacht das noch dem Bischof loyal gebliebene Dorf Bruggen und setzten anschließend am 8. Mai in Marktoberdorf den bayerischen Richter von Diessen und zwei unbewaffnete Landsknechte fest, um Allgäuer Bauern aus bayerischer Gefangenschaft freizupressen. Die Bauern zeigten sich auch gegenüber der Stadt Landsberg/Lech am 10. Mai in ihren Waffen, beschossen bayerische Wachtposten und standen dann vor einem Angriff des Landsberger Pflegers Gregor von Egloffstein mit ca. 200 Reitern. Dieser stieß auf ungefähr 600 Bauern des »Haufens an der Straß« bei Kleinkitzighofen und attackierte. Zwar bildeten die Bauern mit ihren Stangenwaffen den sogenannten »Igel«, konnten dem konzentrierten

Kloster Steingaden. – Aquarellierte Vorzeichnung für einen Holzschnitt von Philipp Appian, um 1560.

Reiterangriff aber nicht widerstehen und begannen zu fliehen. Der Kampf mutierte zum Massaker, die bayerischen Reiter brachten an die 150 Bauern um und nahmen weitere 40 gefangen. Eine Kapelle am östlichen Ortsrand von Kleinkitzighofen erinnert noch heute an diese Bluttat.

Der größte Teil der Allgäuer und Ostallgäuer Bauern hatte sich jetzt zwischen dem Hopfensee und Füssen versammelt, zunächst einmal nur, um den österreichischen Räten und Unterhändlern die Macht der versammelten 12 000 Bauern zu zeigen. Zwar hatte der österreichische Stadtkommandant Jurisitsch versucht, Füssen mit noch 1000 Bergleuten aus Schwaz weiter zu verstärken, aber die Knappen erwiesen sich als unzuverlässig: Über 300 desertierten zu den Allgäuern.

Die Allgäuer Bauern hatten nämlich noch nach der Duracher Landsgemeinde vom 2. Mai von Nesselwang aus den Erzherzog um Verhandlungen gebeten und sich bereiterklärt, ihm eine Verhandlungsabordnung nach Innsbruck zu schicken. Aber Ferdinand wollte mit der Anwesenheit von Allgäuer Abgeordneten seine ohnehin schon sehr unruhigen Tiroler Bauern nicht »vergiften«. Er sorgte sich um die Ruhe in Tirol, aber auch in den angrenzenden salzburgischen und bayerischen Gebieten, wusste er doch das Bundesheer unter dem Truchsessen im Herzen Württembergs beschäftigt und nicht fähig, im Allgäu einzugreifen.

Außerdem glaubte er im Gegensatz zu Leonhard von Eck an eine gütliche Einigung mit den Bauern und schickte daher seine Räte Oswald von Wolkenstein, Hans von Stahremberg und Friedrich Franz nach Füssen, um zu verhandeln. Dort stieß noch der Kommandant Jurisitsch zur Delegation.

Verhandlungen mit Erzherzog Ferdinand und Streifzug nach Bayern

So begannen am 11. Mai im Kloster Füssen die Verhandlungen. Schnell stellte sich heraus, dass die Allgäuer den Weingartener Vertrag auf keinen Fall annehmen würden. Allerdings beriefen sie sich auch nicht mehr auf die 12 Artikel von Memmingen, die schlechten Erfahrungen, die in Ulm damit gemacht worden waren, hielten sie wohl davon ab. Vielmehr legten sie jetzt die von den Seebauern übernommenen sogenannten »Rapperswiler Artikel« für ihre Forderungen zugrunde, die sie wahrscheinlich auf der zweiten Tagsatzung damals in Memmingen kennengelernt hatten. Auch in den »Rapperswiler Artikeln« forderten die Bauern unter anderem die freie Verkündigung des Evangeliums und die freie Priesterwahl. Besonders aber sollten die Leibeigenschaft sowie alle Abgaben und Frondienste, sofern sie nicht durch das göttliche Recht bestätigt würden, abgeschafft sein. Die Bauern wollten die freie Jagd auf das Niederwild und freien Fischfang, die Amtszeit der Amtleute sollte auf drei Jahre begrenzt sowie deren zwingende Teilnahme an Hochzeiten, Beisetzungen, Taufen und sonstigen Feierlichkeiten der bäuerlichen Bevölkerung abgeschafft werden.

Das traf natürlich zunächst auf die Ablehnung der österreichischen Räte, aber am Nachmittag des 11. Mai ergab sich eine neue Lage: Teile des Bauernhaufens von Buchloe und Marktoberdorf waren beim Weiler Ehrwang durch den Lech ins Bayerische gewatet, gefolgt von einigen Oberallgäuer Scharen. Sie verbrachten in Waltenhofen, Brunnen, Schwangau, Niederhofen und Horn die Nacht, von den dortigen Bauern wohl herzlich empfangen. Am 12. Mai brachen sie dann zum Kloster Steingaden auf, das sie plünderten, verwüsteten und letzten Endes auch anzündeten – doch konnte das Feuer schnell eingedämmt werden. Bei der späteren Schadensaufstellung jammerte der Abt vor allem um seine Weinvorräte. Alle anwesenden Steingadener Bauern leisteten den Eid auf die »Christliche Vereinigung«, ein Vorgang, der die Herzöge in München und Landsberg/Lech schwer erschreckte. Aber die Allgäuer rückten nicht weiter vor, sondern zogen sich über die Steingadener Lechbrücke am 15. Mai wieder zurück. Am 13. Mai stieß der herzoglich-bayerische Jäger Georg Köckeritz bei einem Aufklärungs- und Kontrollritt auf dem Hohen Peißenberg auf ungefähr 200 bewaffnete Bauern aus dem Ammertal und dem Pfaffenwinkel, die sich hier versammelt hatten, um einem Angriff der Allgäuer entgegentreten zu können. Sie baten den Jäger um die Entsendung militärisch erfahrener Offiziere, um in einem möglichen Zusammentreffen mit den Allgäuern bestehen zu können. Dazu ist es zwar nicht gekommen, dennoch entwickelte sich Ende des 19. Jhs. eine wissenschaftliche Kontroverse, die erst um 1990 ihr Ende fand. In der journalistischen Publizistik werden die Vorgänge noch heute falsch dargestellt.

Der Allgäuer Streifzug über den Lech, die Zerstörung des Klosters Steingaden und die vermutete Bedrohung Schongaus bewogen die bayerischen Herzöge Wilhelm IV. und Ludwig X., dem Allgäuer Haufen am 13. Mai einen Waffenstillstandsvertrag anzubieten. Wenn die Allgäuer Bauern umgehend das Herzogtum verließen, würde innerhalb von 14 Tagen ein sehr günstiger Vertrag abgeschlossen werden. Bei diesem bayerischen Angebot machte sich die Abwesenheit Leonhards von Eck bemerkbar, der sich in Ulm aufhielt. Bei seiner dezidiert bauernfeindlichen Haltung wäre diese Offerte nie zustande gekommen. Jedenfalls erhöhten die Brandschatzung des Klosters Steingaden und der Streifzug der Allgäuer auf bayerischem Gebiet den Druck auf die bayerischen und österreichischen Räte in Füssen.

Die Verhandlungen mit der österreichischen Delegation waren am 12. Mai fortgesetzt worden, die Bauernhauptleute stellten die Rapperswiler Artikel und die Forderung nach dem Göttlichen Recht hintan, forderten aber nachdrücklich, dass der Erzherzog als Vertreter des Kaisers die Leibeigenschaft im ganzen Allgäu – in den Quellen ist von einem oberen und einem niederen Allgäu die Rede – mitsamt ihren daran hängenden landes- und grundherrlichen Rechten, Pflichten und Verboten urkundlich zum 14. Mai 1525 aufheben sollte. Außerdem müssten die Bauern direkt unter kaiserlichen Schutz genommen werden und ein kaiserliches Schiedsgericht hätte binnen Monatsfrist alle Beschwerden, Streitigkeiten und Irrungen zwischen den Bauern und ihrer Obrigkeit zu verhandeln und zu urteilen. Besonders die Grundherren müssten sich dann aber auch an diese Entscheidungen halten!

Erzherzog Ferdinand war in der Zwischenzeit über die Vorgänge von Steingaden und im Pfaffenwinkel informiert, er wusste auch, dass die Allgäuer bereits verschwiegen mit den unruhigen Tiroler und Salzburger Bauern verhandelten.

Also ließ Ferdinand zum 14. Mai einen Vorvertrag ausarbeiten, der Folgendes vorsah: Soweit der Erzherzog als kaiserlicher Vertreter dazu überhaupt befugt sei, solle durch ihn die Leibeigenschaft aufgehoben werden, allerdings nur bis zur endgültigen Entscheidung des Kaisers, wenn dieser wieder ins Reich käme. Über die weiteren bäuerlichen Forderungen solle zum 30. Juni 1525 in Kaufbeuren ein kaiserliches Schiedsgericht unter Ferdinands Vorsitz einberufen werden, das dann alle notwendigen Entscheidungen treffen würde; außerdem sollte ein großer und umfassender Vertrag über die weitere rechtliche Stellung der Bauern und ihr Verhältnis zu den Grundherren abgeschlossen werden. Für die Bauern wurde in diesen Vorvertrag noch aufgenommen, dass sie sich jetzt eidlich verpflichteten, auf jegliche Zusammenrottung und Aufruhr zu verzichten, friedlich heimzuziehen, ihren Herrschaften gehorsam zu sein und ihnen bis zum Kaufbeurer Gerichtstag alle Abgaben, Spann- und Handdienste zu leisten, wie es üblich war. Die Bauern müssten auch abrüsten und ihre Waffen und Ausrüstungen an die Obrigkeit abliefern, ihre bewaffneten Haufen auflösen, alle besetzten Burgen, Klöster, Schlösser und sonstige Herrensitze wieder zurückgeben und die Verweigerer dieses Vertrags der Obrigkeit anzeigen. Im Gegenzug würde sich der Erzherzog dafür einsetzen, dass sie alle für die bisherigen Empörungen und Aufstände straflos blieben. Auch dürften sich die Bauern gegen obrigkeitliche

Erzherzog Ferdinand. – Porträt von Hans Maler zu Schwaz, 1521.

Angriffe auf sie, wenn sie diesen Vertragsbestimmungen entgegenliefen, wehren.

Für die endgültige Ratifizierung des Hauptvertrages müssten dann alle Teilnehmer von bäuerlicher, aber auch von reichsstädtischen Seiten dem Erzherzog oder seinen Räten in Füssen entsprechende Vollmachten vorweisen. Daraufhin löste sich der größte Teil des bewaffneten Bauernhaufens vor Füssen auf, die Bauern gingen heim, schließlich wartete auf ihren Höfen genügend Arbeit auf sie. Fünf heimkehrende Bauern vom Marktoberdorfer Haufen zündeten am 18. Mai auf ihrer Rückkehr das völlig verwaiste und geplünderte Kloster Irsee zur Freude der Baisweiler und Eggenthaler an. Später, am 11. Juni 1525, erpressten unter Mitwirkung des Marktoberdorfer und des Buchloer Haufens die Hauptleute von Abt Peter Fend, der in Kaufbeuren Schutz gesucht hatte, noch 130 fl. Brandschatzung.

Der Erzherzog gab den Bauern für ihre Information und Beratung bis zum 23. Mai 1525 Zeit; tatsächlich kamen an diesem Tag 47 Räte, Haupt- und Unterführer und Bevollmächtigte der verschiedenen Teilhaufen, aber auch der Gemeinden bei Kempten zusammen, um mit dem Habsburger über den Vertrag zu reden und ihn zu beschließen. Es würde jetzt zu weit führen, alle namentlich überlieferten Abgeordneten der Bauern zu nennen, auffällig ist jedoch dreierlei: Sie nannten sich jetzt selbst »Gesandte und bevollmächtigte Anwälte gemeiner Landschaft und beider Haufen von Ober- und Niederallgäu«, der frühere Namen »Christliche Vereinigung im Allgäu« war offensichtlich obsolet geworden. Zum zweiten nahmen auch Abgesandte aus Babenhausen und Heimertingen an der Zusammenkunft des Allgäuer Haufens teil, zwei Gemeinden, die zwar heute zum Landkreis Unterallgäu, damals aber unbedingt zu Mittelschwaben gehörten. Sie vertraten wohl die Reste des untergegangenen Baltringer Haufens. Zum Dritten fehlte Jörg Knopf von Leubas.

Die Bauerngesandten wählten aus ihrer Mitte 15 Räte, die in Füssen mit den Räten des Erzherzogs verhandeln und den Hauptvertrag abschließen sollten; die entsprechenden Beglaubigungsurkunden wurden ausgestellt und von den Reichsstädten Kempten und Isny bestätigt. Offensichtlich waren diese Städte mit dem Vertragswerk einverstanden. Als aber die Allgäuer Delegation am 27. Mai in Füssen den Hauptvertrag, der auf dem Vorvertrag vom 14. Mai basierte, abschließen wollte, erlebte sie eine böse Überraschung: Denn ganz und gar nicht einverstanden mit diesem Vertrag war der Schwäbische Bund, allen voran Leonhard von Eck. Dieser hatte sich in der Zwischenzeit beim Schwäbischen Bund mit seiner brutalen Haltung gegenüber den Bauern durchgesetzt, wozu ihm natürlich auch der Sieg des Bundesheeres unter Jörg Truchsess bei Böblingen am 12. Mai 1525 über die aufständischen Bauern trotz

Leonhard von Eck. – Kupferstich von Hans Lautensack, 1553.

numerischer Unterlegenheit sehr zugute kam. 3000 Bauern wurden dort umgebracht. Allerdings konnte sich der Truchsess mit dem Bundesheer noch nicht ins Allgäu wenden, er musste zunächst nach Franken ziehen, um die dortigen Aufstände zu bekämpfen. Aber der Sieg bei Böblingen bestärkte natürlich die ablehnende Haltung des Bundes, nach den bisherigen Siegen fühlte man sich den Bauern nicht mehr unterlegen.

Außerdem ließ Eck aus altem Misstrauen heraus den Erzherzog mit seinem Wunsch, auch Bayern möge sich am beabsichtigten Vertrag mit den Allgäuern beteiligen, ins Leere laufen: Lediglich den Waffenstillstandsvertrag vom 13. Mai wollte Eck verlängert wissen, eine weitere Beteiligung an dem erzherzoglichen Vertrag schlossen die bayerischen Herzöge aus. Damit aber war die Stellung Ferdinands gegenüber dem Schwäbischen Bund und seinen Scharfmachern, aber auch gegenüber den Allgäuer Reichsständen geschwächt und ein Abrücken von den bisherigen Präliminarien notwendig – vor allem die Aufhebung der Leibeigenschaft war nicht mehr zu halten.

Irreführung der Bauern und Ablehnung der Verhandlungsergebnisse

So wurde den Allgäuer Abgeordneten ein völlig anderer Vertragstext präsentiert: Von der Abschaffung der Leibeigenschaft war keine Rede mehr, das Schiedsgericht zu Kaufbeuren am 30. Juni sollte nach Vorstellungen des Schwäbischen Bundes ganz anders zusammengesetzt sein; alle anderen präliminarischen Vereinbarungen waren zu Ungunsten der Bauern dem Weingartener Vertrag angepasst. Außerdem wurde der Waffenstillstand zwischen Bayern und den Allgäuer Bauern in den Vertrag mitaufgenommen, eine Mitverantwortlichkeit Bayerns für Einhaltung und Durchführung des Gesamtvertrags aber ausgeschlossen, jedoch ein erhebliches Mitspracherecht bei der Besetzung des Kaufbeurer Schiedsgerichtes eingeräumt. Eck war mit diesem Ergebnis einigermaßen zufrieden und die bayerischen sowie österreichischen Räte redeten den konsternierten Allgäuer Bauern gut zu, versprachen ihnen, dass die Frage der Leibeigenschaft auf dem Tag von Kaufbeuren ja zur Sprache kommen würde und Erzherzog Ferdinand sicher einer generellen Abschaffung nicht im Wege stünde, immerhin würde er mit seinen Tiroler Bauern ja auch gütlich darüber verhandeln! Überdies könnten die Bauern jetzt mit diesem neuen Vertragstext bis zum Kaufbeurer Tag gegenüber ihren Herren abgaben- und leistungsfrei bleiben. Alle von ihnen eingenommenen und bis dato gehaltenen Klöster, Schlösser, Herrensitze und Bürgen könnten auf Kosten der alten Eigentümer auch bis zum 30. Juni in ihrem Besitz verbleiben, sie dürften nur nicht weiter zerstört werden. Für das ganze Allgäu sollte ein Waffenstillstand zwischen dem Erzherzog und Bayern einerseits sowie den Allgäuer Bauern andererseits bis zum Abschluss des Kaufbeurer Tags herrschen; die österreichischen Räte versprachen hoch und heilig, ihr Herr würde »Fleiß vorkehren« beim Schwäbischen Bund, um die dortigen Allgäuer Herren für diesen Vertrag zu gewinnen.

Natürlich wussten auch die Allgäuer Herrschaften im Schwäbischen Bund um diese mündlichen Auslegungen und billigten sie. Sie vertrauten auf das Bundesheer unter Jörg Truchsess, das vom 2. bis 4. Juni 1525 in den Schlachten von Königshofen an der Tauber und bei Ingolstadt und Giebelstadt (zwischen Ochsenfurt und Würzburg gelegen) die fränkischen Bauern niedergemacht hatte. Zur Erleichterung der Allgäuer Herren konnte ihr Feldhauptmann mit seiner bewaffneten Macht endlich ins Allgäu ziehen. Es ist heute erwiesen, dass die Äbte von Irsee, Kempten und Ottobeuren sowie der Augsburger Bischof zu keiner Zeit daran dachten, die bäuerlichen Beschwerden, Bitten und Forderungen irgendwie ernst zu nehmen und sich mit ihren Untertanen gütlich, menschlich, christlich (?) zu einigen. Das Beispiel der Reichsstadt Memmingen war für sie ein Einfallstor der lutherischen Lehre, deren Verbreitung ihre Stellung auf das Äußerste gefährdet hätte. So scharten sie sich um Leonhard von Eck und hofften auf die Landsknechtsspieße des Jörg Truchsess. Von ihrer Seite aus waren die Verhandlungen in Füssen geführt worden, um die Bauern hinzuhalten und Zeit zu gewinnen. Von den Allgäuer Standesherren war lediglich Ulrich von Schellenberg zu Kißlegg bereit, am Kaufbeurer Tag teilzunehmen und dessen Schiedssprüche zu akzeptieren, alle anderen dachten zu keiner Zeit an eine Teilnahme. Dieser Vertrag, der am 30. Mai unterzeichnet wurde, war also von vorherein zum Scheitern verurteilt.

Gemäß dieser Haltung nahm der Schwäbische Bund am 6. Juni in Ulm lediglich den Waffenstillstand bis zum 30. Juni nur für das Allgäu an und verwarf alle anderen Artikel. Die aufständischen Gebiete in Mittelschwaben, die ja auch Abgeordnete nach Füssen geschickt hatten, wurden am 19. Juni ausgegrenzt, Ochsenhausen, Babenhausen und Heimertingen als nicht zum Allgäu gehörig deklariert. Als die Allgäuer Bauern, die ihre Bündnispartner in Mittelschwaben nicht dem Schwäbischen Bund und seinem Heer aussetzen wollten, dagegen beim Erzherzog am 20. Juni vorstellig wurden und gleichzeitig noch wesentliche Änderungen bei der Zusammensetzung des Kaufbeurer Schiedsgerichts durchsetzen wollten, hielt Ferdinand zwar grundsätzlich am Vertrag fest, verschob den Termin aber auf den 14. Juli 1525, was die Räte des Schwäbischen Bundes sehr begrüßten. Allerdings herrschte ab dieser Zeit zwischen dem Erzherzog in Innsbruck und dem Schwäbischen Bund eine gespannte Stimmung, denn Ferdinand verdächtigte – zu Recht! – den Bund der Kriegstreiberei und vermutete – ebenfalls zu Recht! – Leonhard von Eck hinter dem jetzt reaktionär und fast blutrünstig gegenüber den Bauern auftretenden Bund.

Im Gegensatz zum Beschluss über die Präliminarien des Füssener Vertrags kam es bei den Bauern zu keiner einheitlichen Reaktion mehr. Zwar versammelten sich am 12. Juni noch zu Kempten Oberallgäuer und stiftkemptische Bauern, um über Annahme oder Ablehnung zu befinden, doch mündete diese Beratung in eine handfeste Schlägerei untereinander. Die Oberallgäuer wollten einen Vertrag mit ihrem Landesherrn, dem Bischof von Augsburg, andere wollten den Weingartener Vertrag wieder annehmen, wieder andere hielten am Kaufbeurer Tag und dem Füssener Vertrag fest.

Die Einheitlichkeit im Allgäuer Haufen begann zu erodieren, einzelne Teilhaufen wollten sich nicht um den Füssener Vertrag kümmern: Die Marktoberdorfer hielten nach wie vor den Richter von Diessen fest und verhinderten damit den Gefangenenaustausch mit Bayern. Außerdem begannen einzelne Hauptleute mit ihren Bauern für die Straßenbenutzung rund um Marktoberdorf Geleitbriefe gegen Bargeld auszustellen und erschlossen sich damit eine leichte Einnahmequelle.

Die Bauern belagern Memmingen

Es waren die Vorgänge in Memmingen, die ab Anfang Juni die Aufmerksamkeit der Allgäuer Bauern völlig in Anspruch nahmen. Dort hatte sich die radikale, reformatorische und äußerst bauernfreundliche Partei in der Stadtbevölkerung soweit durchgesetzt, dass sich der Rat der Stadt nur noch damit zu helfen wusste, Truppen des Schwäbischen Bundes für die innere Befriedung der Stadt anzufordern. Gerne und schnell kam der Bund diesem Ruf nach und am 9. Juni 1525 besetzten 200 Reiter und 700 Fußknechte des Bundes die Stadt. Die Anführer der radikalen Partei wurden gesucht und gefangen genommen, zwei Tage später wurden bereits drei von ihnen auf dem Marktplatz von Memmingen geköpft. Zwar hatte sich die Reformation seit Januar 1525 in der Stadt durchgesetzt, doch die Altgläubigen nutzten die vermeintliche Gunst der Stunde, um mit Hilfe der Bundestruppen wieder vorreformatorische Verhältnisse herzustellen. So musste auch der evangelische Reformator und Prediger Memmingens, Christoph Schappeler, fliehen. Am 12. Juni hielt der Bundeskommandant, Diepold vom Stein, die Lage in Memmingen für beruhigt und wollte gemäß seinen Befehlen wieder abziehen. Aber er konnte die Stadt nicht verlassen, sie war von Bauern des Allgäuer Haufens, allen voran der Obergünzburger Haufen unter Urban Rapp und Bauern aus dem Mittelschwäbischen, umschlossen. Auch stiftkemptische Bauern unter Jörg Knopf nahmen an der Belagerung teil, die Ostallgäuer unter Paulin Probst blieben jedoch zu Hause. Besonders die Bauern aus Mittelschwaben wollten sich an den Bundestruppen rächen für deren hartes und blutiges Vorgehen gegen sie in ihrer Region: Entweder die Bauern leisteten einen neuen Eid auf ihre alte Obrigkeit oder sie sahen ihre Höfe und Dörfer in Flammen aufgehen; nicht wenige wurden dann von den Truppen auch noch umgebracht und die Frauen vergewaltigt.

Da den Bauern mauerbrechendes Geschütz fehlte, begannen sie die Stadt auszuhungern und die Wasserversorgung abzuleiten; ihr Hauptquartier schlugen sie in Benningen, Amendingen und Berkheim auf.

Georg von Frundsberg. – Historische Zeichnung, 19. Jahrhundert.

Seit dem 17. Juni 1525 rückte nun Georg Truchsess von Waldburg mit seinem Heer von Franken nach Oberschwaben und ins Allgäu vor, sehr zum Ärger von Erzherzog Ferdinand, der diesen Kriegszug missbilligte. Abgesandte der Allgäuer Reichsstädte trafen in den bäuerlichen Hauptquartieren ein, um zu vermitteln. Auch der mittlerweile aus Italien zurückgekehrte und in der Region hochangesehene Jörg von Frundsberg versuchte sich in der Vermittlung, während er für den Schwäbischen Bund ein weiteres Heer sammelte.

Auch Erzherzog Ferdinand versuchte auf die Bauern einzuwirken und befahl am 20. Juni ihren Abgesandten in Innsbruck die Aufhebung der Belagerung. Aber die Bauern setzten bis zum 27. Juni die Belagerung fort, dann mussten sie wegen des ernsten Lebensmittelmangels vor der Stadt alles abbrechen – die Plünderungen der Klöster Heggbach und Roggenburg hatten dem nicht abhelfen können.

Am 28. Juni 1525 teilte der Schwäbische Bund dem immer noch auf Ausgleich hoffenden Erzherzog mit, dass er von nun an mit den Bauern nicht mehr verhandeln würde – das Bundesheer wäre jetzt endlich an der Donau angekommen und würde sich dort verstärken und neu formieren. Dann würde das Heer ins Allgäu vorrücken und dem ganzen Aufstand dort ein gründliches Ende bereiten!

Entscheidung im Juli 1525

Das Anrücken des Schwäbischen Bundesheeres von Norden

Am 1. Juli 1525 schrieb Erzherzog Ferdinand, der Stellvertreter und jüngere Bruder des Kaisers aus Innsbruck, an den Bundesfeldhauptmann Jörg Truchsess von Waldburg: »Wo ir ytz die Algeuer tätlich oder veintlich angriffen, möchte uns vil übels und unrats daraus entsteen!« Mit Schreiben vom 5. Juli setzte er nach und wollte »... mit allem und sonderm gnedigen vleis und erst auf das höchst ...« dem Truchsess und den anderen Hauptleuten seines Heeres befehlen, »... damit er weder wenig von vil angriff, noch ichts gegn den Algeurn fürnem (= vornehmen, handeln) noch thue«.

Überdies befahl Ferdinand am gleichen Tag dem Schwäbischen Bund, ihm nach Füssen 1000 Fußknechte und 500 Reiter als würdiges und sicheres Geleit für seine Teilnahme am Kaufbeurer Tag zu senden. In Ulm lehnte man ab, und Leonhard von Eck freute sich; vielmehr wurde der Truchsess am 8. Juli angewiesen: »Dieweil ir nit furstlicher durchleuchtigkait, sonder gemaines punts obrister velthaubtman, und dem, so sie euch bevelchen, folg zu thuen, schuldig und verpflichtet seyet ...« So solle der Truchsess wie vom Bund befohlen, weiterrüsten und dann baldmöglichst gegen das Allgäu und seine Bauern ziehen. Eine schriftliche Bestätigung seiner Befehle und seiner Treue gegenüber dem Bund wurde erwartet und vom Truchsess gegeben, verbunden mit der Bitte, ihn vor der Ungnade des Erzherzogs zu schützen.

Am 9. Juli 1525 lag das Bundesheer noch bei Wattenweiler nahe Krumbach im Günztal, von dort begann an diesem Tag der Vormarsch nach Süden. Der Weißenhorner Chronist Nikolaus Thoman hat diesen Zug von Blut, Tränen, Brand und Totschlag beschrieben, der nach Woringen bei Memmingen führte, wo sich der Truchsess mit den Truppen Georg von Frundsbergs vereinigen wollte. Die Verluste in Franken hatte er nämlich noch nicht ausgleichen können. Währenddessen marschierte ein Detachement des Bundesheeres unter Hauptmann Jos von Laubenberg durch das Illertal von Weißenhorn nach Berkheim, überall Schrecken und Tod verbreitend, zuletzt auch noch Berkheim verbrennend, da man in ihm das Zentrum des Bauernaufruhrs im Illertal sah.

Am 11. Juli traf diese Abteilung bei Heimertingen wieder auf das Hauptheer, das Dorf zündete der Truchsess an und zog weiter nach Wolfertschwenden, um dort die Truppen aus Memmingen aufzunehmen. Dipold vom Stein traf mit seinen Landsknechten auch ein, für ihren Abzug reich beschenkt vom Memminger Rat. Nach dem Ende der Belagerung hatten sie Sontheim, Attenhausen, Frechenrieden und Westerheim in Flammen aufgehen lassen und den Abt von Ottobeuren wieder eingesetzt. Heutzutage schätzt man, dass der Zug des Truchsesses durch Oberschwaben Richtung Allgäu eine ca. 20 km breite Spur der Verwüstung hinterlassen hat, in der die Dörfer verbrannt oder dem Erdboden gleichgemacht und die Einwohner meistens getötet worden sind. Lediglich Babenhausen blieb davon verschont, dessen Bewohner hatten noch rechtzeitig ihrem alten Herren Veit von Rechberg schwören und huldigen können.

Einen Tag später stieß der Truchsess selbst mit 200 Reitern aufklärend über die Stellung der Bauern, die er nahe vermutete, nach Süden vor; bei Schrattenbach traf er auf ca. 3000 Bauern, die nach Leubas zogen. Weil es schon Abend war, brach der Truchsess das Gefecht bald ab und kehrte nach Wolfertschwenden zurück. Am nächsten Morgen setzte er mit seinem Heer den Vormarsch fort und kam bei Leubas zum Stehen: Dort hatten sich die Allgäuer Bauern verschanzt – und sie hatten den Ort gut gewählt!

Der jetzt in Gang gekommene und so hart durchgeführte Vormarsch des Bundesheeres hatte beim Allgäuer Haufen schwere Bedenken, ja Furcht und Angst ausgelöst. Denn die Belagerung von Memmingen, die in einem Debakel geendet hatte, war mehr als eine Dummheit, es war ein – allgäuerisch ausgedrückt – »gotziger« Fehler gewesen. Vom Schwäbischen Bund war den Bauern die Belagerung als Bruch des Füssener Vertrags vom 30. Mai ausgelegt worden, auch Erzherzog Ferdi-

Erstürmung einer Burg. – Nach einem zeitgenössischen Holzschnitt.

nand sah das so. Alle Vermittlungsversuche der Allgäuer Städte sowie den des Jörg von Frundsberg hatten die Bauernführer um Jörg Knopf übermütig zurückgewiesen. Jetzt galt es aber, Motivation und Kampfwillen der Bauern wieder zu erneuern und zu stärken, die abgebrochene Belagerung wurde ja doch als Niederlage empfunden.

Ihr politisch dummes Verhalten rächte sich nun: Die Bauern von Ottobeuren, Propstried, Obergünzburg und Rettenbach wandten sich unmittelbar nach Belagerungsende von Memmingen an die Städte Kempten und Isny und baten um Vermittlung für ein friedlich-glimpfliches Ende beim Truchsess. Die Hauptleute der Obergünzburger wandten sich sogar jetzt, am 3. Juli, an Georg von Frundsberg um Vermittlung beim Truchsessen. Aber der hatte nichts vergessen und schickte ihnen als Antwort seinen Fehdehandschuh. Damit wurde den Allgäuern so langsam bewusst, dass sie für den entscheidenden Waffengang auf sich selbst gestellt wären.

Lage und Sammlung des Allgäuer Haufens

Am 6. Juli 1525 tagte in Nesselwang der Ausschuss des Allgäuer Haufens, um sich auf die neue Lage und den Angriff des Bundesheeres vorzubereiten. Es wurde nun jeder zweite Mann des Allgäus aufgeboten, eine Bauerndelegation ging nach Innsbruck ab, um dort am 8. Juli die Tiroler Bauern zur Mithilfe gegen den Truchsess zu bewegen. Aber mehr als tirolisches Schimpfen auf den Schwäbischen Bund konnte nicht geerntet werden. Die Seebauern, eisern am Weingartener Vertrag festhaltend, verweigerten ebenfalls die Hilfe. Nur noch aus den Reihen der vor dem Truchsess Geflohenen konnten sie Hilfsmannschaften rekrutieren, aber allzu hoch wird man ihre Zahl nicht veranschlagen können. Die Einigkeit unter den Allgäuer Bauern bröckelte: Hatten sich die Ostallgäuer unter Paulin Probst schon bei der Memminger Belagerung sehr zurückgehalten, so musste Probst als oberster Hauptmann des Seeger, Hopfener, Pfrontener und Marktoberdorfer Haufens seinen Stellungsbefehl zweimal ausschicken. Doch auch beim zweiten Mal, als die Stellung des letzten Aufgebots für den 12. Juli 1525 um 6 Uhr morgens nach Marktoberdorf gefordert worden war, erschienen nur wenige. Die Pfrontener blieben ganz zu Hause und erklärten, das alles ginge sie nichts mehr an.

Ursprünglich wollte sich der Allgäuer Haufen bei Obergünzburg sammeln und dort den Anmarsch des Bundesheeres abwarten, so der Stand am 9. Juli. Doch dann rückte man an der Leubas in eine wohl noch günstigere Stellung ein. Am Abend des 12. Juli, dem Tag des Gefechts von Schrattenbach, standen am Südufer der Leubas bereits an die 14 000 Bauern. An den beiden nächsten Tagen sollte diese Streitmacht noch weiter anwachsen, die weiter entfernt wohnenden Bauern aus Denklingen, Schwabsoien und Leeder waren eingetroffen, aus dem Oberallgäu wurde buchstäblich jeder, der einen Spieß tragen konnte, jetzt an die »Front« geschickt, etwa 2000 Bauern verstärkten das Allgäuer Heer. Der Truchsess schätzte am 14. Juli, dass ihm wohl 23 000 Allgäuer gegenüberstünden.

Abgesehen vom hohen symbolischen Wert, den dieser Platz bei ihrer altehrwürdigen Versammlungs- und Malstätte für die Bauern hatte, war die Stellung an der Leubas für die Bauern taktisch außerordentlich günstig. Die Leubas ist nämlich ein kleiner östlicher Nebenfluss der Iller, der hier seinen letzten Kilometer zu jener zurücklegt.

Gedenkstein der Schlacht von Leubas 1525, eine der heftigsten Auseinandersetzungen im deutschen Bauernkrieg.

Jörg Knopf hatte die Stellung an der Leubas mit großer Ortskenntnis und einem gerüttelten Maß an militärischem Sachverstand ausgewählt: Seine Bauern standen auf dem südlichen Hochufer der Leubas, dessen steiler Hang einen Reiterangriff ausschloss. Die kleine Ortschaft Leubas war befestigt und verschanzt worden. Die linke Flanke zur Iller hin wurde von diesem Fluss selbst beschützt, ihr dortiges östliches Hochufer war schwer zu ersteigen. Überdies hätte ein Flankenangriff vom Westen bzw. Südwesten her nur Gefahr bringen können, wenn die Stadt Kempten selbst der Kavallerie der Bundestruppen die Stadttore geöffnet und es ihr damit ermöglicht hätte, den Bauern ungefährdet in den Rücken zu fallen. Doch solange die Bauern unbesiegt waren, blieben die Stadttore zu. Im Osten bildete der damalige Wagegger Weiher mit seinen Sumpfgebieten und der noch intakten und in

Bauernhand befindlichen Burg Wagegg Schutz vor einem entsprechenden Flankenangriff. Für eine weitreichende Umgehung dieser Stellung im Osten war das bündische Heer allerdings zu schwach, auch wenn in der Zwischenzeit am 14. Juli Jörg von Frundsberg mit ca. 3000 Fußknechten eingetroffen war, sodass die Truchsess-Truppen jetzt an die 14 000 Mann zählten – alles gut gerüstete und kampferfahrene Mannschaften.

Die Entscheidungsschlacht bei Leubas

Das Bundesheer begann im Verlauf des 13. Juli – es hatte bei Heising sein Lager genommen und nach Leubas im Süden hin Front gemacht – mit der Beschießung der Bauerntruppen. Diese aber blieben unerschüttert und erwiderten den ganzen Tag über das Feuer.

Am Vorabend und in der Nacht zum 14. Juli, an dem der Truchsess die Schlacht wagen wollte, spionierte noch der darin erfahrene Landstreicher Jakob Lod aus Straßburg für die Bauern im bündischen Lager. Paulin Probst hatte ihn dazu angeworben und wollte durch ihn den Ort des Truchsessen-Zelts erfahren, um es am nächsten Tag konzentrisch beschießen zu können. Im Gegenzug beseitigten vom Truchsess besonders ausgewählte und dafür hoch dotierte Spezialkommandos die Verschanzungen von Leubas, stahlen im Bauernlager ein Fähnlein, legten dort Feuer und warfen zwei Geschütze den Hang hinunter.

Überraschend eröffneten die Bauern am 14. Juli dann den Kampf und wollten mit ihren in drei Haufen geteilten Truppen den Truchsess aus seiner festen Stellung locken. Aber der Truchsess verweigerte die Schlacht. Hinhaltend ließ er die Bauern zwar weiter beschießen, hielt sein Hauptheer aber zurück. Ursprünglich hatten die Bauern geplant, durch den von ihnen veranlassten Angriff der Bundestruppen diese aus dem Lager zu holen, dort mit ihrem zweiten Haufen einzudringen, um das feindliche Heer zu trennen. So aber sahen sich die angreifenden bäuerlichen Fußtruppen immer wieder attackie-

Landsknechte im Gefecht. – Stich von Hans Holbein d. J., um 1550.

renden Reitertrupps gegenüber und blickten bald in die Mündungen der truchsessischen Artillerie, allen voran die vier Falkonetten. Während der seit jetzt zwei Tagen tobenden Kanonade hatten die Bauern zudem durch eine Explosion ihre Munitionsvorräte verloren. Sie mussten sich zurückziehen. Wie erwähnt, traf an diesem Tag auch Jörg von Frundsberg ein, der dem Truchsessen an militärischer Erfahrung und an Feldherrenbegabung wohl überlegen war. Der nächste Tag sollte die Entscheidung bringen. Beide Kommandeure hatten für den 15. Juli den endgültigen Sturm auf das Bauernlager beschlossen.

Groß war das Erstaunen der am Morgen dieses 15. Juli ausrückenden Sturmtruppen des Bundesheeres, als sie das Bauernlager leer vorfanden. Die Bauern waren noch in der Nacht vorher abgezogen. Ihre jetzt nutzlosen Geschütze hatten sie dagelassen, nur die Oberallgäuer hatten ihre Kanonen mitgenommen, diese aber bei ihrem baldigen Auseinanderlaufen kampflos zurückgelassen, sodass ihr Geschütz dem Grafen Wolf von Montfort in die Hände fiel.

Bis heute können nur Vermutungen über die Beweggründe dieses Handelns angestellt werden, doch wird die als gesichert überlieferte persönliche Bekanntschaft zwischen dem Bauernhauptmann Walter Bach von Oy und dem Frundsberger eine wesentliche Rolle gespielt haben. Bach hatte als Landsknecht unter Frundsberg in Italien gedient. Zwar hatte Bach zur Annahme des Weingartener Vertrags geraten und war seines Kommandos enthoben worden, verbunden mit einer erheblichen Demütigung im Bauernlager, doch galt er auch besonders in den ersten Monaten des Aufstandes unbedingt als Radikaler. Es hatte wohl eine nächtliche Unterredung zwischen Bach und Frundsberg gegeben, in der der General seinem ehemaligen Landsknecht das zu erwartende Blutbad schilderte und ihm die völlige Aussichtslosigkeit des bäuerlichen Unternehmens vor Augen führte. Außerdem soll Frundsberg von einem zweiten Bundesheer gesprochen haben, das ebenfalls auf Leubas marschiere. Davon beeindruckt verließ Bach mit seinem Oberillertaler Haufen als erster das Lager, andere Hauptleute mit ihren Einheiten folgten ihm. In der zweiten Nachthälfte und am frühen Morgen hatte sich das Bauernheer aufgelöst, lediglich der Haufen unter Jörg Knopf von Leubas hielt noch zusammen und wählte sich den Kohlenberg südlich von Durach als neue und letzte Verschanzung.

Zu diesem Ablauf mochten auch die von anderen Chronisten überlieferten Zustände beigetragen haben: Durch den Verpflegungsmangel herrschte im Bauernheer fast eine richtige Hungersnot, die bei vielen die Sehnsucht nach den heimischen Suppentöpfen schier übermächtig werden ließ. Nur mit großer Disziplin hätten diese Bauern noch zusammengehalten werden können; an eben jener krankte es den Bauernheeren von Anfang an. Dazu trug das Scheitern ihres Angriffs vom 14. Juli nicht zur Steigerung der Moral bei, der Ruf und das militärische Ansehen des neu eingetroffenen Frundsberg taten ihr übriges. So liefen die meisten Bauern heim, verkrochen sich auf ihren Höfen und warteten ab. Ihre Hauptleute flohen nach Tirol oder in die Schweiz.

Den Weg auf den Kohlenberg legten die Bauern nicht auf der Reichsstraße durch Kempten zurück, sondern wählten mit ihrer Ortskenntnis die Bauernwege östlich der Iller. Die bündischen Truppen aber ließ der Truchsess auf der Reichsstraße

Burgruine Sulzberg, etwa 500 Meter südwestlich des Ortes Sulzberg (Lkr. Oberallgäu).

nach Kempten ziehen. Er war jetzt fest entschlossen, dem Feldzug ein rasches Ende zu bereiten. Doch er überschätzte die Zahl der immer noch widerständigen Bauern und befürchtete, sie würden sich weiter nach Süden ins Gebirge absetzen und von da aus einen Guerillakrieg gegen den Schwäbischen Bund führen. Dort aber waren die Artillerie und seine Reiterei gar nicht oder nur sehr bedingt einsetzbar, die Ortskenntnis hätte den Bauern einen langdauernden Vorteil beschert, von der möglichen Unterstützung aus der Bevölkerung gar nicht zu reden.

Doch zuvor musste er zur Verfolgung der Bauern durch die Stadt Kempten ziehen – und die wollte nicht. Die Stadt hatte an den Beispielen Memmingen, Herrenberg, Weinsberg, Bamberg und auch Kaufbeuren gesehen, was es hieß, die Landsknechte in den Mauern zu haben. Kempten hielt an seiner grundsätzlich bauernfreundlichen Haltung fest, es hatte die Reformation eingeführt und fürchtete um seine Souveränität. So stand der Truchsess mit seinen Truppen vor verschlossenen Stadttoren, die Mauern waren mit gerüsteten Bürgern besetzt, die große Kemptner Kanone, die »Närrin« war am unteren Illertor aktiviert – und erbittert und enttäuscht über den verweigerten Durchzug verfuhren die Truppen des Truchsesses am 15. Juli jetzt nach »Kriegsrecht«. Sie brannten also südlich der Leubas in Richtung Durach alle Dörfer nieder, derer sie habhaft werden konnten: Ursulasried, Leupolts, Betzigau gingen in Flammen auf, Landsknechte drangen in die östlichen Kemptner Vorstädte und Siedlungen ein und plünderten. Da intervenierten die das Heer begleitenden Bundesräte des Schwäbischen Bunds, unter ihnen Bernhard Göler, Rat des Pfalzgrafen bei Rhein, Gordian Seuter, Bürgermeister von Kempten sowie Hans Freyburger von Überlingen und bewirkten einen Abbruch der Kämpfe, was den Truchsessen höchst irritierte: Wenn sie ihn das Kriegshandwerk lehren wollten, so beschied er die Räte, die immerhin seine Vorgesetzten im Schwäbischen Bund vertraten, dann sollten sie doch an seiner Stelle ins Feld ziehen, er würde sich stattdessen in Kempten ins weiche Bett legen!

Kapitulation am Kohlenberg bei Sulzberg

Konnte der Feldhauptmann noch den Sturm auf Kempten abbrechen und seine Reiterei östlich vorbeiführen, bis sie bei Durach Lager bezogen, so konnte und wollte er das Verbrennen der Häuser und Höfe, die er auf diesem Weg erreichen konnte, nicht abstellen. Die immer noch aufständischen Bauern sollten sehen, was er ihren Dörfern, ihren Höfen, ihren Frauen und Familien und ihrem Vieh antat!

Vom Kohlenberg bei Sulzberg aus hat man von fast 1000 m Seehöhe einen unter Umständen weiten Blick nach Norden, das Illertal entlang, über die Dörfer und Gemeinden hinweg. Von dort aus sahen nun die Bauern die Rauchsäulen der niederbrennenden Dörfer, schmeckten den Brandgeruch und hörten wohl auch die Schreie der vergewaltigten und niedergemachten Frauen und Kinder. Sie sahen auch, wie ihr Vieh vertrieben, die Zäune eingerissen und die Schuppen zerstört wurden. Sie waren halb verhungert am Kohlenberg, entmutigt von ihrer Niederlage, verzweifelt über ihre Zukunft und voller Angst.

GORDIAN SEUTER

Gordian Seuter stammte aus einem der ältesten Kemptner Patriziergeschlechter (Seutter, Suiter), das bereits 1293 erstmals urkundlich erwähnt wird. Sein genaues Geburtsdatum ist nicht bekannt, vermutlich war der im 15. Jahrhundert langjährige Bürgermeister Rudolf II. Seuter sein Großvater; dessen Sohn, Gordian II. Seuter, wird noch 1518 als Stifter einer Kapelle in der Kirche St. Mang erwähnt. Gordian (III.) Seuter war zunächst Stadtammann (1506) in Kempten und ist dann ab 1515 als Bürgermeister der Stadt nachweisbar.

Mit den Ereignissen des Bauernkriegs war Seuter als Bürgermeister und als Politiker eng verbunden. Im Januar 1525 war er als Vertreter der Kemptener Landschaft bei den erfolglosen Ausgleichsverhandlungen zwischen ihr und dem Fürstabt Breitenstein in Obergünzburg dabei. Danach beauftragte ihn der Schwäbische Bund mit weiteren Verhandlungen mit der Bauernschaft; Seuter, überzeugt von der Möglichkeit des friedlichen Ausgleichs, stand in Verbindung mit den Bauernversammlungen in Memmingen im März 1525. Jedoch entwickelten sich die Ereignisse zur Gewalt hin, der in die Feste Liebenthann geflohene Fürstabt suchte als letzte Rettung den Schutz der Stadt Kempten im April 1525. Unter der Verhandlungsführung des Bürgermeisters Seuter gelang es, die Notlage des Abtes auszunützen und im »Großen Kauf« vom 6. Mai 1525 sämtliche Rechte und Besitzungen des Klosters in der Stadt für 30 000 fl. zu erwerben. Damit wurde Kempten zur reichsunmittelbaren Stadt und war mit einem Schlag jede fürststiftische Bevormundung und Herrschaft los. Für die Kaufsumme wurde auch das Kirchensilber der St. Mang-Kirche eingeschmolzen, das durch die Einführung der Reformation überflüssig geworden war.

Mit diesem Schachzug festigte Seuter sein politisches Ansehen. Seine Sympathien gehörten unzweifelhaft den Bauern und aus dieser Haltung heraus widersetzte er sich vehement im Juli 1525 den beginnenden Plünderungen der Landsknechte bei ihrem Zug durch die Stadt.

Bereits 1520 war er zum Rat und Kommissar des Schwäbischen Bundes berufen worden, er wirkte 1526 bei den Ausgleichsverhandlungen zwischen den Bauern und der stiftkemptischen

Obrigkeit mit, die mit dem Memminger Vertrag ihren Abschluss fanden. 1530 berief ihn Karl V. zum kaiserlichen Rat und stellte ihn und seine Erben unter den besonderen Schutz des Reichsoberhaupts. Für den Kaiser nahm Seuter an den Reichsversammlungen zur Erneuerung des Münzwesens in Speyer teil, ab 1532 diente er als oberster kaiserlicher Proviantmeister in den Türkenkriegen.

Nach dem Bauerkrieg hatte sich Seuter, der unverheiratet und kinderlos blieb, von der kemptischen Stadtpolitik mehr und mehr zurückgezogen; mit dem Beitritt Kemptens zum Schmalkaldischen Bund war er nicht einverstanden, er blieb beim katholischen Bekenntnis. Nachdem er sich zunächst in Schloss Letten bei Kempten niedergelassen hatte, verbrachte er seine letzten Jahre im Kloster Ottobeuren, wo er am 14. November 1534 verstarb. Noch 1725 wurde seiner Verdienste um den »Großen Kauf« in der Reichsstadt Kempten gedacht.

Gordian Seuter. – Porträt eines unbekannten Künstlers, 1534.

Der Augsburger Hauptmann Ulrich Artzt berichtete an den Rat seiner Stadt: »Sy (die Bauern, Anm. d. Verf.) werden sich, ehe sy die dörfer werden verprenen lassen, ergeben.« Er hatte richtig vorausgesehen: Am 16. Juli schickten sie eine Delegation an den Truchsessen und ergaben sich »auf gnad und ungnad«.

»Vae victis« – Wehe den Besiegten! Dieser uralte Ausruf der europäischen Geschichte galt jetzt erst recht für die kapitulierenden Bauern. Der Truchsess war mit seiner Militärverwaltung schon darauf vorbereitet: Nach den jüngsten Forschungen waren es etwa 3000 Bauern, die die Waffen streckten und aus denen jetzt die (vermuteten) Rädelsführer und Hauptleute herausgegriffen wurden. Ein Unterwerfungsformular »Wie die abgefallenen Untertanen zur Huldigung angenommen werden sollen« war schon vorbereitet, es war bereits nach der Schlacht bei Leipheim erstellt und in den Feldzügen in Württemberg und Franken angewendet worden. In zehn Artikeln wurde darin das Vorgehen gegen die unterworfenen Feinde geregelt, manches war nicht gleich umzusetzen, einiges musste aber sofort geschehen: Alle Waffen, Rüstungen und die Fähnlein und Feldzeichen müssen auf der Stelle von allen abgegeben werden; wer Waffen behielt, musste mit schweren Leibes- und Vermögensstrafen rechnen. Den alten Herrschaften und Obrigkeiten musste mit einem Eid neu gehuldigt werden, gleichzeitig verpflichteten sich die Bauern bei Androhung der Todesstrafe, keine Zusammenrottungen mehr zu bilden und besonders keine »brüderlichen« Bündnisse mehr untereinander zu schließen. Die gleiche Strafe galt auch für den Besuch von Kirchweihen. Die vom Feldhauptmann ausgemachten Rädelsführer, Hauptleute und Fähnriche des Bauernheers wurden von ihm nach eigenem Gutdünken verurteilt; es sollen ca. 70 Männer gewesen sein, die nun in die Kirche von Durach eingesperrt wurden. Wer sich diesen ganzen Maßnahmen durch Flucht entziehen wollte, der ging seines Hofes und Gutes verlustig, seine Familie wurde aus dem Land getrieben und ihm »ins Elend nachgeschickt«. Auf die weiteren Bedingungen der Kapitulation wird gleich noch näher eingegangen werden.

Gericht und Hinrichtung gefangener aufständischer Bauern. – Nach einem zeitgenössischen Holzschnitt.

Bis zum 24. Juli 1525 stand das bündische Heer in seinem Lager bei Durach. In diesen Tagen wurden die gefangenen Bauern stigmatisiert; wer z. B. einen Bart trug, der wurde zur Hälfte rasiert. Nach der Eidesleistung, die vom Truchsess selbst abgenommen wurde, mussten die Reste der 3000 Bauern mit weißen Stäben in der Hand – ein Schandzeichen – durch die Gassen von Hohngeschrei und Demütigungen der Landsknechte aus dem Lager ziehen und sich auf den Heimweg machen. Doch im Lager waren sie ja noch in relativer Sicherheit. Die Landsknechtsstreifen, die von dort aus die Umgebung durchquerten, erschlugen wahllos alle Bauern, derer sie habhaft werden konnten, verfolgten Frauen und Kinder und plünderten die Dörfer, begleitet vom Wohlwollen des Abtes Breitenstein von Kempten. Das Verhalten mochte dem damaligen Kriegsbrauch entsprechen – es war aber unmenschlich, un-

Enthauptung von gefangenen Bauern. – Nach einem zeitgenössischen Holzschnitt.

christlich und vor allem dumm. Denn die Bauern mussten ja noch die ganzen Ersatzleistungen erbringen und die Strafzahlungen leisten, auf die besonders der Schwäbische Bund zur Deckung seiner Kosten angewiesen war!

Für den 24. Juli 1525 war von den Bundesräten der Aufbruch des vereinigten Bundesheeres nach Füssen angesetzt worden. An diesem Tag ließ der Truchsess »zu Durach auf dem Berg« von den 70 Rädelsführern 18 enthaupten, darunter Jörg Täuber von Lauben, Thoman Scherer von Legau, Hans Vogt von Holzleute. Ursprünglich waren mehr für das Köpfen vor-

Überfall und Plünderung eines Dorfes durch Ritter und Reisige (berittene Kriegsknechte). – Nach einer mittelalterlichen Handschrift.

gesehen, aber auf Intervention Jörg von Frundsbergs und des Kemptner Vogts Moritz von Altmannhofen wurden etliche verschont. Jörg Schmid, der Knopf, war vom Kohlenberg mit einigen Begleitern nach Tirol geflohen, aber er entging seinem Schicksal nicht: Gefangen, gefoltert und dann gehängt.

Mit der Kapitulation der 3000 Bauern am Kohlenberg war der Aufstand im Allgäu zusammengebrochen. Die Zahl entsprach in etwa allen männlichen Einwohnern des Stiftes Kempten, der damals größten Territorialherrschaft und macht damit auch das Ende plausibel.

Fazit und Ausblick

Das Ende des Allgäuer Bauernkriegs und seine direkten Auswirkungen

Der »glorreiche Sieg« über die Bauern hatte den Bundesräten des Schwäbischen Bundes offensichtlich den Kopf verwirrt, denn anders ist der Befehl an die Feldhauptmänner Waldburg und Frundsberg nicht zu erklären: Sie sollten das Heer zusammenhalten, mit ihm von Durach nach Füssen ziehen, dort die Stadt dem Erzherzog Ferdinand wegnehmen, sie gleichzeitig für ihren Abfall vom bischöflichen Landesherren bestrafen und dann wieder dem Bischof übergeben, der die Stadt für ihren vermeintlichen Abfall auch noch strafen wollte.

Die Verantwortlichen hatten dabei folgende Tatsachen übersehen: Mit bischöflicher Anordnung vom 28. März 1525 waren der Rat und der Vogt der Stadt Füssen beauftragt worden, nach dem Besten für den Schutz der Stadt vor den anrückenden Bauern zu handeln; da weder Augsburg noch Bayern Truppen schicken konnten (oder wollten), war der Schutz des Erzherzogs die einzige Möglichkeit geblieben. Jetzt eine Strafe gegen Füssen zu vollziehen, wäre Rechtsbruch gewesen – und hätte bedeutende Schwierigkeiten mit dem Erzherzog nach sich gezogen, der ja noch immer Herr der Stadt war. Ein gewaltsames Vorgehen wäre ein Kriegsgrund für Österreich gewesen. Zum anderen waren viele österreichische Knechte im bündischen Heer, ebenso eine Reihe von Adeligen, die dem Haus Habsburg als Lehnsherrn verpflichtet waren. Sie bildeten die erfolgreiche Offiziersgruppe, die das Heer eigentlich zusammenhielt und schlagkräftig machte. Diese erklärten auch alsbald dem Truchsessen, dass sie dieses Unternehmen gegen Füssen verweigern würden, Jörg von Frundsberg erklärte kurz: »… an das ort (Füssen, Anm. d. Verf.) ziech er nit.«

Trotz all dieser Unmöglichkeiten war das Bundesheer von Durach abgezogen und bis Aitrang gelangt, wo es wieder sein

Lager aufschlug. Unterwegs hatte man in Unterhingau noch einige bäuerliche Rädelsführer aufgehängt.

Jörg Truchsess von Waldburg löste seinen Auftrag diplomatisch: Am 25. Juli ritt er mit 70 Reisigen (berittene Kriegsknechte) Geleit nach Füssen und verhandelte dort erfolgreich: Mit österreichischer Zustimmung konnte die Stadt wieder zum Bischof zurückkehren, wenn Bischof und Domkapitel die Kosten der österreichischen Besatzung bezahlen und allen Bürgern und Inwohnern der Stadt Straffreiheit urkundlich zusichern würden. Unter diesen Voraussetzungen nahm der Truchsess die Stadt für den Schwäbischen Bund in Besitz, beauftragte Joachim Marschall von Pappenheim als Stadtpfleger mit Durchführung und Überwachung der Vereinbarungen – die Huldigung Füssens an den Bischof fand dann am 21. Dezember 1525 statt – und ritt mit seinem Gefolge nach Aitrang zurück. Dort war aber kein Heer mehr, nur noch einige österreichische Truppen, der Rest war vom Schwäbischen Bund entlassen worden, Frundsberg war mit seinen Soldaten am 27. Juli wieder heimgezogen. Der Feldhauptmann war düpiert, aber der Schwäbische Bund hatte einen Monatssold gespart!

In Haldenwang, wohin sich der Truchsess mit seinen verbliebenen Verbänden von Aitrang aus zurückgezogen hatte, entließ er auch noch alle österreichischen Truppen. Bei dieser Gelegenheit ließ er zudem vier Rädelsführer der Bauern hinrichten, von denen einer, der Schneider Peter Nusser aus Ebersbach, den Truchsessen mit seinen Gesellen vom Schwäbischen Bund zur Rechtfertigung ins Josaphat-Tal eingeladen hatte, nach dem Volksglauben sollte dort das Jüngste Gericht stattfinden. Der Truchsess nahm die Einladung an.

Den vielleicht typischen Abschluss des Truchsess'schen Engagements im Deutschen Bauernkrieg bildeten die Streitigkeiten mit dem Schwäbischen Bund über seine ausstehende Entlohnung. Der Truchsess legte nämlich das Kriegsrecht zugrunde und errechnete für sich als Feldhauptmann einen Anteil von 90 000 fl. an den Brandschatzungen für seinen Gesamtfeldzug, nicht nur für das Allgäu. Der Schwäbische Bund aber behauptete, die eingezogenen Brandschatzungen wären Strafgelder, es wäre ja gar kein Krieg gewesen, sondern eine

Art Polizeiaktion zur Niederwerfung eines revolutionären Aufstandes. So erhielt der Truchsess vom Bund im Frühjahr 1526 5000 fl. und von Kaiser Karl V. im November 1525 ein schriftliches »... sagen wir dir sollhs gnedigen vnnd billichen danck« (zitiert nach Peter Blickle).

Die eben erwähnten Strafgelder und Brandschatzungen gehörten zu den Kapitulationsbedingungen, die die Bauern am 17. Juli akzeptieren mussten. Jedes Dorf musste danach 6 fl. für jedes Haus an seinen Landesherren bezahlen, die Reicheren mussten den Ärmeren dabei helfen. Jedes Dorf, das das Geld nicht rechtzeitig bezahlte, wurde geplündert und niedergebrannt, daher der Name Brandsteuer für diese Abgabe. Nur diejenigen, die nachweislich nicht am Aufstand teilgenommen hatten und dies auch beweisen konnten, waren davon befreit. Von allen, die geflohen waren, wurde der gesamte Besitz eingezogen und unter den Obrigkeiten und dem Schwäbischen Bund aufgeteilt. Für die an den Klöstern und Adelssitzen angerichteten Schäden mussten die Bauern gesondert bezahlen: Die Geschädigten legten die Höhe der Schadenersatzzahlungen fest und begannen sie einzutreiben. So bezifferte Abt Breitenstein von Kempten – über dieses Vorgehen klerikal-katholisch erfreut – seinen Schaden auf 80 000 fl. und machte sich daran, ihn von seinen Untertanen einzuziehen. Aber die Höfe waren zumeist zerstört, die Bauern tot, die Überlebenden traumatisiert, das Vieh verloren, die Sommerernte zugrunde gerichtet. Der Abt befand sich mit den übrigen Allgäuer Mitgliedern des Schwäbischen Bundes in guter Gesellschaft: Sie alle bestanden darauf, die Brandsteuer, die Strafgelder und die Schadenersatzzahlungen bei ihren Untertanen selbst einzutreiben. Dazu bedienten sie sich gerne einer vom Schwäbischen Bund selbst aufgestellten Polizeitruppe aus ehemaligen Landsknechten und Reitern des Truchsess'schen Heeres. Im August 1525 verfügte der Bund über 800 Reiter für diesen Zweck, die in »Viertel« eingeteilt für das Allgäu in Kempten und in Kaufbeuren stationiert worden waren. Die übrigen Allgäuer Bundesmitglieder sollten dazu weitere Reiter abordnen, aber nicht alle hielten sich daran.

Diese Reiter wurden nun in Patrouillen durch das Allgäu geschickt, um mit Terror die ausstehenden Gelder einzutreiben und noch lebende (vermutliche) Rädelsführer zu bestrafen. Der Ruf dieser Reiter war im Allgäu bald apokalyptisch, sie erledigten ihre Aufgabe grausam und rücksichtslos, und besonders die Bundesräte um Leonhard von Eck legten Wert auf diese furchteinflößende Handhabung. Die überlieferte Klageschrift des Bauern Rappenschech von Hirschdorf und des Wirtes Jörg Funck von Buchenberg beim Schwäbischen Bund über die Heimsuchung der stiftischen Reiter legen davon ein erschütterndes Zeugnis ab. Da die Reiter schon bald Beamte zur Seite gestellt bekamen, gewannen diese Eintreibungen Effizienz und wurden vom Bund monateweise bis April 1526 verlängert. Die Polizeistreifen aber, die nach überlebenden Aufwieglern und Rädelsführern suchten, sollten dies noch 15 Jahre lang tun. Sie spürten durchaus viele der jetzt »Banditen« genannten und zumeist in die Schweiz geflüchteten Bauernführer auf, namentlich waren ca. 80 Personen bekannt. Etliche aus dem stiftkemptischen Gebiet versuchten, über Memmingen im September 1526 wieder bei freiem Geleit in ihre Heimat zurückzukehren, wo sie sich einer Rechtfertigung vor dem Schwäbischen Bund stellen wollten. Das schlug fehl, ebenso die Versuche der Ehefrauen einiger Bauernführer im Herbst 1525, die Allgäuer Bauern zu einem erneuten Aufstand zu bewegen. Unter ihnen waren die Ehefrauen des Paulin Probst, des evangelischen Pfarrers Wanner, des Stoffel Reiter und des Balthus Seiler. Die Frauen wurden festgenommen, verhört, gefoltert und anschließend in die Schweiz zu ihren Männern ins Exil zurückgeschickt. Ab 1526 verliert sich dann deren Spur in der Geschichte. Allerdings zeigte sich der Ottobeurer Abt Leonhard christlich-verzeihend und gestattete Flüchtlingen aus seinem Gebiet Ende 1526 die Rückkehr. Generell unterstützte der Schwäbische Bund ein solches Vorgehen, um Frieden und Aussöhnung zu fördern.

Es kam auch zu Konflikten und Reibereien mit den adeligen Herrschaften im Allgäu, denn die Bauern hatten einfach nichts, womit sie diese Steuer hätten bezahlen können. So verbot der Graf Wolf von Montfort-Rotenfels die Steuereintreibung des Bundes bei seinen Bauern, da sie sonst die Abgaben an ihn nicht leisten konnten. Die Stadt Memmingen gab an ihre Bauern und ländlichen Untertanen, die sich nicht an den Aufständen beteiligt hatten, sogenannte »Kundschaftsbriefe« aus, die ihre Steuerbefreiung bewirken sollten. Ob sie auch vor den willkürlich verabreichten Prügeln der Streifen bewahrten, ist nicht bekannt. Die Fürbitte der Äbte von Füssen und Kempten für die Dörfer Aitrang, Geisenried und Hattenhofen zur Steuerbefreiung blieb beim Bund allerdings erfolglos, ebenso das Ansuchen der Pfrontener, die mit Hilfe ihres Bischofs dem Bund ihre erzwungene Teilnahme am Bauernheer darlegten. Der Kemptener (Alt-)Bürgermeister Gordian Seuter war der oberste Verantwortliche für diese Brandsteuererhebungen gegenüber dem Schwäbischen Bund.

Drückend für die Bauern waren auch die Schadenersatzforderungen, die nun ihre Herren erhoben. Auf den Prozess, den Abt Peter Fend von Irsee gegen seine Untertanen dazu anstrengte, wird noch näher eingegangen werden. Der Verzicht auf Schadenersatz von seinen Untertanen, den Abt Leonhard von Ottobeuren übte, blieb die große Ausnahme. Auch der Bischof von Augsburg erhob entsprechende Forderungen und trieb sie ein.

Auch wenn die Kapitulation der Bauern am Kohlenberg die vollständige Waffenabgabe bedingt hatte, so suchten die Patrouillen natürlich auch danach – Waffenbesitz wurde mit dem Tod geahndet. Die üblichen bäuerlichen Zusammenkünfte wie Besuch der Heimgärten, Kunkelstuben oder die Versammlungen der frommen Bruderschaften wurden verboten. In besonderen Arbeitsleistungen mussten die Bauern alle von ihnen erstellten Schutzbauten wie die Verschanzungen bei Leubas oder die befestigten Friedhöfe um die Kirchen beseitigen.

Die ausgeplünderten und schwer gedrückten Bauern zahlten noch lange an den Strafen und der Brandsteuer, im Stift Kempten mussten die Zahlungen bis 1548 fortgesetzt werden.

Wie oben schon erwähnt, war das politische Ziel des Schwäbischen Bundes eine Art Aussöhnung zwischen Untertanen und Obrigkeit, offensichtlich hatten sich die besonneneren und wirtschaftlich versierteren Bundesräte aus den Reichsstädten gegenüber den radikalen »Schlagtots« um Leonhard von Eck durchsetzen können. Denn, so sagten sich diese Bundesräte, tote Bauern und eine völlig zugrunde gerichtete Landwirtschaft nützen niemandem, und eine noch größere Not mit noch mehr und blutigeren Konflikten wäre die Folge. Also unterstützte man erfolgreich den Vergleich, den der Bischof von Augsburg mit den Untertanen seiner Pflege Rettenberg schloss und mit dem die Abgabepflichten der Untertanen wesentlich moderater gestaltet wurden; gleichzeitig wurden die Naturalabgaben in bescheidene Geldzahlungen umgewandelt. Für die Plünderung der Burg Fluhenstein durch die Rettenberger wurde ein jährlicher Strafzins von 39 fl. festgelegt, der dann ab 1533 dem Spital in Sonthofen zugutekam und damit in die Pflege selbst wieder zurückfloss. Auch mit den Untertanen in den anderen bischöflichen Pflegen im Allgäu kamen ähnliche Vergleiche zustande. Sogar der Truchsess von Waldburg fand mit seinen Untertanen im Vertrag vom 7. Mai 1526 eine gewisse Versöhnung: Anzahl und Umfang der zu leistenden Abgaben wurde eindeutig festgestellt und festgehalten, die Loskaufgelder von der Leibeigenschaft für einen unverheirateten jungen Mann galten jetzt 3 fl., eine Jungfrau war mehr wert: 4 fl.

Erzwungene »Versöhnung« im Stift Kempten

Besonders schwierig aber gestaltete sich der Vergleich im Gebiet des Stifts Kempten. Der Fürstabt stellte nämlich gegen seine Untertanen die ungeheuerliche Forderung nach 160 000 fl. Schadenersatz und erklärte, dass alle Lehen- und Bestandsgüter von aufständigen Bauern, gleichgültig, ob lebend oder tot, ihm verfallen wären. Die Bauern antworteten darauf, fast unbeeindruckt von der Niederlage bei Leubas und den widrigen Zeitumständen, mit einer umfassenden Verweigerung der geforderten Huldigung und wandten sich immer wieder mit ihren Beschwerden an den Schwäbischen Bund, wobei sie sich auf Artikel 10 der Kapitulationsbedingungen beriefen. Für die einbehaltenen Leistungen an die Herrschaft machten sie die Reiterpatrouillen verantwortlich, die mit ihren Drangsalen eine geregelte Feldarbeit nicht zulassen würden. Besonders die Obergünzburger, die Buchenberger, Thingauer und Duracher

DIE VERTRÄGE VON MARTINSZELL UND VON MEMMINGEN

Mochte der Aufstand der Bauern im Allgäu auch in den Schlachten von Leubas und bei Sulzberg blutigst zu Ende gegangen sein, so war das Verhältnis zwischen den Bauern und der Obrigkeit, namentlich dem Stift Kempten, immer noch von Konfrontation und Unversöhnlichkeit bestimmt. Zwar lasteten jetzt auf allen Bauern, die der Schwäbische Bund dem ehemaligen Allgäuer Haufen zurechnete, schwere Schadenersatzforderungen und entsprechende Strafandrohungen, aber besonders die stiftkemptischen Bauern zeigten sich gegenüber den fürstäbtlichen Forderungen nach Schadenersatz und erneuter Huldigung unverdrossen widerspenstig. Da dem Schwäbischen Bund allerdings sehr an einem Ausgleich zwischen den Bauern und ihrer Obrigkeit gelegen war, um erneute Aufstände zu vermeiden, förderte er den Vergleich zwischen Bauern und ihren Herren, soweit es ihm möglich war; so geschehen beim Bischof von Augsburg in dessen Gebiet um Rettenberg und auch beim Truchsessen von Waldburg.

Vom 18. bis 20. September 1525 nahm eine Kommission des Schwäbischen Bundes in Memmingen die nach wie vor bestehenden bäuerlichen Beschwerden wie auch die stiftischen Anklagen gegen die Bauern an und setzte für den 11. November 1526 in Nördlingen einen endgültigen Verhandlungstag fest. Jedoch wurden Abt und Bauern ermahnt, sich möglichst bereits vorher zu vertragen. Dies gelang dann auch mit den Bauern des Gerichts Martinszell im dortigen Pfarrhaus am 25. Oktober. In insgesamt 17 Punkten wurden nun Abgaben, Untertanenverhältnisse, aber auch Schadensersatz für die bäuerliche Empörung geregelt. Die Leibeigenschaft blieb jedoch bestehen, wurde aber gemäßigt. Diese Bestimmungen waren den Bauern im übrigen Stift Kempten jedoch zu wenig, namentlich die Obergünzburger, Duracher, Thingauer und Buchenberger Bauern riefen zum Widerstand. Damit blieb der angesetzte Tag in Nördlingen ergebnislos, der Schwäbische Bund stellte eine neue Schiedskommission zusammen, vor der der Streit zwischen Abt und Untertanen beigelegt werden sollte. So luden die Bundeskommissare Georg Busch von Vilsheim, Hans von Fridingen, Hans von Königseck-Auldendorf, Adam Stein von Ronsberg sowie die

Bürgermeister Heinrich Besserer (Ravensburg) und Gordian Seuter (Kempten) auf den 8. Januar 1526 nach Memmingen zu den Verhandlungen. Mit den Erfahrungen und dem Vorbild des Martinszeller Vertrages einigten sich – unter dem Druck des Schwäbischen Bundes, verbunden mit dem Verhandlungsgeschick der Kommissare – der Abt als Landesherr und die Bauern als Untertanen auf den Memminger Vertrag vom 19. Januar 1526, der nun gleichsam als »Verfassung« (Peter Blickle) des Stiftes Kempten die Rechte und Pflichten von Untertanen und Obrigkeit regelte und bis zu dessen Auflösung 1802/03 Bestand hatte.
Der Martinszeller Vertrag wurde hingegen bereits 1667 aufgelöst, da zu dieser Zeit niemand mehr wusste, wer von den Bauern denn eigentlich noch an diesen Vertrag gebunden wäre.

Bauern zeigten sich widerspenstig. Hier griff der Schwäbische Bund nun massiv ein und zwang den ganzen Herbst hindurch beide Seiten zu Verhandlungen, die schließlich in die Verträge von Martinszell (25. Oktober 1525) und Memmingen (19. Januar 1526) mündeten.

Die Verträge wurden die Grundlage für die sich nun stärker entwickelnde Landstandschaft im Stift Kempten, die ihren Einfluss und ihre Kompetenz bis zum Ende des Alten Reiches immer umfangreicher behauptete und mit ihren Fachkenntnissen in der frühen bayerischen Zeit die königlich-bayerischen Landesbeamten nicht wenig zur Verzweiflung brachte. Dazu trug auch bei, dass vor allem die Bauern einen besonderen Sinn für langfristige Aufbewahrung dieser wichtigen Vertragsurkunden entwickelt hatten. Die Urkunden wurden am 3. Juni 1531 in der Bürgertrinkstube Kemptens von den dazu Verordneten aller bis dahin im Vertrag aufgenommenen Dörfer zusammen mit der fürstäbtlichen Deklaration von 1491 und anderen wichtigen Urkunden und Protokollen in einen »Schrein oder Trüchlin mit vieren angeschlagen und angehenkten Schlossen« gelegt und der Reichsstadt Kempten übergeben, damit diese »in sicherer Hut und Bewahrung eines ehrsamen, weisen Rats und gemeiner Stadt liege und unverändert bleibe und behalten werde« (zitiert nach Otto Erhard).

War schon der Fürstabt Breitenstein für einen wie immer gearteten Ausgleich mit seinen Untertanen in seiner Borniertheit nicht zugänglich, so tat es ihm Abt Peter Fend von Irsee darin nach. Obwohl vom Kloster nur noch zusammengebrannte Trümmer übrig waren, befahl er Ende November 1526 seinen Mönchen, die Ruinen wieder zu beziehen, er selbst blieb behaglich in Kaufbeuren. Die Stimmung bei seinen Untertanen hatte sich nicht geändert, trotz der militärischen Niederlage. Die Gravamina, die ihm die Bauern schon Anfang März 1525 vorgetragen hatten, wollte er nicht zur Kenntnis nehmen, geschweige sie denn mindern. So schwelte der Konflikt weiter, bis unter der Vermittlung und dem Zwang des Klostervogtes Georg von Benzenau, residierend auf Burg Kemnat bei Kaufbeuren, am 7. Mai 1527 ein vom Abt angestrengter Schadensersatzprozess mit einem umfänglichen Vergleich beendet wurde. Die Bauern wurden durch den Vertrag bestimmt, für die Zerstörungen am Kloster pro Bauernhaus 4 fl. zu zahlen, Stundungen waren möglich. Die als Anführer geltenden Personen wurden zu milden Strafen verurteilt. Die für den Klosteraufbau notwendigen Fronleistungen wurden detailliert zu Gunsten der Bauern festgelegt.

Schlussbetrachtung und Vermächtnis

Generell wird in der Geschichtsschreibung der Bauernkrieg im Allgäu mit dem Vertrag von Memmingen im Januar 1526 als beendet angesehen. Die größte soziale Auseinandersetzung und Erschütterung, die das Allgäu in seiner Geschichte bisher erlebte, kostete sehr viele Menschenleben. Die Schätzungen von Zeitgenossen und späteren Historikern belaufen sich auf 100 000 erschlagene oder auf der Flucht umgekommene Bauern, zu denen noch eine große Zahl von im folgenden Winter 1525/26 erfrorenen und verhungerten Frauen und Kindern gerechnet werden müsste. Auch wenn für diese bemitleidenswerte Menschengruppe keine gesicherten Zahlen vorliegen, wird man mit einer Schätzung von ca. 5000 bis 6000 Personen nicht falsch liegen. Die Zahl der im Kampf gefallenen Bauern jedoch wurde in neuen Forschungen zuverlässig berechnet. Peter Blickle geht 2015 von der belastbaren Anzahl von 20 750 Bauern aus, die auf dem Feldzug des Truchsesses von Waldburg gefallen waren. Da in diesem Feldzug auch die Aktionen in Oberschwaben und Württemberg (Leipheim, Wurzach, Weingarten, Herrenberg-Böblingen und Neckarsulm) und in Franken (Königshofen, Ingolstadt b. Würzburg) miteingerechnet sind, ergibt sich für das Allgäu ein Verlust von ca. 500 Allgäuern bei der Schlacht von Leipheim, bei den Kämpfen von Wurzach und Weingarten sowie von 3000 Toten bei der Schlacht von Leubas und bei der Endaktion bei Durach. Insgesamt hatte das Allgäu wohl einen Verlust von knapp 10 000 Menschen zu beklagen. Erst im Dreißigjährigen Krieg lagen die Bevölkerungsverluste im Allgäu höher.

Ohne Zweifel war den Bauern die Abschaffung der Leibeigenschaft ihre wichtigste Forderung. Es ist offensichtlich, dass sie dieses Ziel nicht erreicht hatten, mit Ausnahme der der Reichsstadt Memmingen untertänigen Bauern. Der Rat hatte dort damals die Leibeigenschaft in den stürmischen Vorgängen des März 1525 aufgehoben und nicht wieder eingeführt. Aber für das übrige Allgäu, besonders für die geistlichen Herrschaften, blieb die Leibeigenschaft bis zur Mediatisierung und Säkularisation unter bayerischer Herrschaft bestehen. Fast liest es sich wie eine Ironie der Geschichte, dass der bestimmende bayerische Politiker im Bauernkrieg, Leonhard von Eck, mit Zähnen und Klauen an der Leibeigenschaft festhielt und diese erst fast 300 Jahre später unter dem bayerischen Staatsmann Maximilian von Montgelas aufgehoben wurde.

Freilich erfuhr die Leibeigenschaft nach 1525 erhebliche Milderungen, besonders im Fürststift Kempten achtete die Landschaft streng darauf, dass die Bestimmungen des Memminger Vertrags eingehalten wurden. Durch ihn wurden wesentliche Erleichterungen bei den Eheschließungen durchgesetzt, auch das Herabdrücken von Freizinsern in die Leibeigenschaft hatte nun ein Ende. Und das Erbrecht von leibeigenen und zinspflichtigen Bauern wurde dahingehend geändert, dass die früher praktizierte Todfallabgabe, die zu schweren wirtschaftlichen Belastungen führen konnte, gegen eine bescheidene, an den Vermögensverhältnissen der Bauern orientierte Vermögensabgabe umgewandelt wurde.

Die im alten Feudalrecht wurzelnde Grundleihe blieb bestehen, jedoch wurden nun in den Vergleichsverträgen zwischen den geistlichen Obrigkeiten die Abgabeleistungen festgelegt und genau bestimmt; oft sind diese Fixierungen mit den Abmilderungen der Leibeigenschaft verbunden. Unangetastet blieb jedoch der Zehnt, der in den katholischen Gebieten zum Unterhalt der Pfarrstellen abgeführt werden musste. Die Missstände der Pfründehäufungen wurden aber erst in der um 1550 einsetzenden Gegenreformation bekämpft. Um diese Zeit begann auch wieder eine Verbesserung der Seelsorge. Bis dahin wurden immer wieder Fälle offenbar, besonders in den ersten Jahren nach dem Bauernkrieg, in denen zwischen Pfarrgemeinde und Pfarrer offene Abneigung, um nicht zu sagen: Hass, herrschte.

Der Zusammenschluss der Bauern und die daraus entstandene politische und militärische Potenz hatte die Obrigkeiten schwer erschreckt und beeindruckt. Die Hartnäckigkeit, mit der die Allgäuer Bauern auch nach der militärischen Niederlage von Leubas ihren Herrschaften gegenübertraten – als hätte es die Kapitulation bei Durach-Sulzberg nie gegeben! –, führten zu Überlegungen, wie dies in Zukunft zu vermeiden wäre. Daraus wuchs die Bereitschaft der Obrigkeiten, die Bauern als Verhandlungspartner in der Gesamtgesellschaft ernster zu nehmen und ihnen einen Rechtsweg zu eröffnen, mit denen weitere Untertanenkonflikte gerichtlich ausgetragen werden konnten. Hier konnten die bayerischen Regelungen und Handhabungen, die aus den Erfahrungen im 15. Jh. mit den Streitigkeiten zwischen den Klöstern Rottenbuch und Steingaden einerseits und deren bäuerlichen Untertanen andererseits gewonnen worden waren, als Vorbild dienen. Immerhin war den bayerischen Bauern bekannt und vertraut, dass der Herzog der oberste Gerichtsherr war, der angerufen werden konnte und der vor allem den geistlichen Grundherren seines Herzogtums fast drohend bekannt gegeben hatte: »Sie (die Bauern) sullen einem jeglichen Probst und gotshaus zu Steingaden willig gehorsam und dienstlich sein … ein jeglicher Probst soll sie gnädiglich halten und fürdern, als die des zu beider Seit wol schuldig sein…!« (zitiert nach Adolf Sandberger). Ob nun mit den einschlägigen Bestimmungen im Memminger Vertrag der Rechtsweg für die Bauern gerechter und begehbarer wurde, müssen noch Einzeluntersuchungen zeigen. Für den Klosterstaat Irsee belegen die jüngsten Forschungen, dass noch im 18. Jh. auch »aufgeklärte« Äbte die Leibeigenschaft streng praktizierten und ihren Untertanen den Rechtsweg nur ungern öffneten.

Die politische Mitwirkung der Bauern am Geschick des jeweiligen (Klein-)Staates durch die sich besonders nach dem Bauernkrieg entwickelnde Landschaft blieb überschaubar. Doch hatte sich in den landschaftlich verfassten Staaten des Allgäus – es war eigentlich nur das Fürststift Kempten – die Auffassung aufgrund der Bauernkriegserfahrung durchgesetzt, dass in der Landschaft nicht nur Adel, Geistlichkeit und Städte vertreten sein sollten, sondern auch die Bauern, der »gemeine Mann«. Nun war die Neigung der geistlich-katholischen Obrigkeit, sich mit den Landständen in einer konsensualen Staatsführung zu einigen, bis 1802 äußerst schwach ausgeprägt, vielmehr versuchte sie im Absolutismus die ständische Mitwirkung zurückzudrängen.

Die Verluste an zumeist kirchlichem Kulturgut (Kirchengeräte, Bilder, Plastiken, aber auch Handschriften, Urkunden, Bücher etc.) waren durch die bäuerlichen Plünderungen und Verwüstungen sehr hoch – und sie waren eigentlich unnötig. Natürlich wurde diese bäuerliche Rohheit in der jammernden katholischen Geschichtsschreibung noch im 20. Jh. betont, immer verbunden mit dem Hinweis, dass dies auf den lutherischen Einfluss zurückzuführen sei. Damit musste man sich auch nicht der unangenehmen Tatsache stellen, dass es die menschenverachtende Untertanen- und Territorialpolitik der katholischen Kirchenfürsten, namentlich der Kemptener Äbte war, die die Bauern nicht nur geschunden hat und verarmen ließ, sondern ihnen durch die nachweisbare Verschlampung und Vernachlässigung der Seelsorge und des kirchlichen Lebens auch die Hoffnung auf das Jenseits schwinden ließ. Mochte die Ausübung der Leibeigenschaft über andere noch ihre fragwürdige Rechtfertigung bei Paulus (1 Kor 7,20-24) finden – Thomas von Aquin hatte sie bereits verworfen! –, die Ausübung weltlicher Herrschaft als katholischer Geistlicher konnte lediglich mit dem Herkommen aus der mittelalterlichen Kaiserzeit begründet werden. Theologisch war sie eigentlich nicht statthaft, aber das hat die katholischen Kirchenfürsten und ihre Apologeten nicht interessiert.

Für die Verbreitung der Reformation war aber das bäuerliche Wutverhalten schädlich. Die im Schwäbischen Bund organisierten katholischen geistlichen und weltlichen Landesherren schlossen sich hier fest zusammen, um eine Verbreitung dieser Lehre, wie sie in den zahlreichen Gravamina der Bauern implizit artikuliert wurde, zu verhindern. Schließlich stieß die teilweise exzessive bäuerliche Gewalt auch Luther selbst ab, und in den Reichsstädten des Allgäus war die Reformation selbst 1525 noch lange nicht abgeschlossen und etabliert. Ob die aus seiner Haltung erwachsende Stützung der katholischen geistlichen Fürstentümer in diesem Konflikt vom Reformator so gewollt war, darf bezweifelt werden. Aber Luther war im weltlichen Sinne kein Revolutionär, er war konservativ und ordnungsliebend.

Memmingen und Kempten waren die beiden Städte, die von den Bauernkriegen Nutzen zogen. Kempten konnte sich durch seine geschickte und konsequente Politik endgültig von der Vorherrschaft des Fürstabtes freimachen. Die Reichsstadt Kempten war auch durch die von ihr durchgeführte Reformation seit dem Augsburger Religionsfrieden ein immerwährender Stachel im Fleisch des geistlichen Fürstentums bis 1802. Memmingen konnte seine bedeutende Stellung in Oberschwaben und im Allgäu stärken, es machte seinen Frieden mit seinen bäuerlichen Untertanen in vorausschauender Art und Weise; immerhin hielten diese Vereinbarungen bis zum Ende des Alten Reiches. Das Memminger Beispiel zeigt aber auch, dass die Ursachen des Aufstandes nicht gottgewollt und unverrückbar waren. Die Bauern konnten durchaus wirtschaftlich entlastet werden, sie konnten durchaus die Leibeigenschaft loswerden, wie es etwas später Erzherzog Ferdinand in Tirol demonstrierte. Und Waldnutzung, Jagd und Fischfang konnten

Scharfrichter mit langem Schwert. – Nach einer Radierung von Salvator Rosa.

ihnen durchaus zugestanden werden – ohne dass die Welt zusammenbrach. Denn eine weitergehende, tiefgreifende Umwälzung der Herrschafts- und Gesellschaftsverhältnisse wäre von den Städten nicht mitgetragen worden.

Aber die geistlichen Fürstentümer des Allgäus blieben bei ihrer restriktiven und stagnierenden Haltung gegenüber ihren Untertanen – bürgerliche politische Freiheit und Teilnahme am Herrschafts- und Staatswesen waren bis zur Säkularisation absolute Fremdbegriffe, die keinesfalls erstrebenswert waren. Mit dieser Einstellung begegneten sie den bäuerlichen Forderungen nach Milderung der Abgabenlast und Rückkehr zum alten Recht verständnislos und abwehrend. Durch diese Abwehr begannen die Bauern sich zusammenzuschließen; in diese Zeit fiel auch der reformatorische Einfluss, sei es von Luther, sei es von Zwingli, der den Bauern das Evangelium nahebrachte. Golo Mann hat dieses Momentum zusammengefasst: »Wann immer in der Geschichte Europas das einfache Volk mit den ursprünglichen Texten des Evangeliums in Berührung kam, dann entbrannte sozialer Aufstand, denn es ist eine Botschaft der menschlichen Gleichheit und Gerechtigkeit und den Reichen feindlich gesinnt.«

Die katholischen Obrigkeiten im Allgäu haben die Bauernempörung und den daraus wachsenden Aufstand nur als ungerechtfertigten Widerstand gegen die gottgewollte Ordnung gesehen und sich entsprechend verhalten. Keinesfalls waren sie auf Verständnis oder Ausgleich eingestellt, bei den Verhandlungen hintergingen sie die Bauern in der Regel und spiegelten unter der hetzenden Führung des Leonhard von Eck eine falsche Gesprächsbereitschaft vor. Die in den 12 Artikeln unübersehbare Botschaft der christlich-brüderlichen Liebe übersahen die geistlichen Herren geflissentlich.

Es war eine heute schwer vorstellbare Not und Verzweiflung der Bauern, die sie sich zusammenrotten und in den Konflikt mit ihren Herrschaften treten ließ. Anders als für die Konventsherren in Kempten, Ottobeuren und Irsee oder das Domkapitel in Augsburg oder für die Stadtbürger hinter ihren festen Mauern war für die Bauern von Anfang an ihre Existenz, das eigene Leben sowie das ihrer Familien gefährdet. Sie standen sozusagen mit dem Rücken zur Wand, als sie sich aufmachten, um ihre Freiheit, gesellschaftliche Anerkennung und politische Teilhabe zu erkämpfen. Hinzu kam ihre Sehnsucht nach einer christlichen Seelsorge, die diesen Namen auch verdient hätte.

Die Erinnerung an den Bauernkrieg im Allgäu ist daher auch immer ein Erinnern an den Kampf um die Freiheit und den Mut der Bauern, sich dafür einzusetzen.

Anhang

Literatur- und Quellenverzeichnis

Literatur

Andermann, Kurt: Leibeigenschaft, in: Handwörterbuch für Rechtsgeschichte (HRG) III, Sp. 771–777, Berlin 2016

Baumann, Franz Ludwig von: Geschichte des Allgäus, Bd. I–III, Kempten 1883–1894. – *Ders.*: Die zwölf Artikel der oberschwäbischen Bauern – 1525, Kempten 1896 (Nachdruck 2023)

Baumann, Reinhard: Die Bauernschlacht bei Kitzighofen 1525 und die Bauernkapelle in Kleinkitzighofen als Erinnerungsort, in: Dietmar Schierßner u. a. (Hrsg.): Augsburg, Schwaben und der Rest der Welt. Festschrift für Rolf Kießling zum 70. Geburtstag, Augsburg 2011, S. 141–153. – *Ders.*: Landsknechte. Von Helden und Schwartenhälsen, Mindelheim 1991. – *Ders.*: Landsknechte. Ihre Geschichte und Kultur vom späten Mittelalter bis zum Dreißigjährigen Krieg, München 1994. – *Ders.*: Mythos Frundsberg. Familie, Weggefährten, Gegner des Vaters der Landsknechte, Mindelheim 2019

Blickle, Peter: Der Bauernkrieg. Die Revolution des Gemeinen Mannes, München (5. Aufl.) 2018. – *Ders.*: Der Bauernjörg. Feldherr im Bauernkrieg, München 2015. – *Ders.*: Persönliche Freiheit und politische Macht – Der Herrschaftsvertrag zwischen den Untertanen und dem Abt des Stifts Kempten von 1526 als Verfassung, in: Wolfgang Jahn u. a.(Hrsg.): »Bürgerfleiß und Fürstenglanz«. Reichsstadt und Fürstabtei Kempten (Katalog zur Ausstellung in der Kemptener Residenz 1998), Augsburg 1998, S. 17–30. – *Ders.*: Oberschwaben. Politik als Kultur einer deutschen Geschichtslandschaft, Tübingen 1996. – *Ders.*: Leibherrschaft und Territorialherrschaft im Allgäu, in: Wege und Forschungen der Agrargeschichte, Festschrift für Günther Franz (hrsg. von Heinz Haushofer und Willi A. Boelke), Frankfurt/Main 1967. – *Ders.*: Die Landstandschaft im Fürststift Kempten, in: ZBLG 30 (1967), S. 201–241. – *Ders.*: Bäuerliches Eigen im Allgäu, in: Zeitschrift für Agrargeschichte und Agrarsoziologie 17, Frankfurt 1969, S. 57–78. – *Ders.*: (Hrsg.): Aufruhr und Empörung? Studien zum bäuerlichen Widerstand im Alten Reich, München 1980. – *Ders.*: Von der Leibeigenschaft zu den Menschenrechten, München 2003. – *Ders.*: Die Revolution von 1525, München (4. Aufl.) 2004. – *Ders.*: Bauernaufstände im frühneuzeitlichen Europa, in: ZBLG 71 (2008), S. 357–384. – *Ders.*: Der Kemptener Leibeigenschaftsrodel, in: ZBLG 42 (1979), S. 567–629.

Blickle, Renate: Leibeigenschaft, in: Peters, Jan (Hrsg.): Gutsherrschaft als soziales Modell (Historische Zeitschrift, Beiheft 18 NF), München 1995, S. 53–79

Buszello, Horst, Blickle, Peter, Endres, Rudolf (Hrsg.): Der Deutsche Bauernkrieg, Paderborn[3] 1995

Eisinger-Schmidt, Claudia: Der Bauernführer Paulin Probst, »ein händelsüchtiger und verschlagener Charakter?«, in: Kohler, Ewald (Hrsg.): Marktoberdorfer Geschichtsbuch, Kempten 1992, S. 204–211

Engelhard, Christoph: Memmingen. Kleine Stadtgeschichte, Regensburg 2021

Englert, Sebastian: Der Bauernkrieg 1525, Regensburg 1910

Erhard, Otto: Der Bauernkrieg in der gefürsteten Grafschaft Kempten, Kempten u. München 1908. – *Ders.*: Matthias Weibel, Berlin 1925
Ettelt, Rudibert: Geschichte der Stadt Füssen, Füssen 1970
Fischer, Stefan: Politische Folgen der Reformation im Allgäu und in Kaufbeuren (1518–1555), in: Fischer, Stefan, Thomae, Gerd F.: Reformation und Politik, Thalhofen 2014, S. 10–33. – *Ders.*: Klosterspuren. Die dörfliche Wirklichkeit 1750–1820, Neustadt a. d. Aisch 2022. – *Ders.*: Kleine Geschichte des Allgäus, Regensburg 2023
Förderreuther, Max: Gordian Seuter. Ein Lebensbild, Kempten 1925
Franz, Günther (Hrsg.): Deutsches Bauerntum im Mittelalter, Darmstadt 1976. – *Ders.*: Der deutsche Bauernkrieg, Darmstadt (11. Aufl.) 1977
Frei, Hans (Hrsg.): Das Reichsstift Irsee (= Beiträge zur Landeskunde von Schwaben, Bd. 7), Weißenhorn 1981
Fuchs, Walther Peter: Der Bauernkrieg von 1525 als Massenphänomen, in: Berg, Gunter und Dotterweich, Volker (Hrsg.): Walther Peter Fuchs: Nachdenken über Geschichte. Vorträge und Aufsätze, Stuttgart 1980, S. 191–198
Gaier, Ulrich; Küble, Monika; Schürle, Wolfgang (Hrsg.): Schwabenspiegel. Literatur vom Neckar bis zu Bodensee 1000–1800, Ausstellungskatalog, 2 Bde., Ulm 2003
Greiner, Christian: Die Politik des Schwäbischen Bundes während des Bauernkrieges 1524/1525 bis zum Vertrag von Weingarten, in: ZVHS 68 (1974), S. 7–94
Haushofer, Heinz: Was geschah wirklich im Frühjahr 1525 auf dem Peißenberg?, in: Jahrbuch Heimatverband Lech-Isar-Land, Weilheim 1970, S. 3–13. – *Ders.*: Die Ereignisse des Bauernkriegsjahres 1525 im Herzogtum Bayern, in: Fried, Pankraz und Zorn, Wolfgang (Hrsg.): Aus der bayerischen Agrargeschichte 1525–1978. Gesammelte Beiträge zur Bayerischen Agrargeschichte von Heinz Haushofer, München – Wien – Zürich, 1986, S. 9–20
Jahn, Joachim und Bayer, Hans-Wolfgang (Hrsg.): Die Geschichte der Stadt Memmingen. Von den Anfängen bis zum Ende der Reichsstadt, Bd. 1, Stuttgart 1997
Jörg, Joseph Edmund: Deutschland in der Revolutions-Periode von 1522 bis 1526, Freiburg 1851 (Nachdruck 2023)
Kuhn, Elmar L.: Der Bauernkrieg von 1525 in Oberschwaben – Bildung, Organisation und Programmatik der Haufen, in: Rudolf, Hans Ulrich (Hrsg.): 475 Jahre Bauernkrieg in Oberschwaben 1525–2000, Ravensburg 2000, S. 16–29, hier in der Fassung http://elmarlkuhn.de/aufsaetze-im-volltext/oberschwaben-und-bodenseeraum/bauernkrieg-in-oberschwaben/berichte/index.html. – *Ders.*: Texte des Bauernkriegs, in: Gaier, Ulrich u. a. (Hrsg.): Schwabenspiegel. Literatur vom Neckar bis zum Bodensee 1000–1800, Ulm 2003, S. 829–842, hier in der Fassung http://elmarlkuhn.de/aufsaetze-im-volltext/oberschwaben-und-bodenseeraum/texte-des-bauernkrieges/index.html
Mann, Golo: Deutsche Geschichte des 19. und 20. Jahrhunderts, Frankfurt a. M. 1958
Mathys, Nora: Die Bewältigung der Herrschaftskrise in Kempten nach dem Bauernkrieg, in: ZBLG 74 (2011), S. 81–140
Mayenburg, David von: Gemeiner Mann und Gemeines Recht. Die Zwölf Artikel und das Recht des ländlichen Raums im Zeitalter des Bauernkriegs, Frankfurt M. 2018
Metzger, Edelgard: Leonhard von Eck (1480–1550). Wegbereiter und Begründer des frühabsolutistischen Bayern, München 1980
Obermann, Heiko A.: Tumultus rusticorum: Vom »Klosterkrieg« zum Fürstensieg, Beobachtungen zum Bauernkrieg unter besonderer Berücksichtigung zeitgenössischer Beurteilungen, in: Zeitschrift für Kirchengeschichte 85 (1974), S. 301–316

Petz, Wolfgang: Der Allgäuer Bauernkrieg von 1525. Bemerkungen zum gegenwärtigen Forschungsstand, in: Allgäuer Geschichtsfreund Nr. 80 (1980), S. 92–111
Rabe, Hannah: Das Problem Leibeigenschaft. Eine Untersuchung über die Anfänge einer Ideologisierung und des verfassungsrechtlichen Wandels von Freiheit und Eigentum im Deutschen Bauernkrieg (=Vierteljahresschrift für Sozial- und Wirtschaftsgeschichte, Beiheft Nr. 64), Wiesbaden 1977
Radlkofer, Max: Entstehungsgeschichte und Autorschaft der zwölf Artikel, in: ZHVS JG. 16, Augsburg 1889, S. 1–22
Riepertinger, Rainhard: Aufstand der Bauern. Sebastian Lotzer (um 1490–nach 1525) und Florian Geyer (um 1490–1525), in: Rebellen – Visionäre – Demokraten, hrsg. vom Haus der Bayerischen Geschichte, Edition Bayern 06, Augsburg 2013, S. 19–22
Riezler, Sigmund: Geschichte Baierns, IV, Gotha 1899
Rottenkolber, Joseph: Geschichte des hochfürstlichen Stiftes Kempten, München 1932
Sandberger, Adolf: Altbayerns Bauernschaft am Ausgang des Mittelalters. Bayerisches Landwirtschaftliches Jahrbuch, München 1956
Sea, Thomas S.: Schwäbischer Bund und Bauernkrieg: Bestrafung und Pazifikation, in: Wehler, Hans-Ulrich (Hrsg.): Der Deutsche Bauernkrieg 1524–1526, Göttingen 1975, S. 129–167
Vogt, Wilhelm: Die bayerische Politik im Bauernkrieg und der Kanzler Dr. Leonhard von Eck, Nördlingen 1883 (Neudruck 2023). – *Ders.*: Die Vorgeschichte des Bauernkrieges, Halle 1887
Waas, Adolf: Die Bauern im Kampf um Gerechtigkeit 1300–1525, München 1964
Wehler, Hans-Ulrich (Hrsg.): Der deutsche Bauernkrieg 1524–1526 (Geschichte und Gesellschaft, Zeitschrift für Historische Sozialwissenschaft 1), Göttingen 1975
Weitnauer, Alfred: Allgäuer Chronik, II, Kempten[2] 1984
Wiedemann, Rudolf: Der »Allgäuische Gebrauch« einer Gerichtsbarkeit nach Personalitätsprinzip, München 1932
Wohlfeil, Rainer (Hrsg.): Der Bauernkrieg 1524–1526. Bauernkrieg und Reformation, München 1975
Wüst, Wolfgang: Das Fürstbistum Augsburg, Augsburg 1997
Zimmermann, Wilhelm: Geschichte des großen Bauernkrieges. Nach Urkunden und Augenzeugen (Neudruck der Ausgabe von 1856), Essen 1997
Zirkel, Heinrich: Zinser, Freizinser, Altarzinser im Allgäu, in: Schwäbische Blätter für Heimatpflege und Volkskunde, 1971/2, S. 33–44

Quellen (gedruckt)

Die 12 Bauernartikel. Flugschrift aus dem Frühjahr 1525, übertragen und bearbeitet von Heide Ruszat-Ewig (Sonderheft der Memminger Geschichtsblätter), Memmingen 2018
Baumann, Franz Ludwig von: Quellen zur Geschichte des Bauernkriegs in Oberschwaben (129. Publication des Litterarischen Vereins in Stuttgart), Tübingen 1876. – *Ders.*: Akten zur Geschichte des Deutschen Bauernkrieges aus Oberschwaben, Freiburg i. Brsg. 1877 (Nachdruck 2019)
Blickle, Peter und Holenstein, André (Hrsg.): Agrarverfassungsverträge (= Quellen und Forschungen zur Agrargeschichte Bd. 42), Stuttgart 1996
Brandt, Otto: Der Bauernkrieg in zeitgenössischen Schilderungen (= Werdensteiner Chronik), Leipzig 1925
Kobuch, Manfred und Müller, Ernst: Der deutsche Bauernkrieg in Dokumenten, Weimar 1977
Franz, Günther: Der deutsche Bauernkrieg. Aktenband, Darmstadt (4. Aufl.) 1977
Dertsch, Richard (Hrsg.): Das stiftkemptische Salbuch von 1527 (Allgäuer Heimatbücher 24), Kempten 1941

Weitnauer, Alfred (Hrsg.): Oberallgäuer Bauern in Urkunden des 14. und 15. Jahrhunderts (Allgäuer Heimatbücher 19), Kempten 1939. – *Ders.*: Die Bauern des Stifts Kempten 1525/26 (Allgäuer Heimatbücher 39), Kempten 1949
Lenk, Werner: Dokumente aus dem Deutschen Bauernkrieg, Leipzig 1983
Vogt, Wilhelm (Hrsg. u. Bearbeiter): Die Correspondenz des schwäbischen Bundeshauptmanns Ulrich Artzt von Augsburg aus den Jahren 1524–1527, in: ZVHS 6 (1879), S. 281–404, ZVHS 7 (1880), S. 233–380, ZVHS 9 (1882), S. 1–62 und ZVHS 10 (1883), S. 1–298

Internetzugriffe

http://www.elmarlkuhn.de/aufsaetze-im-volltext/oberschwaben-und-bodenseeraum/index.html
https://www.deutsche-biographie.de/gnd119371936.html#ndbcontent
https://www2.landesarchiv-bw.de/ofs21/olf/struktur.php?bestand=5151&sprungId=8407214&letztesLimit=suchen/
http://www.bauernkriege.de/GrosserDeutscherBK.html
https://www.heimatforschung-regensburg.de/2953/1/ubr19410.pdf
https://daten.digitale-sammlungen.de/0009/bsb00093491/images/index.html?fip=193.174.98.30&seite=1&pdfseitex=
https://archive.org/details/werkekritischege18luthuoft/werkekritischege18luthuoft/page/314/mode/2up

Bildnachweis

Bayerische Staatsbibliothek, Digitale Bibliothek, München: 66 (Rar. 1677#Beibd.2, urn:nbn:de:bvb:12-bsb00025768-9), 77 (BSB-Hss Cgm 4101, urn:nbn:de:bvb:12-bsb00093491-1)
BSB, Bavar. 4613 k-1: 8
Emil Rosenow, Kulturbilder aus den Religionskämpfen des 16. Und 17. Jahrhunderts, Bd. 2, Kulturbilder Verlag, Berlin 1923: 21, 54, 90, 112, 123, 124, 125, 139
Florilegius / Alamy Stock Foto: 81
Franz Ludwig Baumann, Geschichte des Allgäus, Bd. 3, Verlag der Jos. Köselschen Buchhandlung, Kempten 1894: 71
Gabi Endress-Jäger: 63
Gemeinde Wildpoldsried, Foto: Johannes Vetter: 86
https://commons.wikimedia.org: 17, 33, 39, 51, 64, 69, 74, 79, 84, 87, 98, 102, 104, 109, 116, 121
Landesarchiv BW, Hauptstaatsarchiv Stuttgart, B 523 Bd. 58 Bl. 6: 85
Museen der Stadt Aschaffenburg, Foto: Sabine Denecke: 47
Sammlung Helmut Scharpf, www.ottobeuren-macht-geschichte.de: 59
StAA, Fürststift Kempten, Altkemptische Landschaft Bände 3, Fol. 167v.: 31
Stadtarchiv Kempten: 114
Stadtarchiv Memmingen: 72
Stock.adobe.com: 96 (Vollverglasung), 118 (Wirestock Creators)

Franziskanische Akzente

herausgegeben von Mirjam Schambeck sf
und Helmut Schlegel ofm

Band 23

JAN FRERICHS

Nach der Erleuchtung: Boden wischen

EIN FRANZISKANISCHES ALLTAGSPROGRAMM

echter

Mein herzlicher Dank geht an Maria Zimmer-Geyer und Stefan Backes für die kritische Lektüre des Manuskripts und die wertvollen Anregungen und Korrekturen. Ebenso herzlich sei Eva Laux für die sorgfältige Zuarbeit bei den Korrekturen gedankt sowie der Provinz Sankt Elisabeth der Franziskaner-Minoriten, OFM Conv. in Deutschland, für die finanzielle Unterstützung.

Weiterführende Angebote zum Buch unter
http://www.barfuss-und-wild.de

Bibliografische Information der Deutschen Nationalbibliothek

Die Deutsche Nationalbibliothek verzeichnet diese Publikation in der Deutschen Nationalbibliografie; detaillierte bibliografische Daten sind im Internet über ‹http://dnb.d-nb.de› abrufbar.

2. Auflage 2022

www.echter.de

Umschlag: wunderlichundweigand.de (Umschlagfoto: Shutterstock)
Satz: Crossmediabureau
Druck und Bindung: Friedrich Pustet, Regensburg

ISBN
978-3-429-05432-8
978-3-429-05056-6 (PDF)
978-3-429-06458-7 (ePub)

Inhalt

1. Was ist Alltagsspiritualität – und was nicht?

Als die Idee für dieses Buch entstand, war ich skeptisch. Eine christliche Spiritualität des Alltags? Und dann auch noch eine franziskanische? Kann man davon sprechen, ohne dass es billig oder oberflächlich wird? Mal ganz ehrlich: Franz von Assisi war kein alltäglicher Heiliger. Er zog sich nackt aus, ließ sein Leben als reicher Kaufmannssohn hinter sich, um fortan als Einsiedler in den Wäldern um die Stadt herum mit den Aussätzigen zu leben und Dinge zu tun, die ich gerade nicht als „alltäglich" bezeichnen würde. Dazu zählen wochenlanges Fasten, stunden- und tagelanges Gebet in Felshöhlen und Ähnliches. Und Jesus? Er fordert seine Jünger auf, nichts mit auf den Weg zu nehmen. Keinen Geldbeutel, keine Ersatzkleidung, sprich: den Alltag mit allen Sicherheiten hinter sich zu lassen. Seine Jüngerberufungen bedeuten radikale Kehrtwenden. Er reißt die Angesprochenen mitten aus dem Leben. Sie lassen ihre Fischernetze liegen, um „Menschenfischer" zu werden. Ein vollständiger Umbruch des bisher Dagewesenen. Jesus stellt die Welt auf den Kopf. Und später finden wir im Christentum immer wieder Beispiele für genau solche Bewegungen. Da sind radikale Männer und Frauen, die alles hinter sich lassen, um als Eremiten in der Wüste zu beten und Gott zu suchen.

Es sind solche Überlegungen, die mich am Sinn eines Buches über franziskanische „Alltagsspiritualität" zunächst zweifeln ließen. Vor allem, wenn unter Alltag jene

Zeit verstanden wird, die aus Routinen und Gewohnheiten besteht. Ein Alltag oder „tägliches Einerlei“, wie der Duden Alltag definiert, also das, was wir als grau empfinden mögen, uns aber zugleich ein wenig Sicherheit bietet vor dem Einbruch des vielen Nicht-Alltäglichen in unsere kleine Welt. Ist das, was wir Alltag nennen, nicht vielleicht sogar gerade unser Ort der Weltflucht, aus dem Gott uns herausrufen will in den immer je größeren Horizont? Ziehen wir uns nicht gerne in diesen grauen Alltag zurück, um uns nicht mit all den vielen Problemen befassen zu müssen, vor denen die Menschheit steht: Umweltzerstörung, Ausbeutung, Armut, Hunger, Krieg, Migration? Fürchten wir nicht geradezu den Einbruch von Katastrophen in unseren „sicheren“ Alltag: Unfälle, Krankheit, Arbeitslosigkeit, Trennung, Tod? Wenn eine Spiritualität des Alltags nur dazu dienen sollte, uns ein gutes Gefühl zu geben, ein bisschen Wellness fürs Gemüt, ein bisschen Stillsitzen, um wieder „runterzukommen“ und das Deckchen eines fragwürdigen Friedens über alles zu legen – wäre das nicht eine Spiritualität des Wegschauens? Und braucht es nicht gerade heute Menschen, die furchtlos bereit sind, sich zu konfrontieren – eine Spiritualität des Hinschauens also?

Bei aller Skepsis war auch klar, dass es eine Spiritualität des Alltags natürlich geben muss. Jesus, Franziskus und alle spirituellen Meister und Meisterinnen haben in einem Alltag gelebt. Der Alltag gehört als „Werktag“ – wie der Duden ebenfalls definiert – notwendig zum Leben. Es ist die Zeit des Schaffens und der Arbeit, ohne die wir als Menschen nicht überleben würden. Eine Zeit, in der nichts „Besonderes“ geschieht. Freilich kann auch das schwer erträglich werden. Und wenn es die Weltflucht in den Alltag gibt, so gibt es auch die Alltagsflucht in die Welt, immer das Besondere, Aufregende, Neue suchend. Wenn die Gefahr besteht, im Alltag zu erstarren, so besteht sicher auch die Gefahr, außerhalb des Alltags abzuheben. Und wer spült dann das Geschirr?

Eine Geschichte über den heiligen Bonaventura, einen der ersten Nachfolger des heiligen Franziskus in der Leitung des Ordens, veranschaulicht das sehr schön. Einst kam eine päpstliche Gesandtschaft in den Garten des Klosters, in dem Bonaventura lebte. Er sollte die Kardinalswürde erhalten und in jener Zeit ohne Telefon und Internet standen also nach tagelanger Reise die ehrwürdigen Vertreter des Papstes im Garten, um ihm den Kardinalshut aufzusetzen. Bonaventura war gerade damit beschäftigt, das Geschirr zu spülen, und soll gesagt haben: „Hängt den Hut dort in den Baum. Ich spüle noch eben zu Ende." Solch eine Spiritualität ist auf eine bestimmte Art und Weise bodenständig: „Vor der Erleuchtung: Boden wischen. Nach der Erleuchtung: Boden wischen", heißt es passend dazu – und sehr weise – in einem buddhistischen Sprichwort.

Eine christliche und speziell franziskanische Spiritualität des Alltags hebt also weder ab noch verschließt sie sich vor der Wirklichkeit. Ja, sie besteht im Wesentlichen darin, sich der Wirklichkeit möglichst ganz und gar zuzuwenden und nichts und niemanden auszuschließen. Sie sieht das Heilige im Profanen und das Profane im Heiligen. Sie erwartet Gott eben genau „dazwischen", möchte ich sagen. Und Gott zu erwarten bedeutet, eben nicht zu wissen, wo Gott ist. Dieses Nichtwissen ist vielleicht sogar überhaupt die genuine Haltung der franziskanischen Spiritualität. Eine Herausforderung, die anzunehmen und zu erforschen sich lohnt. Denn daraus erwächst eine heilige Neugier, die uns fähig macht, kreativ zu sein und das Potenzial zu entfalten, das in jeder und jedem von uns angelegt ist. Franz von Assisi war in diesem Sinne durchdrungen von der Überzeugung, Gott in der Welt, mitten im Leben, mitten im Alltag, eben in diesem geheimnisvollen Dazwischen zu entdecken. Und „entdecken" beschreibt die Erfahrung, dass Gott uns bereits erwartet, wenn wir ihm Raum schaffen. Als Stadteremit lebte Franziskus in jeder Hinsicht „dazwischen": zwischen Kultur und Natur, zwischen Stadt und Land, zwischen Reichtum und Armut, zwischen profan und heilig. Deshalb also dieses Buch: Wie können wir solch einen Weg heute gehen?

2. Aufbruch zwischen Ordnung und Unordnung

Begegnung mit Gott

NICHTS zeigt sich.
NICHTS gibt mir Sicherheit.
NICHTS nimmt mir die Angst.
NICHTS kann mich von meiner Scham befreien.
NICHTS macht mir Freude.
NICHTS vermag meinen Hunger zu stillen.

ALLES ist NICHTS.
Und NICHTS ist ALLES.

NICHTS gibt mir Kraft.
NICHTS gibt mir ein Ziel.
NICHTS muss ich schützen.
NICHTS braucht meine Tatkraft.
Für NICHTS lohnt es sich, zu sterben.

ALLES ist NICHTS.
Und NICHTS ist ALLES.

NICHTS kann mich aufhalten.
NICHTS steht mir im Weg.
NICHTS stört meine Kreise.
NICHTS stellt meine Entscheidungen in Frage.
NICHTS ist größer als ich.

ALLES ist NICHTS.
Und NICHTS ist ALLES.

Ich fordere NICHTS.
Ich sehne mich nach NICHTS.
Ich glaube NICHTS.
Ich nehme NICHTS mit auf den Weg.
Ich besitze NICHTS,
und ALLES wird mir geschenkt.

Sich nicht (mehr) auskennen

Ich erinnere mich an Ferien in den Bergen mit den Kindern. „Heute ist Sonntag“, sage ich und schlage vor, im Dorf in den Gottesdienst zu gehen. „Oh nein! Nicht in die Kirche!“ Also rege ich an, einen Gottesdienst im kleinen Kreis am Tisch zu feiern. „Muss das sein? Wir haben doch Ferien!“ Ich falte ernst die Hände zum Gebet: „Lieber Gott, lass uns bitte in Ruhe. Wir haben Ferien und möchten nicht gestört werden.“ Alle lachen. Wir machen fürs Erste einen großen Spaziergang.

Ich kenne viele in meiner Generation, die würden nicht einmal auf die Idee kommen, einen Gottesdienst zu besuchen. „Wir brauchen Gott nicht“, sagen sie. Und ich weiß, dass viele in der Generation meiner Eltern und Großeltern das nur schwer ertragen. Sie sagen dann, dass wir in „gottlosen“ Zeiten leben. Für sie gehen selbstverständlich alle sonn- und feiertags in den Gottesdienst. Es sind überwiegend diese „Leute der Ordnung“, wie ich sie nennen möchte, die in den Kirchen noch Sonntag für Sonntag präsent sind, pflichtbewusst die Tradition pflegen und auch sonst im Alltag Ordnung halten. Sie wissen genau, was richtig und was falsch ist.

Meine Generation tickt anders. Ich bin in eine Zeit hineingewachsen, in der es keine letztgültige Ordnung mehr gibt. Wir sind die „Leute der Unordnung". Unser Lebensgefühl ist von einer grundlegenden Orientierungslosigkeit geprägt. Kaum etwas ist von vornherein festgelegt. Wir können grundsätzlich selbst entscheiden, was wir tun und wie wir es tun. Daher wissen wir aber auch nie, was genau richtig und was falsch ist. Niemand gibt den Weg vor. Schon gar nicht mehr „die Kirche". Wir können selbst wählen. Wir müssen aber auch selbst wählen. Viele in meiner Generation nehmen deshalb ganz bewusst eine bestimmte Ordnung an: eine politische Ideologie, irgendeine Konfession oder esoterische Lehre oder was auch immer uns für unser Leben sinnvoll erscheint. Und die Auswahl ist groß.

Als ich mit 20 Jahren in den Franziskanerorden eintrat, war ich überzeugt, dort eine Ordnung für mein Leben finden zu können. Orden – von lateinisch *ordo* – heißt ja nichts anderes als Ordnung. Ich erinnere mich noch gut an den ersten Tag. Ich hatte aus irgendeinem Grund das Mittagessen verpasst. Zusammen mit einem Mitbruder holte ich die Mahlzeit nach. Wir setzten uns in der großen Klosterküche an den Tisch. „Guten Appetit", sagte ich und begann fröhlich zu essen. „Wollen wir erst beten?", fragte mein Gegenüber. Ich schämte mich. Ich fühlte mich bloßgestellt. Die Situation hatte sichtbar gemacht, dass ich aus einer anderen Welt kam. Tischgebete gab es dort nicht. Es gab überhaupt keine religiöse Alltagspraxis. Jetzt war ich fremd. Und ich passte mich an, um dazuzugehören. Dennoch blieb – und das kennzeichnet uns „Leute der

Unordnung" – eine Distanz, dieses Gefühl von „Fremdsein". Vielleicht ist dieses Gefühl auch der Grund, warum ich nach fünf Jahren wieder aus dem Orden austrat. Ich wählte die nächste „Ordnung" und hoffte, auf diese Weise dem Schmerz des Fremdseins zu entkommen. Was natürlich nicht funktionierte. Heute weiß ich: Das Fremdsein gehört dazu. Es ist geradezu notwendig. Ich habe noch einige Jahre gebraucht, um den Schatz zu entdecken, der im Fremdsein liegt. Gerade das Fremdsein und Sich-nicht-Auskennen ist für mich ein Schlüsselbegriff franziskanischer Spiritualität geworden.

- Zählst du dich eher zu den Leuten der Ordnung oder der Unordnung?
- In welche Ordnung bist du hineingewachsen? Welche hast du selbst gewählt?
- Wie gehst du um mit Situationen des Sich-nicht-Auskennens?

Gott zeigt sich im „Und"

Die Sache mit der Ordnung und der Unordnung hat letztendlich nur bedingt etwas mit „Generationen" zu tun. Das ganze Leben spielt sich ab zwischen Ordnung und Unordnung, zwischen Verbundensein und Getrenntsein, zwischen Gemeinschaft und Alleinsein. Die Natur ist bipolar: Es gibt hell und dunkel, Tag und Nacht, Himmel und Erde, Tod und Geburt. Und alle, die Gott suchen, müssen früher oder später lernen, dass er weder im einen noch im anderen ganz zu finden ist, sondern „dazwischen". Und wenn ich „er" sage, dann ist das genau ein Beispiel für das

Problem, denn Gott ist natürlich nicht nur „er“, sondern zugleich „sie“. Uns Menschen fällt es schwer, über die Polaritäten hinauszusehen. Gott ist aber keine Frage von „entweder – oder“. Gott zeigt sich im „Und“. Zwischen Ordnung und Unordnung.

Es geht nicht ohne Ordnung, sonst würde das Chaos herrschen. Aber es geht auch nicht ohne Unordnung, sonst würde nie etwas Neues entstehen. Entwicklungspsychologisch betrachtet, brauchen wir Ordnung, wenn wir heranwachsen, um uns sicher zu fühlen und zu orientieren. Aber spätestens in der Pubertät beginnen wir, aus der Ordnung herauszuwachsen. Das ist die Zeit, die Eltern und Familien dann mit Herausforderungen der Unordnung konfrontiert. Und in Wahrheit müssen wir uns alle ständig mit irgendeiner Art der Unordnung auseinandersetzen, die das Leben mit sich bringt. Das fängt bei kleinen alltäglichen Dingen an, die nicht so laufen, wie wir es gerne hätten. Und schließlich erzählt uns die Geschichte von Hiob, dass wir die Unordnung nicht vermeiden können, auch nicht, indem wir alles „richtig“ machen. Hiob, der Gerechte, der definitiv alles richtig gemacht hat, erlebt dennoch Schreckliches: Er verliert seine Kinder, wird krank und hat am Ende nichts mehr, an dem er festhalten kann. Das Leben kann sehr ungerecht sein – auch das ist eine Erfahrungsform von Unordnung. Und gerade dort – zwischen Ordnung und Unordnung – begegnet Hiob Gott.

Die „Leute der Ordnung“ haben ein Gefäß, das Geborgenheit spendet und an dem sie festhalten können. Die Ordnung gibt auch den Weg vor: Wie auf einer Leiter können sie Sprosse für Sprosse emporsteigen. Der Versuch aber, irgendeine Ordnung mit Gewalt durchzusetzen, führt zu einer Art Allmachtswahn, dem sich dann nichts in den

Weg stellen darf, wie das Kapitel „Begegnung mit Gott" zum Ausdruck bringt. Man könnte sagen: Das Gefäß wird dann wichtiger als sein Inhalt. Meist verbirgt sich hinter dieser Haltung eine tiefe Angst vor der Unordnung. Das ist auch die Quelle von Rassismus oder Hass gegen irgendeine Art von Andersartigkeit, meist gegen Minderheiten. Es ist dann leichter, die Unordnung – oder die, die sie repräsentieren – auszuschließen, als sich von ihr in Frage stellen zu lassen. Auch dann, wenn irgendeine religiöse Praxis oder die Kirche als Institution selbst wichtiger werden als ihr Zweck, treten sie praktisch an die Stelle Gottes, dem sie eigentlich Raum schaffen sollen. Das Gefäß selbst, also z.B. die Kirche, wird dann verehrt und „erbittert" verteidigt. Aber das bringt uns Gott kein Stück näher, sondern führt eben früher oder später in die Verbitterung. Die Unordnung und überhaupt jegliche Ungewissheit des Lebens lassen sich nicht mit Gewalt beseitigen – zumindest sind alle Versuche bisher gescheitert und haben kaum mehr als Leid und Opfer gebracht.

Wir Leute der „Unordnung" haben dagegen weder ein festes Gefäß noch eine sichere Leiter, auf der wir emporsteigen können. Wir können Gefäße und Leitern nach Belieben wechseln, wenn sie uns nicht mehr das Gefühl von Sicherheit, Zugehörigkeit, Bestätigung geben. Aber wir bleiben eben heimatlos. Wenn nichts letztgültig und wahr ist, muss alles angezweifelt werden. Und im schlimmsten Fall ist dann am Ende alles nur noch gleichgültig. Das ist aber nichts anderes als Zynismus, und der taugt auch nicht zum Leben, sondern nährt eine „Kultur der Gleichgültigkeit" und des Wegschauens, wie sie Papst Franziskus immer wieder anprangert (vgl. EG 54). Wesentliche Fragen bleiben nicht nur unbeantwortet, sondern werden am Ende gar nicht mehr gestellt, z.B. was mir innere Sicherheit gibt und mir sagt, wer ich bin, was mir Angst und Scham nimmt, was mich tiefe Freude und Fülle erfahren lässt, was meinen inneren Hunger nach Lebendigkeit, Liebe und Geborgenheit stillt und wofür es sich lohnt, die eigene Schaffenskraft einzusetzen.

- Mit welcher Art von „Unordnung“ hat dich dein Leben konfrontiert?
- Wie begegnest du Ereignissen oder Menschen, die deine Ordnung stören?
- Was ist deine größte Sehnsucht?

Neubeginn aus dem „Nichts"

Im Grunde kommen wir alle – so oder so – alsbald an diesen Punkt, wo wir mit unserem Latein am Ende sind. Dann stehen wir tatsächlich vor dem *Nichts* und sind herausgefordert, uns mit Leere, Unordnung, Nichtwissen usw. auseinanderzusetzen. Theologisch ausgedrückt, stehen wir früher oder später alle vor der Frage: Wo ist Gott? Und Gott ist nicht da. Jedenfalls nicht da, wo wir es gerne hätten. Wir können genau darin anknüpfen an Erfahrungen derer, die uns vorausgegangen sind: „Bin ich nur ein Gott aus der Nähe – Spruch des Herrn – und nicht auch ein Gott aus der Ferne?“, fragt der Prophet Jeremia (Jer 23,23). Wir wären also in bester Gesellschaft mit unserer Erfahrung der Gottesferne, was aber nur ein schwacher Trost ist.

Wenn wir ganz ehrlich sind, wollen wir an diesem Punkt meistens doch aussteigen, statt uns auf die unbequeme Suche nach Gott zu machen. Wir versuchen dann lieber, die

Leere selbst zu füllen (bzw. die Unordnung zu beseitigen), und basteln uns ein „Goldenes Kalb“, wie es die Exodus-Geschichte erzählt (vgl. Ex 32,1–29). Am liebsten wollen wir gar nicht wirklich viel mit Gott zu tun haben, denn das würde ja bedeuten, dass es ungewiss, abenteuerlich, gefährlich und anstrengend werden könnte und höchstwahrscheinlich auch wird. Irgendetwas kann im Grunde nicht so weitergehen, wie es bisher läuft, sonst wären wir ja nicht an diesen kritischen Punkt gekommen, aber wir versuchen, den Punkt des Aufbruchs soweit es geht hinauszuschieben. Oder wir nehmen nicht alles mit und halten uns heimliche Hintertürchen offen, wie es Yves Raguin formuliert: „Viele brechen nur scheinbar auf. Sie tragen nur ein Gespenst ihrer selbst mit sich fort, eine abstrakte Puppe. Sich selber bringen sie vor dem Aufbruch in Sicherheit … Sie bilden sich eine künstliche Persönlichkeit, eine ausgeliehene, nach Büchern zurechtgemachte, und diesen Roboter, diesen Schatten ihrer selbst schicken sie auf die Suche nach Gott. Nie treten sie mit ihrem ganzen Wesen in die Erfahrung ein.“[1]

Es sind unter den Kirchenmenschen meist die Mystiker, die sich trauen, diese Dinge unverblümt beim Namen zu nennen. Zu ihnen gehört die evangelische Pastorin Nadia Bolz-Weber in den USA. Auf die Frage eines Seminaristen, was sie persönlich unternehme, um Gott näherzukommen, antwortet sie spontan: „Was? Gar nichts! Das klingt für mich nach einer schrecklichen Idee!“ Und sie führt aus, dass sie Gott nicht in der Meditation begegne, sondern in Momenten, in denen Gott gewissermaßen dazwischenkommt: „… in denen mir klar wird, dass Gott durch mich etwas Schönes getan hat, obwohl ich ein Arschloch bin. In denen ich die Sünde anderer nicht verurteilen kann (was ich, ehrlich gesagt, sonst gerne tue), weil mein eigener Mist zu sehr im Weg ist, oder wenn ich Zeugin menschlichen Leids werde, obwohl ich viel lieber in Ruhe gelassen würde, wenn mir jemand vergibt, obwohl ich es nicht verdient habe. Gott näherkommen klingt wunderbar, aber es kann sich ganz schön hart anfühlen."[2]

Wenn wir sagen, dass wir Gott „brauchen", meinen wir wahrscheinlich meistens, dass wir Gott „gebrauchen" wollen. Für irgendetwas, das unsere Sicht der Dinge bestätigt. Erst wenn wir aufhören, Gott zu „gebrauchen", entsteht Raum für die Begegnung mit ihm, behaupte ich. Aufhören, Gott zu „gebrauchen", bedeutet, die eigene Komfortzone zu verlassen. Die eigene Überlegenheit, das Bescheidwissen, die Urteile, Ausreden und alle Sicherheiten. Es bedeutet gleichsam, die Leiter wegzuwerfen, auf der wir bisher hochgestiegen sind, wie es der Philosoph Ludwig Wittgenstein einmal formuliert hat. Es ist wie in einer Partnerschaft oder Ehe: Die Beziehung beginnt eigentlich erst, wenn wir aufhören, den anderen Menschen nach unseren Vorstellungen verändern zu wollen. Erst wenn wir damit aufhören, beginnen wir zu lieben. Wir treten ein in eine neue Lebenswirklichkeit, in der wir nicht mehr passiv sind (geliebt werden), sondern aktiv (lieben). Und wenn zwei (oder drei; vgl. Mt 18,20) das tun, öffnen sich Räume für Wunder. Wir schenken der Wirklichkeit die volle Aufmerksamkeit, und die ist „wichtiger als die Idee", um noch einmal Papst Franziskus zu zitieren (vgl. EG 231–233).

- Wofür „brauchst" du Gott?
- Welche goldenen Kälber gibt es in deinem Leben?
- Was willst du hinter dir lassen?

Gegenwärtig im „Dazwischen"

Gott ist gegenwärtig im „Dazwischen". Dort lässt er sich finden, wenn wir das Abenteuer auf uns nehmen, ihn dort zu suchen. Zwischen Chaos und Schöpfung, zwischen Kreuzestod und Auferstehung, zwischen Festtag und Alltag. Sein Reich ist schon und noch nicht zugleich. Gott zu begegnen heißt, sich von ihm wandeln zu lassen. So erfuhr Franz von Assisi ausgerechnet in der Begegnung mit einem Aussätzigen, wie das, was ihm „bitter vorkam, in Süßigkeit der Seele und des Leibes verwandelt" (Test 3, FQ 59) wurde, wie er in seinem Testament schreibt. Gott ist nicht Süßigkeit und nicht Bitterkeit, sondern zwischen beidem. Es bedarf beider Erfahrungen, um wahrhaft zu ihm zu gelangen. Menschen, die großes Leid erleben, werden vom Leben selbst oft auf dramatische Weise an diesen Ort gespült, wo nichts mehr einen Sinn ergibt, wo sie nichts mehr haben, an dem sie festhalten können, wo Gott nicht mehr zu „gebrauchen" ist. Ähnlich ist es mit großer Liebe oder eben auch Leidenschaft – Passion –, die uns an diesen Ort führen können. Den Ort, an dem uns alles zum Geschenk werden kann. Das ist die Verheißung.

Dieser Ort des „Dazwischen" hat in der jüdisch-christlichen Tradition einen Namen: „eremos". Das ist griechisch und heißt „Wüste". Das Wort ist eigentlich ein Adjektiv und daher im Grunde gar kein Ort, sondern vielmehr eine Eigenschaft: wüst, leer, öde, einsam, wild. Ein Ort, der wie die Wüste nicht zivilisiert, befestigt oder kontrolliert ist und auch nie sein wird. Ein Jenseits menschlicher Ordnungen an der Grenze zur Unordnung. Der Eremos ist deshalb auch ein gefürchteter Ort, denn dort treiben Dämonen und Geister ihr Unwesen. 48 Mal kommt das

Wort im Neuen Testament vor. Das ist viel. Der Begriff erinnert uns daran, dass die drei großen monotheistischen Weltreligionen allesamt aus der Wüste stammen, dass unser Gott ein „wilder“ Gott ist.[3] „Eremos“ ist ein Schlüssel zu unserem jüdisch-christlichen Erbe und birgt den Schatz, den dieses Erbe für unser Leben jetzt und hier bereithält.

- Wann und wie hast du große Liebe erlebt?
- Wann und wie hast du großes Leid erlebt?
- Was verbindest du mit den Begriffen „wild“ und „Wildnis“ (eremos)?

3. Das Christentum: eine Lebensschule[4]

Wie alles begann

Das Christentum ist nicht als Weltreligion mit mehr als zwei Milliarden Anhängern vom Himmel gefallen. Alles beginnt mit einem Bauhandwerker in Palästina, das von den Römern besetzt war. Sein Name ist Jesus. Die meisten Jahre seines Lebens verlaufen völlig unauffällig. Vermutlich arbeitet er hart: Er zieht von Stadt zu Stadt und von Baustelle zu Baustelle. Eines Tages begegnet er Johannes dem Täufer, schließt sich dessen Bußbewegung an und lässt sich im Jordan taufen. Danach verkündet er, anders als sein Lehrer Johannes, das Reich Gottes sei schon angebrochen. Er wirkt recht unauffällig, zieht weiter übers Land, wie er es gewohnt ist. Nur baut er keine Häuser mehr, sondern verkündet seine Botschaft von der Herrschaft Gottes. Er lebt sehr einfach unter Fischern und anderen Handwerkern. Es gibt auch einige einflussreiche Frauen (vgl. Mk 15,40–41; Lk 8,2–3), die ihn unterstützen, und er verkehrt auch in zwielichtigen Kreisen mit korrupten Beamten und im Rotlichtmilieu (vgl. Mt 21,32). Erst als er sich mit seinen mittlerweile zahlreichen Anhängern in Jerusalem zeigt, werden die Römer auf ihn aufmerksam. Was Fragen der Herrschaft angeht, sind die Römer sehr empfindlich. Jesus wird als Aufrührer gekreuzigt – eine damals übliche Form der Hinrichtung, die besonders grausam war und abschreckend wirken sollte. Pilatus, der römische Statthalter, hatte zuvor bereits tausende

Juden kreuzigen lassen, wie uns Josephus, ein zeitgenössischer jüdischer Chronist, berichtet. So betrachtet, verlief die ganze Geschichte dieses Jesus von Nazareth höchst tragisch, aber im Kern unspektakulär. Er hat noch nicht einmal Schriften hinterlassen. Er ist mit seiner Botschaft doch eigentlich gescheitert. Wie lässt sich also erklären, dass er eine Weltreligion begründen konnte?

Ich will hier nur deutlich machen, dass das Christentum zu Anfang nicht „von oben" mit Macht eingesetzt wurde, sondern „von ganz unten" gewachsen ist. Und dass es einige Jahrhunderte nach Jesus zur römischen Staatsreligion wurde, ist nicht die Ursache für seinen Erfolg, sondern die Auswirkung seines Erfolges: Offenbar kamen die herrschenden Römer um die Christen nicht mehr herum. Erst mit der „staatlichen Übernahme" ersetzte das Christentum den öffentlichen Kult. Zuvor hatte es nur Hauskirchen gegeben. Die Gemeinden, die Paulus gegründet hatte, bestanden jeweils aus etwa 40 bis 50 Mitgliedern. Diese Bewegung hatte nichts zu tun mit dem religiösen Kult in den römischen Tempeln, wo den Göttern geopfert wurde. Christen wurden auch nicht in erster Linie aus religiösen Gründen verfolgt, sondern aus politischen: Sie verweigerten dem römischen Kaiser die Gefolgschaft.

- Welche Berührungspunkte mit der christlichen Tradition hattest du bisher?
- Wie erfährst du Kirche bisher: „von oben" (als Religion/Institution) oder „von unten" (als Lebensgemeinschaft)?

Nicht Kult, sondern Lebenshilfe

Aus Sicht der Römer und Griechen war das Christentum überhaupt keine Religion, sondern eine philosophische Schule. Wenn man in der Antike Sorgen hatte und im Leben mit etwas nicht zurechtkam, so ging man nicht in den Tempel, um ein Opfer darzubringen, sondern zum Philosophen. Auch schickten Eltern ihre Kinder zu den Philosophen in die Lebensschule. Es gab sogar Lebenshilfe per Post. Philosophen verschickten Ratschläge an ihre Klienten. Natürlich war das alles nicht kostenlos, wie überhaupt sich nur Wohlhabende einen Philosophen als Lebensratgeber leisten konnten. Ganz anders bei den Christen: Hier gab es die Lebenshilfe kostenlos für alle: Männer, Frauen, Juden, Griechen, Römer, Sklaven und Freie (vgl. 1 Kor 12,13; Gal 3,28; Kol 3,11). Und Paulus, dessen Lebenshilfe per Post uns aus seinen Briefen im Neuen Testament bestens bekannt ist, rühmt sich nachdrücklich der Tatsache, dass er nie Geld angenommen habe (vgl. Apg 20,33). Der große Missionar und Motor der christlichen Bewegung lebte von seiner Hände Arbeit. Motive, die wir später auch bei Franz von Assisi finden, der intuitiv an die Ursprünge der christlichen Bewegung anknüpft.

Inwiefern aber war die Botschaft von der Menschwerdung Gottes in Jesus für die Menschen damals eine konkrete Lebenshilfe? Dass Gott Mensch wird, war nämlich an sich keine neue Botschaft. In den Lebensbeschreibungen der römischen Kaiser, die als Götter verehrt wurden, liest man von Jungfrauengeburten, Wunderheilungen und Himmelfahrten. Neu war bei den Christen allerdings, dass Gott nicht von oben herabkommt, sondern sich sozusagen dazwischenmischt. Dass er nicht herrscht, sondern solidarisch ist, indem er sich selbst in die Kreisläufe seiner Schöpfung begibt (vgl. Joh 1,14; Kol 1,15), in Geburt, Leben, Arbeiten und Sterben gegenwärtig ist und auch in den Abgründen des Lebens immer schon vorausgeht in die verheißene Auferstehung. Dieser Gott ist ein Gott „von unten", und deshalb macht es keinen Sinn, ihn „oben" zu suchen.

Die Solidarität Gottes begründet, dass auch ich solidarisch sein kann. Seine Großmütigkeit und Gastfreundschaft begründen, dass auch ich barmherzig bin mit anderen und ihnen die Freiheit und Würde zuspreche, die mir als Kind Gottes zugesprochen sind. Sein Leiden begründet, dass ich mein Leiden niemals als Scheitern betrachten muss. Sein Leben in dieser Welt begründet, dass auch ich mein alltägliches Leben mit seinen Anstrengungen nicht als sinnlos betrachten muss, sondern als den Ort, an dem Gott, der Schöpfer der Welt, mir begegnen will und seine Herrschaft sich entfaltet. Es bedarf keiner weiteren Anstrengungen, sich oder irgendetwas zu „heiligen". Der menschgewordene Gott der Christen hat das Leben und den Alltag gänzlich geheiligt. Ich muss nicht werden wie Gott, weil Gott geworden ist wie wir: Mensch. Diese „Philosophie" atmet große Freiheit.

- Wo und bei wem holst du dir Hilfe bei wichtigen Lebensfragen?
- Was bedeutet für dich die Botschaft von der Menschwerdung Gottes?
- Inwiefern erfährst du dein Leben als „geheiligt"?

Gott lebt inmitten seines Volkes

Die ganze christliche Bewegung bleibt unverständlich ohne das Judentum. Jesus war jüdisch. Petrus und die Apostel und ihre Ehefrauen waren jüdisch. Paulus war jüdisch. Die ersten Christen aber waren jüdisch *und* nichtjüdisch. Denn der Begriff „Heide“ bezeichnet zunächst einmal einfach einen Menschen, der nicht zum Judentum gehört, also weder von einer jüdischen Mutter stammt noch ganz offiziell in den Bund mit Gott „übergetreten“ ist, wie es etwa die Geschichte von Ruth im Alten Testament erzählt.

Das Christentum ist von Anfang an eine messianische Bewegung. Jesus wurde für den Messias gehalten. „Christus“ ist nichts anderes als die griechische Übersetzung dieses hebräischen Wortes. Der „Gesalbte“ wurde vom ganzen Volk Israel erwartet als Retter und Befreier. Ausgehend von den Stammvätern Abraham, Isaak und Jakob erwächst ein Volk, das mit Gott verbündet ist. Es trägt den Namen Israel, „Gottesstreiter“, weil es diesen Bund auch als Ringen erfahren hat. Immer wieder gerät Israel zwischen die Fronten der Großmächte und hofft immer wieder auf die umfassende Befreiung durch Gott. Dieses Volk sucht die Freiheit. Die zentrale Erzählung Israels ist die Befreiung aus der Sklaverei in Ägypten. Mose führt das Volk im Auftrag und mit dem Beistand Gottes aus der Unterdrückung ins Gelobte Land. Die Reise ist freilich kein Spaziergang und gelegentlich wünschen sich die Israeliten zurück an die ägyptischen Fleischtöpfe. Mose selbst erlebt die Ankunft nie, wie die Bibel erzählt. Aber er und der Exodus, der Auszug, werden der zentrale Bezugspunkt des jüdischen Selbstverständnisses.

Das Judentum war von Beginn an auch eine Hausreligion. Auch Jesus hat jedes Jahr das Pessach-Fest gefeiert, bei dem des Auszugs aus Ägypten gedacht wurde und das einst vor dem Aufbruch in die Freiheit eingenommen werden sollte (vgl. Ex 12). Das letzte Mahl Jesu mit seinen Jüngern könnte solch ein Pessach-Mahl gewesen sein. Anfangs hatte das jüdische Volk keinen Tempel. Gott wohnte mitten in seinem Volk in einem mobilen Zeltheiligtum (vgl. Ex 25–27; Apg 7,44). Diese Wurzeln sind nie ganz verloren gegangen. Nachdem der jüdische Tempel 70 n. Chr. von den Römern zerstört worden war, hat es nie wieder ein kultisches Zentrum im Judentum gegeben. Bis heute. Das Judentum zerfiel damals, wenn man so will, in zwei Gruppen: das rabbinische Judentum, praktisch die Nachfahren der pharisäischen Schule, und die christliche Bewegung, die im Grunde auch ein Judentum ist, ein christliches eben. Die Zeiten, in denen die Christen die Juden verfolgt haben, sind hoffentlich ein für alle Mal vorbei. Juden und Christen sind Geschwister, Jesus war Jude und selbst kein Christ, er wusste als Mensch nichts vom Christentum und von der Kirche. Es ist gut, sich das ab und zu in Erinnerung zu rufen, um nicht überheblich zu werden. Der neue Bund löst nicht den alten ab. Vielmehr ist Christus für alle die Tür in den einen Bund mit Gott geworden. Für alle, die nicht schon als Juden in diesem Bund stehen. Am Ende der Zeiten wird sich zeigen, ob der Messias, den Juden erwarten, derselbe ist, auf dessen Wiederkunft Christen hoffen. Für Christen gilt: Jesus *ist* der Pfad in den Exodus, die wahrhaftige Befreiung jedes Menschen zu einem Leben am Glutkern des Lebendigen, zu einem Leben mit Gott und in Gott. Interessanterweise gibt es diese Erfahrung aus jüdisch-christlicher Sicht nur eingebunden in ein Kollektiv, keinesfalls individuell.

- Wer ist Jesus für dich?
- Was ist für dich Freiheit?

Durch die Wüste in die Freiheit

Jesus wird von Christen auch „Immanuel“ genannt, hebräisch „Gott mit uns“ (Mt 1,23). Für Christen ist er der neue Mose (vgl. Joh 3,14; Apg 3,22; 7,37), der alle – Juden und Nichtjuden – durch die Wüste ins Gelobte Land führt, in ein universales Gelobtes Land, wenn man so will. Das ist die Herrschaft Gottes, die Jesus verkündet hat, und die beginnt jetzt und hier, sagt er. Das Reich Gottes ist „mitten unter euch“ und wörtlich heißt es sogar „inwendig in euch“ (Lk 17,21).

Dieser Exodus, um den es hier geht, ist also auch ein inneres Ereignis. Selbst wenn äußerlich eine Veränderung im Moment gar nicht möglich ist, kann sich innerlich alles verwandeln zur Freiheit. Am besten lässt sich das verständlich machen am Beispiel der Sklaven jener Zeit. Sklaven waren in der Antike Menschen, die nicht unbedingt in Ketten lagen, aber sie waren auch nicht frei und hatten nicht die gleichen Rechte wie ihre Herren. Sklave war ein bestimmter Stand und bezeichnete eine Art Kastenzugehörigkeit. Es gab auch sehr wohlhabende Sklaven.

Der Philosoph Epiktet, einer der berühmtesten Vertreter der Stoa, war beispielsweise ursprünglich ein Sklave im Umfeld des römischen Kaiserhofes. Der Name, mit dem er berühmt wurde, bedeutet bezeichnenderweise „der neu

Erworbene". Nach seiner Freilassung gründete er eine erfolgreiche Philosophenschule. Er lehrte, dass der Mensch einen inneren Kern habe, der autonom sei – ganz gleich, was ihm widerfahre. Auch äußere Unfreiheit könne dem Menschen die innere Freiheit nicht nehmen. Epiktet hat wohl nie Kontakt mit Christen gehabt. Er war auch zu sehr beschäftigt mit seiner Lehrtätigkeit, die im Übrigen – wie bereits angesprochen – von den Klienten sehr gut bezahlt wurde und bezahlt werden musste. Er hatte also eher mit wohlhabenden Menschen zu tun. Eine ähnliche Lehre aber gab es bei den Christen kostenlos.

In den christlichen Gemeinden wurde, wenn man so will, diese Lehre konkret verwirklicht oder – wie wir es theologisch ausdrücken würden – Christus gelebt. Auch wer außerhalb der Gemeinde im Sklavenstand war, war innerhalb der Gemeinde einfach ein Mensch. Die ersten Christen machten unter sich keine Standes- und Statusunterschiede mehr, weil im Reich Gottes alle auf Augenhöhe stehen. Das ist der Grund, warum es unter Christen auch erstmals eine Sozialhilfe gab, die die Bedürftigen unterstützte (vgl. Apg 6,1). Es sind die ersten Zeichen der Befreiung mitten in einer Welt, die noch nicht befreit ist.

Der Weg mit Gott in die Freiheit führt durch die Wüste, durch den Eremos. Bezeichnenderweise beginnt auch der Weg Jesu dort, denn er war ein Schüler Johannes' des Täufers gewesen. Und der lebte als Prophet in der Wildnis der Wüste und rief zu Buße und Umkehr auf. Mehr noch: Er rief zum Widerstand gegen die Herrschaft der Römer auf. Ohne Gewalt und durch ein einfaches Leben. Jesus, der Bauhandwerker aus Galiläa, begegnete dem großen Propheten wahrscheinlich während einer Wallfahrt nach Jerusalem zum Pessachfest. Er schloss sich ihm an, ließ sich im Jordan von ihm taufen und wurde sein Schüler.

- Wo und wie bist du gefangen?
- Wo und wie erfährst du Befreiung?
- Welche Momente der Unfreiheit erlebst du in deinem Umfeld, und welche Ursache haben sie?

Versuchung

Die Evangelien berichten von einer großen, vierzigtägigen Auszeit Jesu in der Wüste, kurz bevor er beginnt, selbst öffentlich als Lehrer aufzutreten. Jesus wird vom Satan in Versuchung geführt, heißt es, und es ist sicher hilfreich, dies etwas näher zu betrachten, um Missverständnisse zu vermeiden. In der Vorstellung der Menschen zur Zeit Jesu ist alles, was auf der Erde geschieht, ein Spiegel für Ereignisse im Himmel, d.h. in der Sphäre des Spirituellen und Göttlichen. Alles, was auf der Erde geschieht, hat eine Entsprechung im Himmel. Und alles, was außen geschieht, hat eine innere Entsprechung. Der Bedrohung von außen, z.B. durch die römische Besatzung, entspricht die innere Bedrohung durch Dämonen, deren Anführer der Satan ist. Wer den äußeren Kampf gewinnen will, muss auch den inneren Kampf führen. Dem stellt sich Jesus in seiner vierzigtägigen Eremos-Zeit. Später verwendet Jesus ein für seine Botschaft und sein Selbstverständnis zentrales Bild: „Ich sah den Satan vom Himmel fallen wie einen Blitz“ (Lk 10,18). Der innere Kampf im Himmel ist also entschieden. Die Herrschaft des Satans und der Dämonen ist beendet. Auf dieser Vision gründet die Vollmacht

Jesu, Dämonen auszutreiben und die umfassende und befreiende Herrschaft Gottes zu verkünden. Genau mit dieser Botschaft beginnt sein öffentliches Wirken.

Was geschah in den 40 Tagen im Eremos? Bei Markus heißt es nur ganz knapp: Jesus „lebte bei den wilden Tieren und die Engel dienten ihm“ (Mk 1,13). Das bedeutet aber nicht, dass Jesus gegen die wilden Tiere kämpft. Man könnte es so sagen: Jesus verbindet sich mit den Kräften der Erde (wilde Tiere) und den Kräften des Himmels (Engel), und mit ihrer Unterstützung kann er sich den Angriffen des Satans stellen, von denen Markus spricht. Worin diese Angriffe genau bestehen, erzählen nur Lukas und Matthäus ausführlich. Jesus muss sich mit drei Versuchungen auseinandersetzen: Reichtum, Macht und Religion. Manch einer vermisst hier vielleicht auch noch eine sexuelle Versuchung, aber Jesus hatte offensichtlich andere Sorgen.

In der ersten Versuchung soll Jesus aus Steinen Brot machen, um seinen Hunger zu stillen (vgl. Lk 4,3–4; Mt 4,3–4). Die Versuchung liegt in der Magie des Materialismus, könnten wir sagen. Heute begegnet uns diese Versuchung in der Vorstellung, mit Geld und eben mit allem, was man bezahlen kann, die eigenen Bedürfnisse gänzlich stillen und alle Wünsche erfüllen zu können. Aber „der Mensch lebt nicht vom Brot allein“ (Mt 4,3–4 parr), sagt Jesus. Und die Frage ist: Wonach hungert uns wirklich? Den tiefen, existenziellen Hunger nach Liebe, Anerkennung, Gemeinschaft und Lebendigkeit kann kein materieller Reichtum dieser Welt stillen.

Die zweite Versuchung besteht in der Vorstellung, die ganze Welt beherrschen zu können (vgl. Lk 4,5–8; Mt 4,8–10). Die Versuchung der Macht beginnt aber nicht erst, wenn wir die Weltherrschaft anstreben. Es genügt schon, dass wir „unsere Welt" kontrollieren wollen: Letztlich steckt in jedem kleinen Recht-haben-Wollen und Es-geht-nur-so die Versuchung, Kontrolle und Herrschaft auszuüben. Aber wir sollen Gott „allein dienen" (Mt 4,10), sagt Jesus. Und die Frage ist: Auf welche Macht versuchen wir unsere Identität zu bauen, um daraus unser Selbstbewusstsein zu nähren? Wagen wir es stattdessen, jegliches Statusdenken aufzugeben und im wahrsten Sinne des Wortes demütig, also uns unseres wahren Selbst bewusst zu sein? Wagen wir zu glauben: Wir sind geliebte Söhne und Töchter Gottes (vgl. Lk 3,22; Mt 3,17)?

Die dritte Versuchung ist vielleicht die überraschendste. Sie erinnert uns daran, dass Religion paradoxerweise der einfachste Weg sein kann, sich vor Gott zu verstecken. Der Versucher führt Jesus auf die höchste Tempelzinne und fordert ihn auf, sich hinunterzustürzen. Wenn er wirklich Gottes Sohn sei, werde Gott ihn ja wohl durch seine Engel erretten (vgl. Lk 4,9–12; Mt 4,5–7). Die Versuchung der Religion besteht darin, Gott kontrollieren zu wollen durch Regeln oder Bedingungen. Jesus schiebt dem mit seiner Antwort einen Riegel vor, wenn er sagt, man solle „Gott nicht auf die Probe stellen" (Mt 4,7). Das heißt auch: Es gibt keinen Glauben ohne Zweifel. Wir wissen nicht, ob Gott uns liebt. Wir können das nur glauben. Was muss ich tun, damit Gott mich liebt? Die unerhört radikale Antwort lautet: gar nichts. Gott liebt dich immer, egal was du tust. Kannst du Gott auch immer lieben, egal was passiert? Wenn Glaube zu Wissen wird, mutiert Religion zu einer Form von Macht. Wir verschreiben uns dann in Wahrheit nicht mehr Gott, sondern eben irgendwelchen Regeln und Bedingungen. Der „wilde" Gott, der sich im Eremos offenbart, lässt sich nicht eingrenzen, definieren und festlegen. Er sagt nicht: Ich bin dies oder das. Er sagt: „Ich bin, der ich sein werde“ (Ex 3,14).

- Wonach hungerst du am meisten im Leben und wie stillst du deinen Hunger?
- Auf welche Macht gründest du dein Selbstbild, was gibt dir Sicherheit?
- Woran zweifelst du und wie gehst du mit deinen Zweifeln um?

Manna

In der kurzen Episode von Jesus in der Wüste kristallisiert sein ganzes öffentliches Leben und Wirken. Weil er der Versuchung religiöser Macht widersteht, kann er auch in religiösen Dingen Freiheit verkünden: Wenn wir auch alle Gebote halten und alles „richtig machen“, können wir innerlich „krank“ sein, sagt er. Und immer wieder taucht dieses Motiv in seiner Botschaft auf: Wenn er den Pharisäern vorwirft, Heuchler zu sein (vgl. Mt 23), oder wenn er sagt, der Sabbat und im Grunde alle Gebote seien für den Menschen da und nicht umgekehrt (vgl. Mk 2,27) usw. Weil er der Versuchung ökonomischer Macht widersteht, kann er in ökonomischen Dingen Freiheit verkünden: Wir können nicht „Gott dienen und dem Mammon“ (Mt 6,24; Lk 16,13), lautet zugespitzt seine Botschaft, die sich wie ein roter Faden durch alle Evangelien zieht. Und zu guter Letzt widersteht er auch der Versuchung politischer Macht, was schließlich dazu führt, dass er als „König der Juden“ gekreuzigt wird. Jesus ist ein politischer Märtyrer, genau wie sein Lehrer Johannes, der von Herodes brutal ermordet wird.

Anders als sein Lehrer und Mentor Johannes bleibt Jesus jedoch nicht in der Wüste. Er geht in die Dörfer und Städte, treibt Dämonen aus und heilt Menschen und verkündet überall seine Botschaft vom Anbruch des Reiches Gottes. Wer Jesus folgt, feiert auch mit ihm. Jesus ist kein Asket, sondern wird von seinen Gegnern sogar als „Fresser und Säufer“ (Lk 7,34) tituliert. Die Wüste bleibt dabei aber eine wichtige Qualität im Alltag Jesu. Das berichten uns die Evangelisten. Immer wieder heißt es, dass er sich in den Eremos zurückzieht, wir übersetzen das dann meist mit „einsamer Ort“ (vgl. Mt 14,13; Mk 1,35; Lk 5,16). Dort betet Jesus und ruht aus. Und er lädt die Jünger ein, es ihm gleichzutun (vgl. Mk 6,31–32). Auch die Menschen folgen ihm und den Jüngern in den Eremos, sodass dort einmal die Frage aufkommt, was all die vielen Menschen essen sollen (vgl. Mt 14,15; Mk 6,35; Lk 9,12; vgl. auch Mt 15,33; Mk 8,4). Es geschieht eine „wundersame Brotvermehrung“, die Tausende satt macht, obwohl anfangs nur wenige Brote zur Verfügung standen. Was auch immer dort tatsächlich geschehen ist: Die frühen Christen erzählen einander diese Geschichte, um mitzuteilen, dass Jesus es vermag, die Menschen auch in der „Wüste“ zu nähren. Wer mit jüdischen Ohren hört, muss an den Exodus des Volkes Israel denken und das Manna, das „Himmelsbrot“, das das Volk auf dem langen Weg durch die Wüste ernährt (vgl. Ex 16; Num 11; Dtn 8; Jos 5). Für Christen ist Jesus nicht nur der neue Mose, der durch die Wüste in die Freiheit führt. Er ist selbst das Manna geworden, das „Brot des Lebens“, wie es der Evangelist Johannes schließlich in der Rede Jesu vom Himmelsbrot darstellt (vgl. Joh 6,22–59).

- Was erfordert deinen Widerstand oder den deiner Gruppe/Gemeinschaft?
- Welchen Eremos-Ort kennst du oder suchst du auf?
- Welche Manna-Erfahrung erinnerst du in (d)einer Gruppe/Gemeinschaft?

Leben in Christus

Die frühen Christen leben in einer tiefen Verbindung mit Jesus. Sie nennen diese Verbindung selbst „Christus", denn er ist für sie *alles*. Schließlich nennen sie ihn den „Erstgeborenen der ganzen Schöpfung" (Kol 1,15). Diese Beziehung in Christus ist der Mittelpunkt ihrer Existenz und diese Beziehung umfasst die ganze Wirklichkeit, sie ist universal. Es braucht auch keine Vermittlung mehr durch Propheten. Es braucht keinen Tempel und keine Priester, die den Zugang zur Wohnung Gottes, zum Allerheiligsten verwalten. Der Immanuel (vgl. Mt 1,23) wohnt „mitten unter" ihnen (vgl. Lk 24,36; Joh 20,19.26; Offb 21,3). Christus ist in uns, mit uns, für uns und durch uns. Jeder und jede Einzelne steht so in Gottes Gegenwart. Jeder und jede Einzelne ist Prophet, Priesterin, Tochter oder Sohn Gottes und kann den heiligen Raum öffnen und betreten. Voraussetzung sind die Taufe, das Sterben und Wiederauferstehen mit Christus (vgl. Röm 6,7–9).

Die Gemeinde lebt in Christus und sie *ist* Christus. Wir können die „Speisung der Fünftausend" gewissermaßen als Ursymbol der frühen Christengemeinden betrachten: Lukas berichtet von der Anweisung Jesu, man solle sich in Gruppen zu je 50 Personen niederlassen (vgl. Lk 9,14).

Das ist ungefähr die Größenordnung jener Gemeinden, die Paulus überall gründete. Das war die frühe Kirche. Keine weitläufige, hierarchisch verfasste und zentral regierte Institution, sondern vielmehr ein Netzwerk von Basisgruppen. Die Kirche ist die „ekklesia", die Volksversammlung. Der Begriff bezeichnet sowohl die ganze Kirche als auch jede einzelne Gruppe. Paulus spricht von der Gemeinschaft des Leibes Christi (vgl. Röm 12,4–5). Die kommt vor allem zum Ausdruck in der Eucharistie, in der Mahlfeier, bei der Jesus selbst der Gastgeber ist. So lebt der Auferstandene in jeder Gemeinde. In Christus sind alle gleichberechtigt: Wenn sich auch alle in Geschlecht, Herkunft, Vermögen oder besonderen Begabungen unterscheiden mögen, so darf sie nichts besser oder schlechter stellen in der Gemeinde. Alle dienen einander mit ihren Qualitäten. Alle sind „ein Herz und eine Seele" (Apg 4,32) und haben „alles gemeinsam" (Apg 2,44), wie es Lukas in der Apostelgeschichte darstellt.

- Welche Erfahrung verbindest du damit, „in Christus" zu sein?
- Welche Erfahrung verbindest du damit, „ein Herz und eine Seele" zu sein?

Keiner soll mehr hungern

Die Wirklichkeit in den ersten Gemeinden war freilich nicht nur immer eitel Sonnenschein, oder sagen wir: Wo Licht ist, gibt es bekanntlich auch Schatten. Zum Beispiel in Korinth. Paulus kritisiert in der Gemeinde nicht nur „Spaltungen" (1 Kor 11,18), sondern Missstände bei der

Mahlfeier. Was die Korinther feiern, sagt Paulus, das sei nicht mehr das Mahl Jesu: „Wenn ihr euch versammelt, ist das kein Essen des Herrenmahls; denn jeder nimmt beim Essen sein eigenes Mahl vorweg und dann hungert der eine, während der andere betrunken ist" (1 Kor 11,20). Was genau das Problem war, können wir einzig und allein aus der Antwort von Paulus an die Korinther rekonstruieren. Einige essen offenbar schon früher und beschämen damit jene, die „nichts haben" (1 Kor 11,22). Während die einen also hungern, sind die anderen bereits „betrunken" und Paulus fordert, dass alle aufeinander warten sollen (vgl. 1 Kor 11,33).

Erinnern wir uns daran, dass die Christen sich zu jener Zeit in privaten Häusern zum Gottesdienst trafen. Die reichen Gemeindemitglieder stellten ihre großen Wohnhäuser zur Verfügung. Die hatten einen Innenhof, dort war Platz. Der Gottesdienst bestand aus einem Abendessen mit dem Brot- und Weinritus, den Paulus ihnen überliefert hatte. Auf das Mahl folgten Lieder, Zungenrede und Prophetie, es ging also fröhlich bis ekstatisch zu (vgl. 1 Kor 14). Christus selbst war Gastgeber dieses Mahls. Alle Gemeindemitglieder brachten dazu etwas mit. Man nannte das in der Antike „Eranos-Mahl". Wir würden heute wohl Picknick sagen.

Was also hat in Korinth nicht funktioniert? Wieso gab es Unterschiede unter den Feiernden, obwohl das – wie wir sahen – für Christen einen Tabubruch darstellt? Korinth war eine neu gegründete römische Kolonie, ein Schmelztiegel verschiedener Kulturen: Juden, Griechen, Römer. Die Handelsmetropole hatte viele ihrer Bewohner reich gemacht. Andere arbeiteten für die reichen Hausbesitzer. Paulus selbst war Zeltmacher, so wie die Eheleute Priska und Aquila, denen er sich in Korinth anschloss. Das Judentum übte eine besondere Anziehung auf Griechen und Römer aus, allerdings war ein Übertritt zum Judentum eine Hürde. Der Apostel Paulus bot den interessierten Heiden ein leicht zugängliches Judentum an, wenn sie sich Jesus anschlossen. So wurde die Gemeinde der Christen selbst zum Schmelztiegel aus Juden und Heiden. Sie bestand außerdem aus einigen sehr reichen Bürgern bis hin zu den einfachsten Sklaven.

Die Tage in Korinth verliefen nach dem gleichen Muster wie in der ganzen antiken Welt. Nach dem Frühstück gingen alle ihren unterschiedlichen Arbeiten nach. Mittags gab es ein kleineres Mahl, aber schon am frühen Nachmittag, etwa gegen 14 Uhr, begaben sich die Angehörigen der Oberschicht als Erste ins öffentliche Bad. Dort wurden zwar noch Geschäfte gemacht, aber im Vordergrund stand schon die Vorbereitung auf die Hauptmahlzeit des Tages am späten Nachmittag. Anschließend versammelte man sich in einem Haus zum Mahl. So wird es auch bei den Christen gewesen sein. Die Reichen, die ja auch ihre Häuser zur Verfügung stellten, waren die Ersten. Und wie es in der Antike üblich war, begannen sie bereits damit, die Vorspeise zu essen. Nach und nach trudelten dann auch die anderen Gemeindemitglieder ein bis hin zu den Sklaven.

In der griechischen und römischen Mahlpraxis ging das Voressen direkt über in das Hauptmahl. Es war auch nicht unüblich, dass jemand später zu einem Mahl dazukam. Erst nach der Hauptmahlzeit rief man die Götter des Hauses an und mischte Honig mit Wein für einen Becherritus. Das Mahl Jesu, das Paulus den Korinthern überliefert hatte (vgl. 1 Kor 11,2), war aber ein jüdisches Mahl. Das kennt zwar auch eine Vorspeise, beginnt aber offiziell und gemeinsam immer erst mit dem Segen über das Brot. Es endet nach der eigentlichen Sättigungsmahlzeit, also „nach dem Mahl" (1 Kor 11,25), mit dem Becherritus. Das haben die reichen, heidnischen Korinther offenbar übersehen oder missverstanden. Sie haben gewissermaßen die jüdische und die heidnische Praxis durcheinandergebracht. Man kann ihnen so gesehen nicht einmal Böswilligkeit unterstellen, aber durchaus eine spirituelle Blindheit: Wichtig war ihnen offenbar, dass alle beim rituellen Teil versammelt sind, also bei der Segnung von Brot und Wein in Erinnerung an Jesus. Wenn Paulus davon spricht, dass sie „trunken" waren, muss das auch gar nicht heißen, dass die Reichen zu viel Wein konsumiert hatten. Vielleicht waren sie eher schon „spirituell" in Stimmung und Vorfreude auf den Teil des Gottesdienstes, der auf das Mahl folgte. Sie waren also geistestrunken, wenn man so will. Blöd nur, dass die ärmeren Gemeindemitglieder, jene die „nichts haben", noch gar nicht richtig gegessen hatten. Das hatten die reichen Korinther einfach übersehen. Das eigentliche Mahl schrumpfte zu einer Art symbolischem Essen zusammen und darauf macht Paulus die Reichen in der Gemeinde von Korinth aufmerksam: Das Mahl Christi ist nur dann „würdig", wenn auch alle satt werden und niemand dadurch ausgeschlossen ist, dass er hungern muss. Und wenn sie schon vorher essen, dann sollen sie das doch in ihren Häusern tun, ohne die anderen zu beschämen und damit auszuschließen (vgl. 1 Kor 11,34).

Paulus lenkt damit den Blick auf das Wesentliche: den Leib Christi. Entscheidend ist, wie es jedem einzelnen Glied des Leibes geht. In der Gemeinde von Korinth aber gibt es offenbar Kranke und einige sind bereits gestorben (vgl. 1 Kor 11,30). Vor allem die Reichen haben sich offenbar in ihre frommen Interessen vertieft und sich um den richtigen Ritus gekümmert. Aber sie haben den konkreten Hunger der anderen übersehen. Paulus rückt das wieder zurecht. Der Leib Christi ist nur dann würdig, wenn die Gleichberechtigung nicht nur ein Ideal ist, sondern auch praktisch wirkt: wenn alle satt sind, wenn alle gesehen werden, sie also „sichtbar“ sind und das heißt: wenn niemand ausgeschlossen ist. Was ihr dem Geringsten getan habt, habt ihr mir getan, das ist der Maßstab Jesu (vgl. Mt 25,31–46). Interessanterweise ist das genau der Punkt, an den Franz von Assisi knapp 1200 Jahre später anknüpft.

- In welchen Zusammenhängen erkennst du Exklusion und wer trägt die Verantwortung?
- Wo und wie schließt du aus, wo und wie bist du selbst ausgeschlossen?
- Inwieweit erlebst du Kirche als „exklusiv“ und woran liegt das?

4. Franziskus: Leben als Stadteremit[5]

Achtung: Abenteuer!

Wer sich Franz von Assisi anschließt und ihn nicht bloß ein bisschen nett findet, sondern sich ihm wirklich anschließt, der begibt sich in ein existenzielles Abenteuer, mindestens aber auf eine Gratwanderung. Zum einen sehen sich franziskanische Christen mit einem ungeheuren Anspruch konfrontiert: nackt dem nackten Christus folgen. Die radikale Ablehnung von Eigentum, Status und jeglichen Privilegien kennzeichnet den franziskanischen Weg von Anbeginn – und das ist keine Kleinigkeit, die sich mal eben „erledigen" lässt. Sie fordert unser Selbstverständnis heraus bis in die tiefsten Winkel der Persönlichkeit. Vor allem war und ist diese Berufung aber kein individualistisches Erlösungsprogramm, sondern immer auch ein prophetischer Stachel im gesellschaftlichen und kirchlichen Fleisch. Keine 100 Jahre nach Franziskus brannten einige seiner Brüder auf Scheiterhaufen, weil sie strikt auf ihrem Armutsideal bestanden, das Kirche, Adel und Bürgertum gleichermaßen ein Dorn im Auge war. Das zeigt, auf welch schmalem Grat sich die franziskanische Bewegung befand: Indem die kirchliche und weltliche Elite den Franziskanern zugestand, einen radikalen Eigentums- und Statusverzicht zu leben, ließ sie zu, dass die hierarchische Ordnung mit ihren Maßstäben und Wertvorstellungen in Frage gestellt wurde.

Die Berufungsgeschichte von Franziskus beginnt nicht im Zentrum – nicht in einer Kirche und nicht in der Stadt auf dem Marktplatz. Sie beginnt draußen vor den Stadttoren am Rand bei den Aussätzigen, die aus der Gesellschaft hinaus vor die Tür gekehrt worden waren. Die Begegnung mit diesen Ausgestoßenen war keineswegs zufällig, sondern eine bewusste Entscheidung und das Ergebnis eines inneren Reifungsprozesses, die zu einer veränderten Weltanschauung im wahrsten Sinne des Wortes führte. Zuvor hatte der ehrgeizige, reiche Kaufmannssohn nämlich einen ganz anderen Weg eingeschlagen. Er wollte Ritter werden und damit in den Kreis der Adligen aufsteigen: „Ich weiß, dass ich ein großer Fürst sein werde" (Gef 5, FQ 615). So, wie es seine Gefährten rückblickend berichten, ging es dabei nicht bloß um Gier oder Machtlust, sondern eher um eine ehrgeizige Suche nach Erfüllung, sie nennen es „Sehnsucht nach irdischem Glück" (Gef 6, FQ 615). Die Gefährten liefern keinen handfesten, äußeren Grund, warum Franziskus sein Vorhaben plötzlich aufgibt. Sie beschreiben eher einen inneren Prozess der Umkehr. Im Traum erkennt Franziskus Gott als den wahren und universalen Herrn, dem auch die Fürsten dieser Welt untertan sein müssen, ob sie wollen oder nicht. Dem wahren Herrn will Franziskus folgen. Er tauscht den Ehrgeiz, Anführer und Fürst zu sein, gegen die Suche nach der „wahren religiösen Gemeinschaft" (Gef 7, FQ 616) und beginnt eine – wenn man so will, ebenso ehrgeizige – Karriere nach unten.

– Wem dienst du?

Das eigene Nichts fühlen

Die Gefährten schreiben über diese Wende im Leben des reichen Kaufmannssohnes: „Von jener Stunde an begann er sein eigenes Nichts zu fühlen“ (Gef 8, FQ 616). Das klingt seltsam und zunächst nicht besonders erstrebenswert. Der lateinische Originaltext an dieser Stelle lautet *sibi vilescere.* Das bedeutet sich selbst für vergänglich und wertlos erachten. Wir wissen, dass Franziskus nichts für wertlos erachtete, sondern alles, jedes Ding und Lebewesen, als ein Geschöpf Gottes sehen konnte. Er betrachtet alles von seinem ihm innewohnenden Wert von Gott her. Was also ist hier gemeint? Ich glaube, dass es gar nichts Außergewöhnliches ist, das „eigene Nichts“ zu fühlen, sondern dass jeder Mensch diese Erfahrung macht und machen muss. Diese Erfahrung ist Teil eines Reifungsprozesses, den wir allerdings liebend gern vermeiden, so wie wir in der Regel auch einen möglichst großen Bogen um den Tod machen, weil er Leere, Ende, eben „Nichts“ verheißt. Tatsächlich sind wir auch schon vor dem letzten großen Abschied ständig mit kleinen Toden konfrontiert. Jeder noch so kleine Anfang wurzelt in einem mehr oder weniger schmerzlichen Abschied und lässt uns den Hauch des „Nichts“ fühlen.

Ich erinnere mich an die Zeit, als ich nach fünf Jahren als Franziskaner den Orden wieder verließ. Natürlich legte ich auch den Habit ab und war nun nicht mehr Teil der Gemeinschaft, sondern lebte zunächst alleine. Einerseits wollte ich das genau so, weil ich im Habit und in der Gemeinschaft keine Perspektive für mich sah. Andererseits fühlte ich sehr deutlich, was ich aufgab. Ich spürte die Leerstelle, die meine Veränderung bewirkte. In der „Rolle“ als Franziskaner genoss ich bei bestimmten Menschen Ansehen und einen großen Vertrauensvorschuss. Sie öffneten mir bereitwillig ihr Herz und erzählten mir ihre Lebensgeschichten, was dazu führte, dass ich mich insgeheim für besonders wichtig oder vertrauenswürdig hielt. Ich durfte im Gottesdienst sogar predigen und niemand stellte das in Frage. Ich würde lügen, wenn ich behaupten würde, all das habe keine Rolle für mein Selbstverständnis gespielt. Ich genoss diese Rolle und nährte damit meinen kindlichen Mangel an Bestätigung und Akzeptanz. Mit dem Austritt aus der Gemeinschaft legte ich das Ordensgewand und damit auch die Rolle als Ordensmann ab. Und so auch all diese „Privilegien". Ich war nicht mehr gefragt als Seelsorger und niemand wollte hören, was ich zu sagen hätte. Ich würde wiederum lügen, wenn ich behaupten würde, das habe mir nichts ausgemacht. Ich habe das als Verlust empfunden. Auch als Verlust von Selbstwert, obwohl ich ja immer noch derselbe Mensch war. Was da so schmerzte, war mein Ego, die Persönlichkeit, auf der meine Identität bisher aufbaute. Diese Hülle war längst zu eng geworden, deshalb trat ich ja aus dem Orden aus und veränderte mein Leben, aber ich spürte deutlich, was ich damit aufgab, und fürchtete auch die Leere. Heute würde ich sagen, dass mich gerade dieser „Verlust" sehr viel gelehrt hat. Ein Ordensgewand ist hervorragend geeignet, sich selbst vor Gott in Sicherheit zu bringen – so paradox das klingt. Das gilt ebenso natürlich für jede Art von Privileg, Erfolg, Ruhm, Reichtum, Macht usw. Das Äußere ist vergänglich. Es mag unsere Persönlichkeit ausmachen, aber eben nicht uns selbst, was deutlich wird, wenn wir die Maske abnehmen. Auch diese Persönlichkeit, diese Selbstkonzepte, die Masken unseres Egos, die wir der Welt zeigen, sind eben Masken.

Das „eigene Nichts fühlen“ bedeutet, so gesehen, hinter diese Masken zu schauen oder durch sie hindurch. Die alte Maske taugt nicht mehr, mit der neuen kennen wir uns noch nicht aus. In diesen Zwischenphasen spüren wir das „eigene Nichts“. Wir können es auch so sagen: Die Maske, das Ego, wird in diesen Zeiten besonders durchlässig für eine tiefere Wirklichkeit, die wir nicht „machen“, nicht kontrollieren. Für Gott. Für die Seele. Hier geht es um die Erfahrung, was ich ohne alle äußeren Masken bin und ob ich einen Blick darauf erhaschen kann. Und was da durchzuschimmern beginnt, ist mein wahres Selbst, das in Gott gründet und in seinen guten Händen ruht.

- Welche Veränderungen stehen in deinem Leben bevor?
- Welchen Gewinn erhoffst du?
- Welchen Verlust befürchtest du?

Gott: Nichts und Alles

Das „eigene Nichts fühlen“ ist eine sehr schöne Übersetzung. Sie stellt eine Verbindung her zur Tradition der christlichen Mystik. So predigte Johannes Tauler, ein Schüler von Meister Eckhart, etwa ein Jahrhundert nach Franziskus: „Unser Herr hat gesagt: ‚Ein Ding ist notwendig.‘ Welches Ding ist es? Dieses Eine besteht darin, dass ihr erkennt, wer ihr selbst seid, nämlich euer eigenes ‚Nichts‘!“ Die Erfahrung dieses Nichts beschreibt Tauler so: „Um euch selbst wirklich klein zu sehen, müsst ihr im göttlichen Abgrund versinken, dem inneren Abgrund Gottes. Dort ertrinkt ihr in der vollständigen und wirklichen Grenzenlosigkeit seines Selbstes … es entsteht ein

Einziges: das eine ‚Nichts' in dem anderen … Dort wird der menschliche Geist vollkommen dem Göttlichen ausgeliefert … Denn er weiß nichts mehr, liebt und fühlt nichts mehr als das Eine."[6]

In diesem „Nichts" fallen Ende und Anfang zusammen. Wo Raum und Zeit sich auflösen, ist Raum und Zeit für Gott. Oder von Gott her. Hier kann aus dem „Nichts" heraus etwas wirklich Neues entstehen. Das mag theoretisch klingen, aber im Grunde konfrontiert uns das Leben ständig mit dieser Herausforderung, Ordnung und Unordnung, Altes und Neues in Balance zu bringen (vgl. Kapitel 2). Nur wenn wir es zulassen, überhaupt an diesen Punkt zu gelangen, und es wagen, von dort aus aufzubrechen, kommen wir jemals in die Lage, etwas wirklich Neues zu erfahren, echte Transformation zu erleben – und nicht bloß so etwas wie eine kosmetische Behandlung des Ego. Hinter dem „Nichts" liegt der Quell jeglicher Kreativität, der letztlich in Gott selbst ruht. Ansonsten sagen wir nur das Alte und Bekannte immer wieder mit anderen Worten. Hier geht es aber um eine Erfahrung aus tiefer innerer Wahrheit und dem ureigenen Selbst heraus. Ebenso gut könnte es deshalb auch heißen, Franziskus habe begonnen, das „eigene Alles" zu fühlen. Denn wir können paradoxerweise an diesem Punkt der größten Leere und Einsamkeit auch erfahren, dass wir mit der ganzen Schöpfung in Verbindung stehen und in Wahrheit niemals einsam sind. „Deus meus et omnia" wird später zum Gebetsmantra von Franziskus: Mein Gott und Alles (vgl. Actus 1,21).

Was die Gefährten hier zu beschreiben versuchen, können wir also als eine mystische Erfahrung und spirituelle Entwicklung betrachten. Eine Initiation. Franziskus versteckt sich nicht mehr hinter den Masken von Erfolg, Reichtum und Macht. Er wagt den Blick hinter die Maske, in einen Bereich, den er bisher gemieden hatte und der im Schutz des Schattens lag. Und er findet Gott oder das Göttliche hinter dieser Maske. Und umgekehrt: Die gewonnene Durchlässigkeit ermöglicht auch einen neuen Blick auf die Wirklichkeit. Zu dieser Wirklichkeit gehören auch die Schattenseiten. „Was dich vorher erschaudern ließ, wird dir große Süßigkeit und immenses Glück bescheren“ (Gef 11, FQ 618), spricht die Stimme Gottes zu Franziskus. Glück und Süßigkeit liegen natürlich nicht in Krankheit, Armut oder Leiden an sich. Das wäre eine perverse Vorstellung. Glück und Süßigkeit bringt aber jene Gemeinschaft, die erwächst, wenn Kranke, Arme und Leidende nicht mehr ausgeschlossen werden, etwa weil die andern sie nicht ertragen, sie als Bedrohung ihrer Weltsicht wahrnehmen oder sie schlicht übersehen. Franziskus macht keinen Bogen mehr um die Aussätzigen vor der Stadt. Er schaut dieser Wirklichkeit in die Augen, im wahrsten Sinne des Wortes. Er umarmt sie. Er lässt sich einladen zu einem Friedenskuss, einem Friedensschluss (vgl. Gef 11, FQ 618). Franziskus sieht in den Aussätzigen nicht mehr den Abschaum, den er zuvor gemieden hat, sondern Menschen, die Vertraute und Freunde werden können (vgl. Gef 11, FQ 618).

- Was vermeidest du am meisten im Leben?
- Was gewinnst du dadurch?
- Was ist dein Verlust?

Kurzum: Franziskus wechselt die Seiten. Innerlich und gesellschaftlich. Und die Gefährten berichten ausführlich, wie sich dieser Prozess der Umkehrung und Umwertung Stück für Stück vollzieht. In der Sprache des jüdisch-christlichen Erbes können wir sagen: Franziskus schließt sich dem andauernden Exodus des Volkes Gottes in die Freiheit, ins Gelobte Land, an. Der Weg in die Freiheit führt immer durch die Wüste. Für jeden Menschen. Ohne eine solche Eremos-Erfahrung, welcher Art auch immer, können wir wohl gar nicht zu Gott finden. Das ist die „enge Tür“ (Lk 13,24), von der Jesus spricht. Das ist auch der Grund, warum er die Armen seligpreist. Das Volk Gottes sind vor allen anderen die vielen Kleinen, die das Leben selbst zu Armen gemacht hat, worin auch immer ihre Armut konkret besteht. Sie gehen an der Spitze des Zuges. Jene Menschen also, die nichts mehr haben, das verhindern könnte, dass sie das „eigene Nichts“ spüren. Die das Leben selbst in die Wüste zieht, wo sie nichts anderes mehr ersehnen können, als dass Gott mit ihnen sei. Und dann gibt es jene, die – wie Franziskus – aus freien Stücken und ganz bewusst in den Eremos gehen. Franziskus durchlebt so gesehen innerlich und äußerlich eine Horizonterweiterung in biblischer Dimension und mit ihr verbunden eine Umkehrung der bisherigen Verhältnisse, wie sie das Magnificat im Lukasevangelium eindrücklich beschreibt: „Er [Gott] zerstreut, die im Herzen voll Hochmut sind, er stürzt die Mächtigen vom Thron und erhöht die Niedrigen“ (Lk 1,51–52).

Anfangs lebt Franziskus weiter zu Hause in der Stadt, hält sich aber immer öfter bei den Aussätzigen auf und unterstützt sie. Dann begegnet er seinem „Dornbusch" (vgl. Ex 3; Mk 12,26): In der verfallenen Kirche San Damiano spricht ihn Jesus vom Kreuz her an und bittet ihn, die Kirche vor dem Verfall zu retten. Franziskus begegnet seinem Herrn, der ihn im Traum angesprochen hatte. Er fühlt nun „Christus den Gekreuzigten, der zu ihm gesprochen hatte, wahrhaft in seinem Herzen" (Gef 13, FQ 619). Von nun an lebt er aus dieser inneren Beziehung und blickt auch von hier aus auf die Wirklichkeit. Er veruntreut sogar Geld aus dem Vermögen seines Vaters, das er für die Renovierung der kleinen Kirche einsetzen will, das aber der Priester dort nicht annimmt „aus Furcht vor den Eltern" (Gef 16, FQ 621). Franziskus versucht, zwei Welten miteinander zu verbinden und sich gewissermaßen „Freunde zu machen mit dem ungerechten Mammon" (Lk 16,9). Was ihn aber dazu bewegt, die Familie und die Stadt ganz zu verlassen, ist sein zorniger Vater, der ihn von seinen Vorhaben abbringen will und mit Gewalt vor Gericht zieht. So drängt er Franziskus zu einer Entscheidung. Am Ende steht Franziskus völlig nackt auf dem Marktplatz. Ohne Vermögen. Ohne Familie. Obdachlos und machtlos. Mit dem „Segen" des Bischofs beginnt er ein Leben als Eremit außerhalb der Stadtmauern, aber immer in der Nähe der Stadt oder anderer Zentren. Der reiche Kaufmannssohn teilt das Leben und den Alltag der kleinen Leute und der Ärmsten. Und ohne es anfangs zu ahnen, begründet er so als Stadteremit eine neue Eremos-Tradition.

Franziskus verbringt zwei Jahre allein vor den Toren der Stadt als Einsiedler und Bettler unter Bettlern. Bis er eines Tages das Evangelium von der Aussendung der Jünger hört, die zu zweit als Wanderprediger das Reich Gottes verkünden sollen (vgl. Mt 10,5–15). Seine Vision vom

„Aufbau der Kirche" nimmt weiter Gestalt an, der Horizont weitet sich. Es geht nun nicht mehr nur um die Renovierung von zerfallenen Kirchengebäuden. Es geht um die Erneuerung der Kirche als universale Gemeinschaft. Franziskus kommt jetzt nicht mehr nur als Bettler in die Stadt, sondern als Prediger. Sein öffentliches Auftreten zieht die ersten Gefährten an, ebenfalls aus der bürgerlichen Elite, die sich ihm anschließen. Einige Jahre später kommen auch Frauen dazu, als erste Klara. Auch sie schart bald Gefährtinnen um sich, mit denen sie eher zurückgezogen lebt. Aber längst nicht „hinter Klostermauern", wie es ansonsten in jener Zeit für Frauen üblich war. Zehn Jahre nach dem Gerichtsstreit mit dem Vater und dem Auszug aus dem bürgerlichen Leben gibt es bereits überall in Italien Brüder und Schwestern, die Franziskus folgen. Wenig später weitet sich die Bewegung auf ganz Europa aus und sogar nach Nordafrika und in den Nahen Osten.

- Welche Eremos-Erfahrung(en) gibt es in deinem Leben?
- Was ist deine Berufung?
- In welcher Gemeinschaft verwirklichst du sie?

Gemeinschaft

Was die junge Gemeinschaft zusammenhält und ihr den Namen gibt, ist die Minoritas, das Mindersein. Das ist nicht gleichzusetzen mit der äußeren Armutspraxis, der ungeheuren Askese und dem Verzicht, die Franziskus und seine Brüder üben. Minoritas kann sogar das Gegenteil davon bedeuten, wenn Franziskus zum Beispiel den Tisch decken lässt und alle Brüder das Fasten brechen, weil einer von ihnen den Hunger nicht mehr aushält (vgl. SP 27, FQ 1244). Dementsprechend ermahnt Franziskus seine Brüder nicht zur Askese, sondern ausdrücklich zur „Armut im Geiste“: „Viele gibt es, die in Gebeten und Gottesdiensten eifrig sind und ihrem Leib viele Entsagungen und Abtötungen auferlegen, die sich aber über ein einziges Wort, das ihrem lieben Ich Unrecht zu tun scheint, oder über eine Kleinigkeit, die man ihnen wegnimmt, sofort dermaßen aufregen, als wäre es ein Skandal. Diese sind nicht arm im Geiste; denn wer wirklich arm im Geiste ist, hasst sich selbst und liebt jene, die ihn auf die Wange schlagen“ (Erm 14, FQ 51). Die äußeren „Abtötungen und Entsagungen“ sind kein Selbstzweck und sie sind auch in der Gemeinschaft nicht unumstritten. So entschuldigt sich Franziskus am Ende seines Lebens bei seinem eigenen Bruder Leib für die Strapazen, die er ihm aufgebürdet hat. Alle Übungen dienen nicht einem äußeren, sondern einem inneren Ziel. Es geht in Wahrheit darum, das „liebe Ich“ zu zähmen und authentische Gemeinschaft zu ermöglichen.

Auch der strenge Gehorsam, der zur Minoritas gehört, dient diesem Ziel: „Als der selige Franziskus ein andermal mit seinen Gefährten beisammensaß, tat er etwa folgenden Seufzer: ‚Kaum einen Ordensmann gibt es auf der ganzen Welt, der seinem Obern vollkommen gehorcht.‘ Bewegt fragten seine Gefährten: ‚Sag uns, Vater, welches der vollkommene und höchste Gehorsam ist!‘ Da kennzeichnete er den wahrhaft Gehorsamen unter dem Bild eines Leichnams: ‚Nimm einen entseelten Körper und lege ihn, wohin du willst; du wirst sehen, er leistet keinen Widerstand, wenn er bewegt wird; er murrt nicht, wenn er versetzt wird; er widerspricht nicht, wenn er entfernt wird. Setzt man ihn auf einen Lehrstuhl, so richtet er den Blick nicht nach oben, sondern nach unten. Kleidet man ihn in Purpur, so erscheint er doppelt bleich. Das ist der wahrhaft Gehorsame. Er forscht nicht, warum er geschickt wird; er kümmert sich nicht darum, an welchen Platz er gestellt wird; er besteht nicht darauf, dass er versetzt wird. Wird er zu einem Amt befördert, bewahrt er seine gewohnte Demut. Je mehr er geehrt wird, desto unwürdiger erachtet er sich'" (2 C 152, FQ 382f.).

Wer allerdings – aufgrund des Bildes vom Leichnam – hier einen „Kadavergehorsam" hineininterpretieren will, hat die franziskanische Spiritualität nicht verstanden und auch nicht die Intention von Franziskus, die sich in dem kurzen Text andeutet. Der Leichnam ist der „Körper" und der steht in den franziskanischen Quellen synonym für das Ego, sprich: das „liebe Ich" (Erm 14, FQ 51) oder das „verkehrte Ich" (1 Gl 1, FQ 123f.). Der Leichnam ist damit ein Symbolbild für all das, „was der Mensch für sich selbst sucht und will"[7] im Gegensatz zur mit Gott verbundenen Seele. Dieses Ego ist im Idealfall – und den beschreibt Franziskus in seinem radikalen Bild – „tot" für Versuchungen wie zum Beispiel den „Purpur" der Würdenträger oder ein „Amt" oder den „Lehrstuhl". Und die Blickrichtung ist dann „nicht nach oben, sondern nach unten". So sollen die Brüder und Schwestern dem Beispiel Jesu folgen: Das Streben nach oben, nach mehr Eigentum, Status, Macht, Anerkennung, Deutungshoheit soll sterben. Sterben mit Christus am Kreuz. Die ganze Nachfolge besteht in dieser Art von Mindersein und das schafft eine Gemeinschaft, in der die Glieder einander in vollkommenem Gehorsam verbunden sind.

- Was hält deine Gemeinschaft(en) zusammen?
- Wie bringst du deine Berufung in deine Gemeinschaft ein?

Was Franziskus da einführt, ist eben gerade keine Diktatur. Es ist nicht die Herrschaft übereinander. Im Gegenteil: Franziskus schafft einen radikal herrschaftsfreien Raum, in dem die Vorgesetzten Diener sind und die Untergebenen vollkommen gehorchen. Alle sind so gesehen einander untertan. Mit diesen Gehorsamsvorstellungen bringt Franziskus nicht nur die Ordnung der kirchlichen und gesellschaftlichen Institutionen durcheinander, er unterwandert die Hierarchien auch auf subversive Weise und schafft im Grunde Raum für eine Anarchie der Herzen. Das ist etwas völlig anderes als totalitärer, militanter Gehorsam. So sagt Franziskus in der Ermahnung über den vollkommenen Gehorsam: „Wenn aber der Vorgesetzte dem Untergebenen etwas gegen dessen Seele befehlen würde, so darf dieser ihm zwar nicht gehorchen, soll ihn aber nicht verlassen“ (Erm 3, FQ 47). Damit macht er den Gehorsam zum einen zur Gewissensfrage und zum anderen zur Herzenssache. Es ist klar und deutlich vorgesehen, nicht gegen die eigene Seele handeln zu müssen. Gehorsam heißt aber auch, um keinen Preis die Gemeinschaft aufzugeben. Das ist die Grundhaltung franziskanischer Geschwisterlichkeit: Niemand steht über einem anderen. Nichts und niemand wird ausgeschlossen. Die Wahrheit des einen löscht die Wahrheit des anderen nicht aus. Alle dienen der Gemeinschaft, orientieren sich auf den gemeinsamen Bezugspunkt in Christus hin und bilden so einen „Raum“, in dem Gott gegenwärtig sein kann.

Einige Quellen versuchen, das Wesen dieser franziskanischen Geschwisterlichkeit und Gemeinschaft mit literarischen Mitteln begreifbar zu machen. Eine der schönsten

Geschichten dazu findet sich in den Fioretti, den „Blümlein des Heiligen Franziskus" (Fior 15, FQ 1370f.). Franziskus und Klara sind in Portiunkula zum Abendessen verabredet. Die Brüder decken den Tisch auf der bloßen Erde. Klara und ihre Gefährtin, Franziskus und die Brüder nehmen Platz. Viel gegessen wird nicht, denn schon während des ersten Ganges beginnt Franziskus so wunderbar zu sprechen, dass alle zu Gott entrückt sind. Die Leute in den Städten ringsum sehen den Wald von Portiunkula unten in der Ebene in Flammen stehen und eilen herbei, um das Feuer zu löschen. Sie finden freilich kein Feuer, sondern die Gemeinschaft um den „schlichten Tisch" versammelt: „Daraus erkannten sie mit Gewissheit, dass dieses ein göttliches und nicht ein materielles Feuer gewesen war, welches Gott auf wunderbare Weise hatte erscheinen lassen als sichtbaren Beweis des Feuers der göttlichen Liebe, von dem die Seelen jener heiligen Brüder und heiligen Nonnen entbrannt waren. So gingen sie denn wieder fort und waren in ihren Herzen überaus getröstet und erbaut. Als dann nach geraumer Zeit der heilige Franziskus und die heilige Klara zusammen mit den anderen wieder zu sich kamen, fühlten sie sich durch die geistliche Speise wohl gestärkt und kümmerten sich nur mehr wenig um die leibliche Nahrung" (Fior 15, FQ 1371).

Die Fioretti-Episode erinnert an mehrere biblische Symbole: Gott, der sich in einem brennenden Dornbusch offenbart (vgl. Ex 3), die Feuerzungen des Heiligen Geistes, die sich auf die Jünger niederlassen (vgl. Apg 2,3), und auch die Geschichte von den beiden Jüngern auf dem Weg nach Emmaus, zu denen sich Jesus gesellt, ohne dass sie es bemerken. Sie erkennen ihn am Brotbrechen und fragen sich später: „Brannte uns nicht das Herz, als er mit uns redete …“ (Lk 24,13–35). Und die Geschichte erinnert an das Wort Jesu in der Wüste: „Der Mensch lebt nicht vom Brot allein, sondern von jedem Wort, das aus Gottes Mund kommt“ (Mt 4,4). In der franziskanischen Geschwisterlichkeit verwirklicht sich das Reich Gottes, wird es begreifbar und Gott gegenwärtig zwischen den einzelnen Brüdern und Schwestern. Es ist eine Gemeinschaft der brennenden Herzen, die hier lebendig wird.

- Was berührt dein Herz?
- Wie gehst du in deinem Umfeld mit denen um, die anderer Auffassung sind als du?

Frieden

Am Ende seines Lebens ist diese Gemeinschaft der brennenden Herzen für Franziskus eine universale Gemeinschaft, die die ganze Schöpfung umfasst. Das letzte und wohl schönste Zeugnis dafür ist der Sonnengesang, der diese kosmische Gemeinschaft besingt: die Himmelskörper (Sonne, Mond, Sterne), die vier Elemente (Luft/Wind, Wasser, Feuer, Erde) und die Menschen (jene, die verzeihen), alle loben gemeinsam Gott. Zu dieser universalen Geschwisterschaft gehört sogar Bruder Tod, der „kein Leid“ mehr antut. Der Sonnengesang singt das Lied einer großen Versöhnung, in der alles in geschwisterlicher Verbundenheit existiert, ohne dabei die Autonomie zu verlieren. Ja, jedes Einzelne verwirklicht sich erst als Teil des Ganzen.

Die ganze franziskanische Schöpfungsspiritualität basiert auf einer Theologie der Verwandtschaft. Am eindrücklichsten entfaltet Franziskus das im ersten Brief an die Gläubigen. Alle, die den Weg der Buße gehen, sind „Kinder des himmlischen Vaters", „Verlobte, Geschwister und Mütter unseres Herrn Jesus Christus". Jeder Mensch auf diesem Weg trägt Jesus im Leib und gebiert ihn durch „ein heiliges Wirken, das anderen als Vorbild leuchten soll" (1 Gl 1, FQ 124). Jeder und jede Einzelne ist also – so paradox das erscheint – ein Teil des Ganzen und doch zugleich für sich genommen so wichtig wie das Ganze. Diese universale Eingebundenheit in Gottes Schöpfung erinnert stark an die Vision des Propheten Jesaja von einem messianischen Frieden, in dem der Wolf Schutz findet beim Lamm und der Löwe Stroh frisst wie das Rind (vgl. Jes 11). Dieser Frieden gründet im „Geist der Weisheit und der Einsicht", im „Geist des Rates und der Stärke", im „Geist der Erkenntnis und der Furcht des Herrn". Es ist ein Geist der Gerechtigkeit, der die Welt immer aus der Sicht der Schwächsten und Ärmsten betrachtet und in ihrem Sinne entscheidet, „wie es recht ist" (Jes 11,2–4).

Diese große Vision eines kosmischen Friedens steht auf den ersten Blick im Widerspruch zu den Konflikten, die Franziskus und die anwachsende Bruderschaft beschäftigt haben. Nicht nur außen, sondern vor allem auch innen: Das Ringen um die Regel und die Ausrichtung des Ordens bringt Franziskus dazu, die Leitung „seiner" Gemeinschaft abzugeben. Franziskus sucht Trost an wilden Orten in der Natur, wo er zum Ende seines Lebens hin immer mehr Zeit verbringt. Er verwurzelt sich regelrecht im „Eremos", in der „Wüste". Ein Zeugnis dieser Entwicklung und der Konflikte ist der Text über die „wahre Freude", den Franziskus seinem engsten Gefährten Leo diktiert. Es ist eine fiktive Geschichte, in der Franziskus von einem Bruder erzählt, der an einem Winterabend um Einlass in einer Niederlassung der Minderbrüder bittet. Dort nimmt er Bezug auf alle kirchlichen und weltlichen Konfliktfelder (Magister, Prälaten, Bischöfe, Erzbischöfe, Könige, Ungläubige) bis hin zu den eigenen Brüdern, die ihn, der abends halberfroren um Einlass bittet, nicht erkennen, abweisen und in die Obdachlosenunterkunft schicken. Angesichts von Enttäuschung, Scheitern und Verletzung nicht wütend reagieren; nicht mit Macht und Gewalt den eigenen Willen durchsetzen; nicht in Depression, Lethargie oder Selbstzweifeln stecken bleiben; vielmehr Geduld zu haben und sich nicht aufzuregen – darin liegen für Franziskus die wahre Freude, die wahre Tugend und das Heil der Seele. In dieser Haltung verwirklichen sich für Franziskus die Würde und das Bild des geliebten Sohnes, nach dessen Abbild wir in Wahrheit geschaffen sind: „Und alle Geschöpfe, die unter dem Himmel sind, dienen ihrem Schöpfer, erkennen ihn und gehorchen ihm ihrem Wesen nach besser als du“ (Erm 5, FQ 48). Die ganze Schöpfung ist „christisch“, wie es viele Jahrhunderte später der französische Priester, Theologe und Evolutionsbiologe Teilhard de Chardin formuliert.[8] Was den Geschöpfen aber vielleicht auf natürliche Weise innewohnt, ist für den Menschen Sache geistlicher Entwicklung und Reifung. Christus immer ähnlicher zu werden ist gleichbedeutend damit, immer mehr in die eigene, wahre Natur hineinzuwachsen, sprich: das eigene Potenzial zu entfalten und für die Welt genau so zu werden, wie wir von Gott gedacht sind, auch auf die Gefahr hin, dass wir auf Widerstand stoßen.

– Wie gehst du um mit Enttäuschung, Scheitern und Verletzungen?

- Wann und wie erfährst du dich als Teil des Ganzen?
- Wann nicht und warum nicht?

Verwurzelt im Eremos

Es geht also keineswegs um die Flucht in ein spirituelles Wolkenkuckucksheim. Der franziskanische Weg ist verwurzelt im Eremos. Eremos meint hier nicht eine von allen Problemen dieser Welt unberührte Wildnis. Der franziskanische (und christliche) Eremos liegt „auf der Straße", mitten in der Welt. An den Orten, wo unser Bescheidwissen endet: in Konflikten, in Leid, in Situationen der Ohnmacht. Diese Verwurzelung im Eremos ist zugleich eine immer tiefere Verwurzelung in der Welt, wie sie ist. Es ist eine Mystik der offenen Augen, denn diese Spiritualität blendet Konflikte, das Leid der Leidenden und die Frage nach Gerechtigkeit nicht aus. Sie sucht immer Wege für eine gewaltfreie Antwort. Und sie verbindet. Alle mit allen und alles mit allem.

Aus diesem Geist heraus schlichten Franziskus und seine Gefährten manche Auseinandersetzung auf politischer Ebene, vertreiben z.B. die „bösen Geister" eines innerstädtischen Konflikts in Arezzo. Aus diesem Geist heraus überschreitet Franziskus mit seinen Gefährten sogar die Front zwischen Christen und Muslimen und sucht während des Kreuzzugs, mitten im Krieg, das Gespräch mit dem Sultan von Ägypten. Aus diesem Geist heraus versöhnt Franziskus das Leben mit Bruder Tod. Er versöhnt damit auch zwei im Widerstreit liegende Prinzipien des Kosmos: Werden und Vergehen. Dem entsprechen zwei Willenskräfte, die Biologen, Kosmologen und Psychologen heute in allen Lebewesen und insbesondere im Menschen identifizieren: der Wille des Individuums zum Sein, das eigene Bestehen zu sichern, sich selbst zu bestätigen und das eigene „Ich" zu stärken, und zum anderen die Kraft der Integration in das Ganze, in die Gattung, das Knüpfen von Beziehungsnetzen, ohne die in Wahrheit nichts und niemand existieren kann.

Diese franziskanische Schöpfungsspiritualität ist aktueller denn je, weil uns mehr als je bewusst werden muss, dass es nicht nur eine ökonomische Ungerechtigkeit, sondern auch eine ökologische gibt. Wir erleben, wie der Kapitalismus, dessen Ursprung in der Epoche von Franziskus liegt, einerseits für einen ungeahnten und segensreichen Fortschritt und Wohlstand sorgt, zugleich aber zu Spaltung und Ungerechtigkeit führt und schließlich die eigene Lebensgrundlage bedroht. Wir sind dabei, den Planeten zu plündern und zu zerstören, der uns hervorgebracht hat. In der ausschließlichen Konzentration auf die Willenskraft des Individuums zum Sein liegt die Grundlage des Kapitalismus: „In der Steigerung des Ichs bis zum maximal Möglichen ..., einhergehend mit der Verachtung des größeren Ganzen, der Integration und des Wir. Auf diese Weise ist die ganze menschliche Existenz aus dem Gleichgewicht gebracht worden – durch den Exzess der einen der beiden Kräfte und Ignorierung der anderen", sagt Leonardo Boff.[9]

Dieser kranke und selbstmörderische Egoismus ist es letztlich, dem Franziskus seine Spiritualität der Geschwisterlichkeit und Verbundenheit entgegensetzt. Er bringt damit die Willenskräfte in ein natürliches Gleichgewicht. Wenn wir dieses Gleichgewicht nicht global wiedergewinnen, sägen wir als Menschheit weiter an dem Ast, auf dem wir sitzen. Papst Franziskus formuliert das in seiner

Enzyklika „Laudato Si'" so: Wir „rufen das Stöhnen der Schwester Erde hervor, die sich dem Stöhnen der Verlassenen der Welt anschließt, mit einer Klage, die von uns einen Kurswechsel verlangt. Niemals haben wir unser gemeinsames Haus so schlecht behandelt und verletzt wie in den letzten beiden Jahrhunderten. Doch wir sind berufen, die Werkzeuge Gottes des Vaters zu sein, damit unser Planet das sei, was Er sich erträumte, als Er ihn erschuf, und seinem Plan des Friedens, der Schönheit und der Fülle entspreche. Das Problem ist, dass wir noch nicht über die Kultur verfügen, die es braucht, um dieser Krise entgegenzutreten" (LS 53).

- Was empfindest du angesichts des Leidens der „Verlassenen der Welt" und von „Schwester Erde"?
- Was brauchst du, um dieser Krise entgegentreten zu können?

5. Ein Eremos-Programm für heute

Was ist ein Stadteremit?

Das ist die offizielle Perspektive: Die Zahl der kirchlich anerkannten Eremitinnen und Eremiten ist nach dem Konzil gestiegen. In Deutschland leben mittlerweile um die 80, in Italien etwa 200, ebenso viele in Frankreich. Es sind Männer und Frauen, die ihr Leben Gott weihen und unter der Aufsicht des örtlichen Bischofs ein einfaches Leben in Stille, Gebet und einfacher Arbeit führen. Die Administration unterscheidet zwei Kategorien: Laien- und Kleriker-Eremiten. Das ist aber schon Ausdruck des Versuchs, das Phänomen des modernen Eremitentums zu fassen und zu institutionalisieren. Tatsächlich ist das nicht möglich, denn „die Mehrheit der Eremiten gehört nicht zu diesen beiden Kategorien, auch deshalb nicht, weil sie diesen Klerikalismus der Kirche nicht verstehen, dieses juridische Denken, das einem schließlich das freie Atmen schwer machen kann, ohne das aber das Eremitenleben nicht geht. Tatsächlich werden Sie sehen, dass jeder Eremit wieder anders ist, nicht nur bezüglich der äußeren, einfachen Dinge wie Tagesablauf, Ernährung, Kleidung und so weiter, sondern selbst bei der inneren Einstellung. Es gibt jene, die Personen empfangen, und solche, die das nicht tun; es gibt jene, die ein Telefon haben, andere nicht, und so weiter. Manchmal hat man den Eindruck, wieder eine juridische Form einzugehen hieße, sehr eingezwängt zu werden“[10], sagt ein moderner

Eremit im Interview mit dem italienischen Sozialwissenschaftler Isacco Turina.

Hinter den offiziellen Zahlen verbirgt sich die große Gruppe jener anonymen Eremiten, die in keiner Statistik zu finden sind und für die es keine andere Regel gibt als die Suche nach Gott in der Gegenwart. Sie sind so autonom, wie es Franz von Assisi war, der in seinem Testament schreibt: „So hat der Herr mir, dem Bruder Franziskus, gegeben, das Leben der Buße zu beginnen“ (Test 1, FQ 59). Und „nachdem mir der Herr Brüder gegeben hatte, zeigte mir niemand, was ich tun soll, sondern der Höchste selbst hat mir offenbart …“ (Test 14, FQ 60). Die Unmittelbarkeit in der Beziehung zu Gott ist ein wesentliches Kennzeichen von Stadteremiten, wie ich sie hier beschreiben möchte. Ihre Berufung ist Freiheit und Bürde zugleich, weil sie Grenzgänger sind. Wesentlich ist, dass sie eine Form des Gebets pflegen, auf irgendeine Weise eingebunden sind in ihr Umfeld und nicht bloß etwas für sich, sondern etwas für die Welt tun. Aber jeder Eremit, jede Eremitin verwirklicht diese Berufung anders. Es macht daher keinen Sinn, hier eine bestimmte „Technik“ oder Art und Weise des geistlichen Lebens darzustellen. Es gibt in der Praxis Gemeinsamkeiten, Ähnlichkeiten, Schnittmengen, aber es erscheint mir sinnvoller, wesentliche innere und äußere Qualitäten zu beschreiben, die ein modernes Stadteremitentum in franziskanischer Ausprägung ausmachen.

Stadteremiten leben nicht fernab jeglicher menschlicher Behausung in der Wildnis, sondern dort, wo auch andere leben, aber eben „dazwischen“, auf den Grenzen oder an den Rändern. Dieses „Dazwischen“ kann sehr unterschiedlich ausfallen: von der einsamen Klause am Stadtrand bis hin zu einem Leben in der Familie, im Beruf, im sozialen und politischen Umfeld, also mittendrin, in jedem Fall aber gesellschaftlich nach unten orientiert, nicht nach oben. Der Eremos, die Wüste, der einsame Ort, von dem sich die Bezeichnung Eremit ja ableitet, ist dementsprechend auch nicht nur als ein bestimmter Ort zu verstehen. Es handelt sich beim Eremos vor allem um eine Qualität: einsam, wild, wüst. Wir finden diese Qualität überall – nicht nur im Wald, sondern eben auch mitten in der Stadt. Entscheidend ist, dass die meisten Menschen diese Qualität der Einsamkeit und des Fremdseins – und entsprechend Orte oder Situationen, die mit ihr verbunden sind – wohl eher meiden würden. Nicht nur ein Ort, auch eine Situation oder Beziehung kann demnach „eremos" sein. Stadteremiten zeichnet aus, dass sie gerade dort wagen, Gott zu vermuten. Und weil sie sich dort auskennen, können sie andere begleiten, die in den Eremos gehen.

Franziskanisches Stadteremitentum – eigentlich jedes Eremitentum – ist auf Gemeinschaft ausgerichtet. Das klingt paradox, weil sich Eremiten von außen betrachtet zunächst einmal zurückziehen in Einsamkeit, in Schweigen usw. Das ist aber gerade keine Flucht vor der Welt, sondern – wenn überhaupt – die Flucht vor einem „falschen" Leben voller Illusionen. Eine Flucht vor den „ägyptischen Fleischtöpfen", die nicht die ersehnte Freiheit bringen. Ein Exodus. Stadteremiten wohnen stattdessen *in* der Welt, wie sie ist, in der Hoffnung auf Befreiung und manchmal auch im Widerstand. Stadteremiten sind aber keine Misanthropen, die verächtlich von außen auf die anderen Menschen und ihr Leben schauen. Im Gegenteil. Gerade *weil* sie eine Idee vom Reich Gottes haben, davon, was anders und besser für alle sein könnte, machen sie sich auf den Weg. Sie haben ein Gespür für Ungerechtigkeit. Sie empfinden mit den Ausgeschlossenen. Sie bemerken die verpassten Chancen, in denen die Welt ein Stück besser für alle hätte werden können – und es nicht wurde, weil irgendein Egoismus verhindert hat, dass Notwendiges getan wird. Sie wissen aber auch, dass sie diese Schatten nicht mit Macht beseitigen können. Sie versuchen stattdessen, dem Licht etwas Raum zu geben. Das ist ihr Dienst für das Ganze, wie auch immer das am Ende praktisch aussieht. Selbst Eremiten, die ganz alleine leben, können dem Ganzen dienen, indem sie z.B. andere in ihr Gebet hineinnehmen. Entscheidend ist, dass ihre Lebensform kein Selbstzweck ist, sondern ein Beitrag zum Wohl aller, selbst wenn alles, was sie konkret tun, im Verborgenen geschehen mag.

Wie werde ich Stadteremit? Übe drei Dinge: Bete, höre Gott und den Menschen zu und tu etwas für die Welt. Es ist so einfach. Und es ist so schwer. Drei Begriffe kennzeichnen in der Tradition den Weg der Gottsucher und Mystiker: Klärung (*purificatio*), Erleuchtung (*illuminatio*) und Vereinigung (*unio*). Ihnen möchte ich drei Begriffe der franziskanischen Spiritualität zuordnen, die damit zugleich für heute aufgeschlossen werden können: Gebet (*oratio*), Hingabe (*devotio*) und Buße (*poenitentia*). Sie sollen uns als Leitlinien dienen. Als Antonius von Padua bei Franziskus um Erlaubnis bittet, Theologie zu lehren, antwortet der, das Studium sollte den „Geist des Gebets und der Hingabe nicht auslöschen“ (Ant 2, FQ 108). Das Begriffspaar findet sich auch in der Regel der Minderbrüder: „Jene Brüder, denen der Herr die Gnade gegeben hat, arbeiten zu können, sollen in Treue und Hingabe arbeiten, und zwar so, dass sie … den Geist des heiligen Gebetes und der Hingabe nicht auslöschen, dem die übrigen zeitlichen Dinge dienen müssen“ (BR 5, FQ 97). Der Begriff „Buße“ schließlich stellt zugleich den Ausgangspunkt und das Ziel des franziskanischen Weges dar. Der Begriff „Buße" ist heute erklärungsbedürftig und vielleicht war das auch schon immer so. Jede Generation findet ihren eigenen, je neuen Zugang.

- Wo braucht es heute Stadteremiten und Stadteremitinnen?
- Könnte das ein Weg für dich sein?
- Was bedeutet für dich Gebet, Hingabe und Buße?

Gebet (oratio) – das Herz klären

„Lehre uns beten", sagen die Jünger im Lukasevangelium (Lk 11,1) zu Jesus, und der lehrt sie das Vaterunser. Matthäus ergänzt, Gebet bedeute nicht, „viele Worte zu machen" (Mt 6,7). Gebet ist eine innere Sache, die „im Verborgenen" (Mt 6,6) stattfindet. Wir könnten sagen: Gebet ist mehr eine Haltung als eine bestimmte Technik. Die Worte, Gebärden und andere Übungen sind folglich nicht selbst das Gebet, sondern sollen diese Haltung ermöglichen. Beten „ohne Unterlass" (1 Thess 5,17) bedeutet folglich nicht, ständig irgendetwas möglichst „Heiliges" zu sagen oder zu tun, sondern eine ganz bestimmte Lebenshaltung zu entwickeln.

Als sich Mose in der Wüste dem brennenden Dornbusch nähert, wird er aufgefordert, die Schuhe auszuziehen. Nehmen wir das als Symbolbild: Was musst du ablegen, um heiligen Boden betreten zu können? Das Gebet bereitet sozusagen den Boden für das Neue, das kommen mag. Nicht mehr und nicht weniger. Beten bedeutet, jene Schuhe, die das Ego uns überzieht, abzustreifen. Das heißt nicht, dass Schuhe schlecht sind. Im Gegenteil: Vielleicht haben sie dich erst an den Ort gebracht, an dem du jetzt stehst, und du verdankst ihnen so gesehen sehr viel. Aber der Schutz, den sie dir schenkten, trennt dich nun von der Berührung.

Beten bedeutet, das Herz freizulegen und die Sicht auf die Dinge zu klären (*purificatio*). Das heißt: Mit dem Herzen sehen und hören zu lernen. Es ist ein Prozess der Selbsterkenntnis, der uns unsere individuellen Muster erkennen lässt: Wie denkst du? Wie fühlst du? Was ist wirklich? Diese Art von Gebet entlarvt die vielen Projektionen, mit denen wir Vergangenes auf die Gegenwart übertragen: alte Situationen von Verletzung und Schmerz, Verbote oder Beschränkungen, denen wir als Kinder unterlagen, Glaubenssätze, die wir gelernt haben, Ängste usw. Gebet ist so gesehen eine Praxis ehrlicher Innenschau, die jeder erwachsene Mensch beherrscht und beherrschen muss, wenn er oder sie sich den Mustern und Projektionen des Egos nicht völlig ausliefern will. Wenn wir jedem inneren Antrieb folgen oder alles persönlich nehmen würden, was andere sagen oder tun, dann würden wir nicht sehr weit kommen miteinander. Erschreckenderweise gibt es viele dem Alter nach Erwachsene, die kein bisschen erwachsen sind. Noch erschreckender ist, dass einige von ihnen Nationen anführen, und keine unwichtigen. Es geht hier also nicht bloß um fromme Kunststückchen, sondern es geht um das Leben und das Überleben auf diesem Planeten, den wir nicht ersetzen können. Die Welt braucht erwachsene, reife Menschen, die Verantwortung übernehmen und auch andere dazu inspirieren können. Auf der Welt kann es gar nicht genug erfahrene Älteste geben. Alle sind gefragt. Darum geht es.

Ich möchte aus den vielen verschiedenen Gebetstechniken, zu denen wir heute Zugang haben, nur eine exemplarisch herausgreifen: das Herzens- oder Ruhegebet, das aus der Ostkirche zu uns gelangt ist unter dem Namen „Hesychia", was nichts anderes heißt als „Herzensruhe", „Gelassenheit", „Frieden". Es besteht aus der ständigen Wiederholung eines Mantras, meist in Verbindung mit dem Atem. Traditionell betet eine Hesychastin eine kurze Christusformel wie „Herr Jesus Christus, Sohn des lebendigen Gottes, erbarme dich über mich Sünder". Eine mögliche Kurzfassung wäre „Jesus, erbarme dich". Auch von Franziskus ist ein mantrisches Herzensgebet überliefert: „Mein Gott und Alles". Letztlich sind die Worte nicht entscheidend, sondern eben die Haltung, die die ständige Wiederholung bewirkt. Das mantrische Gebet geht in Fleisch und Blut über, sodass es in Zeiten der Erschütterung wie ein sicheres Fundament wirken kann. Es senkt uns so tief in unsere Seele, dass es schließlich unseren innersten Kern erreicht, den einige Meister das „wahre Selbst" nennen. Dieser göttliche Kern ist unverletzlich, kann nicht beleidigt werden. Wenn wir mit ihm verbunden sind, werden wir durchlässig für die Wirklichkeit, die immer die Wirklichkeit Gottes ist. Beten heißt: die Welt mit den Augen Gottes sehen.

– Wie betest du?
– Warum betest du?
– Was tust du, wenn du nicht betest?

Hingabe (devotio) – den Kreis heilen

Ein Begriff wie „Beten“ ist stark von Trivialisierung bedroht. Dann betrachten wir Gebet nur funktionell als eine Handlung, die beim Gegenüber (in diesem Fall Gott) zu einer Gegenleistung führt – wenn es gut läuft. Eine Art religiöser Deal, eine übernatürliche Problemlösungsstrategie. In Wirklichkeit hat das mit Gebet nicht viel tun, wie wir gesehen haben. Richard Rohr bringt es auf den Punkt: „Das einzige Problem, welches das Gebet löst, bist du selbst.“[11] Wenn du einmal begriffen hast, dass du eingebunden bist in ein Ganzes, ja, wenn du dich als Teil davon erfahren kannst – und nichts anderes ist Gebet –, dann kannst du dich auch bewusst entschließen, deinen Gedanken, Gefühlen, inneren Antreibern und Glaubenssätzen nicht die Kontrolle über dich einzuräumen. Dann kannst du selbst entscheiden, ob ein Impuls im Augenblick dienlich ist oder nicht. Du kannst einschätzen, ob ein Gedanke oder ein Gefühl vielleicht sogar das Gegenteil bewirkt von dem, was du eigentlich zutiefst willst oder was jetzt notwendig ist. Du wirst aufmerksam dafür, wann es Zeit ist, selbst etwas zu geben für das Ganze, und was das sein kann. Gebet ermöglicht dir, deinen Platz einzunehmen. Oder anders gesagt: Gebet ermöglicht Hingabe.

Allerdings ist es mit dem Begriff „Hingabe“ ähnlich schwierig wie mit dem Begriff „Gebet“, was die Gefahr der Trivialisierung angeht: *Devotio* bedeutet so viel wie „Selbstaufopferung“. Katholiken mögen dabei vielleicht an Ordensschwestern denken, die bedingungslos und pausenlos bis zur völligen Selbstaufgabe irgendeinen Dienst tun. Das mag beeindruckend sein, aber es nimmt der Hingabe die innere Kraft und macht sie zu einem leeren Egotrip.

Heute sprechen wir dann z.B. von einem Helferkomplex. Hingabe ist ebenso wenig wie das Gebet eine bestimmte Handlung oder Technik. Was nicht heißt, dass wir untätig bleiben. Hingabe in diesem Sinne ist weder aktiv noch passiv, sondern dazwischen: ein handelndes Nichthandeln sozusagen oder nichthandelndes Handeln.

Das beste Beispiel dafür ist das Zuhören. Es ist zugleich passiv und doch höchst aktiv. Es kann großen Einfluss auf die Sprechenden haben, wie es Michael Ende wunderbar in seinem Roman „Momo“ beschreibt. Das kleine Mädchen Momo ist der Archetyp der Stadteremitin. Momo lebt allein in einem alten, verfallenen Amphitheater am Stadtrand und bekommt oft Besuch von den Bewohnern der Stadt, denn sie „konnte so zuhören, dass dummen Leuten plötzlich sehr gescheite Gedanken kamen. Nicht etwa, weil sie etwas sagte oder fragte, was den anderen auf solche Gedanken brachte, nein, sie saß nur da und hörte einfach zu, mit aller Aufmerksamkeit und aller Anteilnahme … und der Betreffende fühlte, wie in ihm auf einmal Gedanken auftauchten, von denen er nie geahnt hatte, dass sie in ihm steckten.“[12]

Tatsächlich berichten viele Stadteremiten, dass sie nicht allein bleiben. Meist ziehen sie andere Menschen an, die entweder eine Zeitlang Begleitung suchen oder selbst einen Weg als Stadteremit beginnen wollen. Es bilden sich kleine Kreise, die zu Gebet und Austausch zusammenkommen. Entsprechend praktizieren wir in der Franziskanischen Lebensschule[13] einen „Weg des Kreises“, der nichts anderes ist als eine Übung des Gebets und der Hingabe: von Herzen sprechen und von Herzen zuhoren. Das ist eine Art kollektive Achtsamkeit, in der es nicht darum geht, Recht zu bekommen oder jemanden von der eigenen Meinung zu überzeugen. Auch geht es nicht darum, Ratschläge zu erteilen, jemanden zu bekehren oder seine Probleme zu lösen. Es geht schlicht darum, einander zuzuhören. Wenn es gelingt, beiseitezuräumen, was den Blick auf die Mitte verstellt, dann ermöglicht das die Erfahrung, dass aus ganz unterschiedlichen Standpunkten und individuellen Wahrheiten die Stimme des Kreises hörbar wird. Das ist keine andere als die Stimme Christi.

Das Wesen der Hingabe besteht in einer bestimmten Art der Durchlässigkeit. Deshalb kann man sagen, dass Hingabe eine Erfahrung von Erleuchtung *(illuminatio)* darstellt. Wo Erleuchtung ist, wird der Blick frei für das Ganze. Erleuchtung hat weniger damit zu tun, was wir sehen, sondern wie. Die Menschen nannten Franz von Assisi alter christus, den „zweiten Christus“: Wo er war, da strahlte Christus durch (vgl. Fior 15, FQ 1370; vgl. auch Kapitel 4, Anarchie der Herzen).

Hingabe ist immer ausgerichtet auf wahrhaftige Gemeinschaft. Sie ist aber nicht identisch mit guten Taten oder Caritas. Die Begegnung von Franziskus mit dem Aussätzigen ist nicht deshalb ein Akt der Hingabe, weil es eine karitative „Leistung“ wäre. Franziskus ist in dem Moment eben gerade nicht nur der Wohltäter und der Aussätzige darf dabei die Rolle des Empfängers spielen. Die Begegnung findet auf Augenhöhe statt. Beide sind Gebende und Empfangende zugleich, der Aussätzige empfängt das Almosen und den Handkuss, Franziskus empfängt den Friedenskuss. In dieser Begegnung ist das, was Franziskus und den Aussätzigen bis dahin trennte, aufgelöst. Die ganze Geschichte der Begegnung mit dem Aussätzigen ist eine Metapher für den Weg des Kreises: In dem Raum, der zwischen Menschen entsteht, ist Raum für den Geist Gottes. Und wir können Gott überhaupt nur erkennen „von Subjekt zu Subjekt in einem Prozess des Spiegelns“[14]. Hingabe heißt, diesen Raum und die Prozesse darin zuzulassen. Und entsprechend so viel wie möglich von dem hinter sich zu lassen, was den Blick verstellen oder trüben könnte.

Die Hingabe vermag den großen Kreis zu heilen, der alle und alles verbindet. Dieser Kreis wird verletzt oder zerbricht, wenn wir die Aufmerksamkeit von der Mitte abwenden und unser Ego die Kontrolle übernimmt. Wir können auch sagen: Der Leib Christi wird verletzt, wenn ein Glied sich abtrennt. So kommt es zu bizarren Gestalten: Köpfe, die nicht auf die Füße kommen, Bäuche, die verzweifelt versuchen, sich zu orientieren, und blinde Herzen, die nur sich selbst wahrnehmen können. „Blind sind sie, weil sie das wahre Licht, unseren Herrn Jesus Christus, nicht sehen“, schreibt Franz von Assisi über jene, die nicht Buße tun (1 Gl 2, FQ 125). Und „die Vereinigung mit Christus setzt voraus, dass wir das innerste Zentrum unserer Existenz in ihn hineinlegen – das bedeutet das radikale Opfer unseres Egoismus“[15], sagt der Evolutionsbiologe und Theologe Teilhard de Chardin. Christus selbst ist der Kreis: Der große kosmische Kreis aller Geschöpfe spiegelt sich in jedem kleinen Kreis von Suchenden, die einander in Wahrhaftigkeit die Herzen öffnen. Darin liegt eine Urerfahrung des Christentums, wie Kapitel 3 „Leben in Christus“ zeigt. Nichts anderes feiern wir in der Eucharistie, die uns als Ritual in diese kosmische Gemeinschaft hineinzieht und die für Franz von Assisi so zentral war (vgl. Erm 1, FQ 45). Es gibt keine Beziehung zu Christus außerhalb des Kreises. Und in Wahrheit bin ich immer verbunden. Es bedarf keiner Anstrengung. Eher geht es um ein Lassen. Der Geist des Gebets und der Hingabe löst jene Illusionen des Egos auf, die diese Verbindung stören oder verhindern.

- In welchen Situationen bist du als Zuhörer/-in gefordert?
- Welche Glaubenssätze oder Antreiber hindern dich, von Herzen zuzuhören?
- Wer hört dir von Herzen zu?

Buße (poenitentia) – geschwisterlich leben

Ich bin sicher, Franziskus hätte ein großes Problem gehabt mit unserer industriellen Massentierhaltung. Ich kann mir kaum vorstellen, dass er nicht streng vegan gelebt hätte. Er wäre höchstwahrscheinlich nur barfuß gelaufen und wenn überhaupt nur widerwillig in ein Flugzeug gestiegen, um nicht unnötig die Atmosphäre durch Abgase zu verseuchen und auf diese Weise Mutter Erde zu verletzen. Vielleicht wäre er Fahrrad gefahren und hätte den Leuten vom Fernsehen mitgeteilt, er könne gerne in ihr Studio kommen – wenn er mal wieder in der Gegend sei. Möglicherweise wäre er damit einigen Leuten mächtig auf die Nerven gegangen. Er hätte in jedem Fall alle unsere Bedenken ignoriert: „So kann man ja nicht leben!", „Wo soll das denn hinführen?", „Wer kann dann noch gerettet werden?" (Lk 18,26). Und Franziskus hätte vielleicht geantwortet, dass für Gott alles möglich sei.

All das hätte er vielleicht getan. Aber nicht, um zu beeindrucken. Und auch nicht, um uns zu beschämen. Schon gar nicht, um uns zu verurteilen. Nicht einmal, um uns einen Spiegel vorzuhalten. Sondern aus Liebe. Seine ganze Existenz zeigt nicht auf eine bestimmte asketische Praxis, wie wir gesehen haben, nicht irgendwelche bestimmten Moralgesetze oder Gebote, die einzuhalten wären, sondern auf Gott. Franziskus will nichts anderes sein als eine lebendige Antwort auf die Liebe, die uns und alles erschaffen hat und umfasst. Ihn bewegt nichts anderes mehr als die Liebe zu dem alles umfassenden Schöpfer, der selbst als Mensch unter Menschen lebte, nicht um zu richten, sondern um zu retten (vgl. Joh 12,47). Christus will uns heilen und Franziskus ist überzeugt von seiner kosmischen und zugleich ganz konkreten Gegenwart. Von seiner ohnmächtigen Macht, die ganz anders wirkt als die verbreitete Vorstellung von Herrschaft. Christus ist der „Herr", aber Franziskus findet ihn nicht ganz oben, sondern ganz unten, an den Grenzen zum Eremos: bei den Ärmsten, den Ausgestoßenen, den Leidenden, bei denen, die sich sorgen um die Mutter Erde, die Schmerz empfinden über den Zustand der Welt. Der Legende nach soll Franziskus weinend und klagend durch die Straßen von Assisi gelaufen sein, immerzu rufend: „Die Liebe wird nicht geliebt." Es geht um die Vereinigung (*unio*) mit dem, der die Welt so liebt, dass er ihr die Freiheit schenkt. Gott ändert nichts von außen, sondern von innen. Und er braucht uns dafür. Aus diesem geduldigen und beharrlichen Dasein und Mittragen erwächst eine Befreiung, die ohne Gewalt auskommt, auf eine Weise, wie Wasser die härtesten Felsen rund und anschmiegsam machen kann.

Dieser Weg der Buße ist ganz und gar das Gegenteil von einer Spiritualität nach oben, dem Versuch, die Kontrolle zu gewinnen über die Dinge, eine Spiritualität, die in der Überzeugung wurzelt, wir könnten *es* machen. Unsere ganze westliche Kultur ist von diesem Geist der Machbarkeit geprägt. Aber weder Glück noch Heilung lassen sich kaufen. Gnade ist immer ein Geschenk der Liebe. Keine positiven Gedanken und noch nicht einmal die größten Anstrengungen sind eine Erfolgsgarantie dafür, Gnade zu erfahren. Das wussten viele, die vor uns gingen, zum Beispiel die Wüstenväter. Ihre Übungen kreisten ebenfalls um Fasten, Enthaltsamkeit, Sexverzicht, bedingungslosen Gehorsam usw. Aber all das dient höchstens dazu, wie Altvater Moses sagt, den Mönch „zu entmutigen" und „zur Demut zu führen". Und wörtlich heißt es „ut se dimittat", „damit er sich aufgebe".

Buße im Geist des Gebets und der Hingabe heißt folglich nicht, irgendetwas besonders gut oder richtig zu machen. Es hat mehr damit zu tun, den Blick auf die Welt zu ändern. Anders zu schauen. Eine andere „Brille" aufzusetzen. Das kann dann dazu führen, Dinge anders zu tun als bisher – oder gar nicht mehr. Wird es wahrscheinlich auch. Und vermutlich wird die Welt dadurch immer ein kleines Stück mehr zu einem freundlichen Ort. Der Weg der Buße folgt der Einladung und dem Beispiel Jesu, das Fremdsein in der Welt zu üben und so dem Reich Gottes Raum zu schaffen. Er sendet seine Jünger in eine spirituelle Obdachlosigkeit mit dem Auftrag „Nehmt nichts mit auf den Weg …" (Lk 9,3; vgl. Mt 10,5–15; Mk 6,7–13). Und später wird er sagen: „Ich bin der Weg …" (Joh 14,6). Ja, Christus *ist* die Straße, und die „weist auf den offenen, nicht verplanten Bereich im Leben hin. Dort entdecken wir Chancen der Begegnung"[16]. Wenn wir aufbrechen in diesen Eremos, die eigene Komfortzone verlassen und versuchen, ohne unsere gewohnten Sicherheiten, Privilegien und Ideale auszukommen, erfahren wir universelle Geschwisterlichkeit und werden fähig, unseren ureigenen Platz in dieser Welt einzunehmen und unseren Beitrag zum Ganzen zu leisten.

- Was lässt du hinter dir, wenn du Jesus auf diese Weise folgst?
- Was kannst du tun, damit die Welt ein freundlicher Ort ist?
- Was kannst du nicht tun und wie gehst du um mit deiner Ohnmacht?

6. Die zwei Berufungen

Unser Leben spielt sich zwischen zwei Berufungen ab. Wir werden in diese Welt geboren und stehen ein Leben lang vor der Herausforderung, hier heimisch zu werden. Das ist die erste Berufung. Wir wissen aber bald auch, dass alles endlich ist, und stehen vor der Herausforderung, die Welt wieder verlassen zu müssen. Das ist die zweite Berufung. Im Grunde stehen wir immer wieder vor der Herausforderung, unsere Komfortzonen zu verlassen und aufzubrechen in die Fremde. Das ist keine Frage von Lebensjahren. Es ist eine Frage des Lebens.

Diese zweite Berufung zum Fremdsein erscheint paradoxerweise als die schwierigere von den beiden, weil wir – scheinbar – nichts tun können. Tatsächlich geht es in der zweiten Berufung weniger darum, etwas zu lernen, sondern eher bestimmte Gewohnheiten zu verlernen: Sie handelt vom Loslassen, mit dem wir zwangsläufig irgendwann einmal konfrontiert werden. Ich kenne niemanden, der keine Angst hätte vor der zweiten Berufung, die uns in die Auseinandersetzung mit dem Tod führt. Und wenn Franz von Assisi „Bruder Tod“ preisen kann, dann ist das die Frucht seines langen und keineswegs einfachen Weges als Stadteremit. Die Angst vor der zweiten Berufung ist aber genauer betrachtet gar nicht bloß die Angst vor dem Tod, sondern in Wahrheit die Angst vor dem ganz konkreten Leben. Es ist jene Angst vor Herausforderungen, Veränderungen, Schicksalsschlägen und Verletzungen, die das Leben mit sich bringen könnte. Und noch mehr vielleicht vor den Möglichkeiten, die es uns bietet, aber die zu ergreifen wir oft genug nicht wagen.

Ich möchte behaupten, die meisten Menschen konzentrieren sich deshalb auf die erste Berufung und unternehmen immer größere Anstrengungen, die Kontrolle zu bewahren. Sie fliehen dann aber auch immer mehr vor dem konkreten Leben. Wenn es schlecht läuft, gerät die zweite Berufung ganz in Vergessenheit. Es ist allerdings auf die Dauer sehr anstrengend, die Fragen der zweiten Berufung zu meiden und abzuwehren, auf welche Weise auch immer die Abwehr stattfindet. Das Leben verliert die Leichtigkeit. Es kommen Stress, Zeitmangel, Kraftlosigkeit, Langeweile, Überdruss, Einsamkeit, Existenzsorgen oder andere „Dämonen". Es besteht die Gefahr, am Leben zu verbittern, wenn erst jener Mechanismus in Gang kommt, der eine unglückselige Abwärtsspirale antreibt. Am Ende nehmen sie die Welt als Kampfplatz wahr und versuchen um jeden Preis, den Kampf zu gewinnen. Sie beginnen, die Wirklichkeit in eine Gewinner- und eine Verliererseite aufzuteilen. Im Grunde ist das der verzweifelte Versuch, das eigene Leid loszuwerden und weiterzugeben an andere. Hauptsache, nicht auf die Verliererseite geraten. So beginnt ein Teufelskreis, der Opfer produziert. Diese Spirale gilt global und lokal, auf der persönlichen Ebene wie auf der Ebene der Menschheit. Die Geschichte ist voller Zeugnisse dafür.

Eine bildgewaltige Erzählung von Nossrat Peseschkian kann die Dynamik dieser Abwärtsspirale veranschaulichen. Ein Mann fragte einmal den Propheten Elija nach der Wirklichkeit von Himmel und Hölle, und der Prophet führte ihn in einen Palast. Der ganze Raum war von köstlichem Duft erfüllt. Und um einen Suppentopf herum saßen Menschen, die ihren Hunger stillen wollten. Allein es gelang ihnen nicht. Denn die Eisenlöffel, die sie benutzten, waren so groß wie sie selbst und durch die Suppe glühend heiß. Nur am Ende gab es einen hölzernen Griff, an dem der Löffel zu halten war. Jeder versuchte nun, sich seinen Teil der Suppe zu sichern. Aber die Löffel waren zu lang und auch der Stärkste bekam ihn nicht an den Mund. Einige verbrannten sich Arme oder Gesicht und verschütteten die köstliche Suppe. Niemand wurde satt, alle waren ganz ausgemergelt und gingen in Hass und Verzweiflung aufeinander los. Das war die Hölle. Nun führte der Prophet den Gast in einen zweiten Saal, in dem ebenfalls eine köstliche Suppe in einem großen Topf brodelte. Alle hatten die gleichen riesigen Löffel zur Verfügung. Aber hier waren alle wohlgenährt und man hörte nur ein leises, zufriedenes Summen. Die Menschen hatten sich in kleinen Gruppen zusammengetan, immer mindestens zwei. Der eine tauchte den Löffel ein und fütterte einen anderen. Und wenn der Löffel zu schwer wurde, kamen zwei andere mit ihrem Löffel als Unterstützung dazu. Alle wurden satt. Das war der Himmel.[17]

Wir können Räume schaffen für die Begegnung mit Gott. Gott braucht uns sogar, denn er kann das nicht selbst tun – oder sagen wir: Er hat offenbar beschlossen, es nicht selbst zu tun. Wahrhaftige Beziehung besteht in Freiheit und Gegenseitigkeit. Oder so: Gott ist Liebe, die auf eine Antwort hofft (vgl. 1 Joh 4,7–16).

Anmerkungen

1 Yves Raguin (1912–1998) war ein Jesuit und geistlicher Lehrer. Raguin, Yves, in: https://nacktesohlen.files.wordpress.com/2016/10/yves-raguin-sj.doc.

2 Bolz-Weber, Nadia, Do What's Right Even When You're Not in the Mood, Have a Little Faith, in: https://youtu.be/mt96xlMuPnw.

3 Vgl. Frerichs, Jan, Barfuß und wild. Wege zur eigenen Spiritualität, Ostfildern 2018, 45–62.

4 Vgl. Ebner, Martin, Jesus von Nazareth. Was wir von ihm wissen können, Stuttgart 2018.

5 Vgl. Kuster, Niklaus, Franz von Assisi – Freiheit und Geschwisterlichkeit in der Kirche (= Franziskanische Akzente 6), Würzburg 2015.

6 Huijs, Peter, Taulers Weg nach innen. Blütenlese aus den Predigten des Johannes Tauler (1300–1361), Birnbach 2009, 98.

7 Hardick, Lothar/Grau, Engelbert, Die Schriften des Heiligen Franziskus von Assisi, Werl 1980[6], 290.

8 Vgl. Teilhard de Chardin, Pierre, Der Mensch im Kosmos, München 1981.

9 Boff, Leonardo, Die kapitalistische Kultur ist Anti-Leben und Anti-Glück, Servicios Koinonia vom 19.4.2015, Redes Cristianas vom 21.4.2015, in: http://www.itpol.de/?p=1744.

10 Turina, Isacco, I nuovi eremiti. La „fuga mundi" nell' Italia di oggi. Prefazione di Roberto Beretta, Mailand 2007, in: https://www.donbeat.ch/media/21b818ef2ca1498fffff821effa86322.pdf.

11 Rohr, Richard, Ganz da. Einfach und kontemplativ leben, München 2018, 46.

12 Ende, Michael, Momo, Stuttgart 1973[20], 15.

13 Informationen zur Franziskanischen Lebensschule sind zu finden unter www.barfuss-und-wild.de

14 Rohr, Richard, Ganz da. Einfach und kontemplativ leben, München 2018, 45.

15 Broch, Thomas, Pierre Teilhard de Chardin, Mainz 1989, 166.

16 Herwartz, Christian, Auf nackten Sohlen. Exerzitien auf der Straße (= Ignatianische Impulse 51), Würzburg 2006, 51.

17 Vgl. Peseschkian, Nossrat, Der Kaufmann und der Papagei. Orientalische Geschichten als Medien in der Psychotherapie, Frankfurt am Main 1979, 141f.

Zum Weiterlesen

Bobert, Sabine, Jesus-Gebet und neue Mystik. Grundlagen einer christlichen Mystagogik, Kiel 2010

Bohl, Cornelius, Auf den Geschmack des Lebens kommen. Franziskanische Alltags-Spiritualität (= Franziskanische Akzente 4), Würzburg 2014

Delbrêl, Madeleine, Gebet in einem weltlichen Leben, Einsiedeln 2013[7]

Ebert, Andreas/Lupu, Carol, Hesychia. Das Geheimnis des Herzensgebets, München 2016[3]

Papst Franziskus, Apostolisches Schreiben Evangelii Gaudium. Über die Verkündigung des Evangeliums in der Welt von heute, Rom 2013

–, Enzyklika, Laudato si'. Über die Sorge für das gemeinsame Haus, Rom 2015

Frerichs, Jan, Barfuß und wild. Wege zur eigenen Spiritualität, Ostfildern 2018

Herwartz, Christian, Brennende Gegenwart. Exerzitien auf der Straße (= Ignatianische Impulse 51), Würzburg 2011

Kuster, Niklaus, Franz von Assisi – Freiheit und Geschwisterlichkeit in der Kirche (= Franziskanische Akzente 6), Würzburg 2015

–, Franziskus. Rebell und Heiliger, Freiburg 2016[4]

Leenen, Maria Anna, Sich Gott aussetzen und standhalten. Eremitisches Leben heute, Münster 2009

Manitonquat, Der Weg des Kreises, Extertal 2000

Miller, Bonifaz, Weisung der Väter. Apophthegmata Patrum (= SOPHIA 6), Trier 2012[9]

Peck, M. Scott, Gemeinschaftsbildung. Der Weg zu authentischer Gemeinschaft, Schloss Oberbrunn 2017[5]

Rohr, Richard, Vom Glanz des Unscheinbaren. Franziskanische Spiritualität, München 2007

–, Paulus. Der unbekannte Mystiker, Stuttgart 2017

–, Ganz da. Einfach und kontemplativ leben, München 2018

Zimmermann, Jack/Coyle, Virginia, Der große Rat. Das Council – mit dem Herzen hören und sprechen, den Kreis erweitern, Freiburg i. Br. 2010

Abkürzungsverzeichnis

Die Schrifttexte sind entnommen der Einheitsübersetzung der Heiligen Schrift, © Katholische Bibelanstalt, Stuttgart 1980.

Die Franziskus-Quellen (FQ) sind zitiert nach:
Berg, Dieter/Lehmann, Leonhard (Hg.), Franziskus-Quellen. Die Schriften des heiligen Franziskus, Lebensbeschreibungen, Chroniken und Zeugnisse über ihn und seinen Orden, Kevelaer 2009.

Dabei gelten folgende Abkürzungen:
Actus: Actus beati Francisci
Ant: Brief an Antonius
BR: Bullierte Regel
1 C: Thomas von Celano, 1. Lebensbeschreibung (Vita) des hl. Franziskus
2 C: Thomas von Celano, 2. Vita oder Memoriale
Erm: Ermahnungen des hl. Franziskus
Fior: Fioretti/Blümlein des hl. Franziskus
Gef: Dreigefährtenlegende
1 Gl: 1. Brief an die Gläubigen
SP: Spiegel der Vollkommenheit
Test: Das große Testament des hl. Franziskus

Andere zitierte Quellenschriften:
EG: Papst Franziskus, Apostolisches Schreiben Evangelii Gaudium. Über die Verkündigung des Evangeliums in der Welt von heute, Rom 2013
LS: Papst Franziskus, Enzyklika, Laudato si'. Über die Sorge für das gemeinsame Haus, Rom 2015

In der Reihe „Franziskanische Akzente" sind bisher erschienen:

Bd. 1: Mirjam Schambeck, Nach Gott fragen zwischen Dunkel und Licht

Bd. 2: Helmut Schlegel, Die heilende Kraft menschlicher Spannungen

Bd. 3: Katharina Kluitmann, Wachsen – über mich hinaus

Bd. 4: Cornelius Bohl, Auf den Geschmack des Lebens kommen

Bd. 5: Martina Kreidler-Kos, Lebensmutig. Klara von Assisi und ihre Gefährtinnen

Bd. 6: Nikolaus Kuster, Franz von Assisi – Freiheit und Geschwisterlichkeit in der Kirche

Bd. 7: Herman Schalück, Prophetisch glauben. Aufbrüche in franziskanischer Spiritualität

Bd. 8: Stefan Federbusch, Nachhaltig wirtschaften – gerecht teilen

Bd. 9: Thomas Dienberg, Leiten – Von der Kunst des Dienens

Bd. 10: Anton Rotzetter, Alles auf den Kopf stellen – neue Wurzeln schlagen. Mit Franz von Assisi Schöpfung gestalten

Bd. 11: Helmut Schlegel, Glaubensgeschichten sind Weggeschichten. Die Emmauserzählung als Modell christlicher Existenz

Bd. 12: Nicole Grochowina, Franziskus und Luther. Freunde über die Zeiten

Bd. 13: Jürgen Neitzert, Muslime und Christen. Ein franziskanischer Blick auf den Islam

Bd. 14: Paulin Link, Der Sehnsucht Raum geben. Die Kunst der franziskanischen Wegbegleitung

Bd. 15: Mirjam Schambeck, Unbehauste Heimat. Von der Sehnsucht anzukommen

Bd. 16: Schalück, Hermann, Den Gottesfaden erkennen. Die Ernte meines Lebens

Bd. 17: Sabine Pemsel-Maier, Genderperspektiven – neue Blicke auf Klara von Assisi

Bd. 18: Leonhard Lehmann, Vom Beten zur Kontemplation. Hinführung zur franziskanischen Praxis des Verweilens vor Gott

Bd. 19: Udo F. Schmälzle, Wissen, Bildung und Schule neu denken. Zugänge zu einem franziskanischen Bildungskonzept

Bd. 20: Wilhelm Bruners, Gottes hauchdünnes Schweigen. Auf seine Stimme hören

Bd. 22: Niklaus Kuster, Spiegel des Lichts. Franz von Assisi – Prophet der Weltreligionen

Bd. 23: Jan Frerichs, Nach der Erleuchtung: Boden wischen – Ein franziskanisches Alltagsprogramm